长期有耐心

美团的成长与进化逻辑

丁西坡 ////// 著

中信出版集团 | 北京

图书在版编目（CIP）数据

长期有耐心：美团的成长与进化逻辑 / 丁西坡著. -- 北京：中信出版社，2021.5（2025.3重印）
ISBN 978-7-5217-2940-5

Ⅰ. ①长… Ⅱ. ①丁… Ⅲ. ①电子商务－商业企业管理－经验－中国 Ⅳ. ① F724.6

中国版本图书馆 CIP 数据核字（2021）第 043795 号

长期有耐心——美团的成长与进化逻辑

著　　者：丁西坡
出版发行：中信出版集团股份有限公司
（北京市朝阳区东三环北路 27 号嘉铭中心　邮编　100020）
承 印 者：北京通州皇家印刷厂

开　　本：880mm × 1230mm　1/32　　印　　张：10.5　　字　　数：250 千字
版　　次：2021 年 5 月第 1 版　　印　　次：2025年 3 月第 4 次印刷
书　　号：ISBN 978-7-5217-2940-5
定　　价：65.00 元

服务热线：400-600-8099
投稿邮箱：author@citicpub.com

目 录

前 言 VII

开篇 "四纵三横"

"四纵三横"理论 005
认真的王兴 007
"持续迭代"的魔力 010
"四纵三横"的三个版本 014
服务业的巨大潜力 018

Chapter 01 创业团队

三个清华校友 023
从校内、饭否到美团 029
线下能力的初建 037
神奇的 2010 年 040

Chapter 02 “千团大战”

完美的商业模式 050
拉手网的融资神话 052
窝窝团的野蛮打法 054
行业乱象 056
王兴晒余额 060
王慧文晒后台数据 062
应对“恶意挖人” 064
用技术提升效率 068
资本寒冬 071

Chapter 03 曙光与上岸

边算账边开城 076
干嘉伟的加入 080
线下团队的打造 085
市场推广策略 089
消费者保障体系 093
组织建设的探索 095
上岸 098

Chapter 04 产业探索

每天坚持前进 30 公里 104
徐梧与猫眼电影 106
三层四面分析法 110
高光时刻 114
线下产业的难题 117
酒店业务的崛起 121
意外的战果 124
外卖业务的探索 126

Chapter 05 万亿目标

万亿 O2O 市场 134
目标的分解 138
人是美团最重要的产品 141
第二版价值观 143
外卖战局 146
遗憾与不足 148
黑稿的攻击 151
比特与原子 153
在 O2O 领域学习亚马逊 154

Chapter 06 合并之年

平凡之路 161
鸵鸟原理 165
打造千亿美元的公司 168
百度投入 200 亿元 173
大众点评的策略 176
阿里巴巴重启 O2O 178
不再单纯是团购了 180
战略投资的起步 183
带血的 O2O 184
不惹事、不怕事 187
美团与大众点评的合并 190

Chapter 07 无边界战争

美团外卖品牌升级 198
判断服务好坏的标准 199
阿里巴巴投资饿了么 203
百度与携程联手 205
做时间的朋友 206
本地化策略助力酒店业务 209
营销大战 211
边算账，边投广告 214
成立餐饮平台 217
猫眼电影的独立运营 221

Chapter 08 下半场

进入“下半场” 228
架构调整 231
为产业创造价值 235
商品团购的沉浮 239
新零售的坑 243
外卖的“下半场” 247
“美团云”的淡化 250
理性接受失败 253

Chapter 09 美团的“两心”

长期思考 262
边界与核心 265
社会企业 269
全场景业务 275
低调的金融业务 277
不能低调的交通业务 280
互联网的 A、B 面 283
“黑珍珠”的诞生 287

Chapter 10 新的征程

"Food+超级平台"战略 294
低调的上市 297
来自六楼的对手 300
苦练基本功 303
新型舰队 308
千亿美元市值 311
用科技改善服务业 313
新的征程 317
未来十年 321

后　记 325

前 言

2018年年初，我接到一个任务，就是牵头整理美团高管团队在内外部的全部分享材料。当时，公司让我来做这件事，可能是考虑我加入美团的时间比较早，做事也还算比较有耐心。这项工作进行了大半年的时间，我与公共关系部、政府事务部、人力资源平台、战略投资平台等多个部门的同事一起，收集了500万字左右的美团高管团队分享材料。这里面有对互联网行业、公司战略、工作方法的阐述，也有对人才、组织、文化的思考。2018年9月，我把这些材料的精华部分整理成一部美团中高级管理干部学习资料，名字叫作《长期有耐心》。

2020年7月31日，我从美团离职，回顾美团十年左右的历史，觉得很有必要写点东西。我入职美团是2011年4月20日，基本上完整经历了美团前十年的创业期，也参与过公司的一些重大事件。在美团工作了近十年，我清楚地知道哪些事情很重要，哪些事情看起来很精彩但实际上并不重要。写这本书，一方面希望自己做一些深度思考，毕竟回顾的是一个十年跨度的事情；另一方面，我也想把这些年记录下来的一些个人认为还比较重要的事件整理一下，希望对自己将来做事情有些启示。

于是，就有了这本《长期有耐心》，和当年的那本内部资料是同一个名字，这是一部企业史，但我实在想不出比《长期有耐心》更好的书名。这本书主要以企业史的形式，按时间线记录了美团历史上的一些大事，同时也分享了一些我认为非常值得记录的经验与观点，希望能够给读者朋友们一些启示。当然，任何经验与方法论都有特定的局限性，阅读与学习是基础，但是思考与实践更重要。

回顾美团发展过程中的一些关键节点，我发现，他们都是在正确的时间做了正确的选择，最终让美团超越不同层次的竞争对手。每一次正确选择的背后，其实都是美团立足于长期发展的思考。长期思考与耐心做事的叠加效应，才是美团取胜的关键因素。

丁西坡

2020 年 8 月 15 日

开篇

“四纵三横”

2010年3月4日美团上线时，对外名称是“美团网”；2015年10月8日，美团与大众点评合并后的名称为“美团点评”；2020年9月30日，美团点评发布公告，公司名称简化为“美团”。为便于读者阅读，本书除了相关时期的新闻引用，其他一律以“美团”为名。

2010年3月4日，美团正式上线，第一单销售的商品是相当小众的梵雅红酒，原价100元，在美团打5折，只要50元，当时卖出了79份，交易额不到4000元。

这是一个并不起眼的成绩。

不过，比起三年后上线的美团外卖来说，第一个团购的业绩还算相当不错。2013年11月18日，美团外卖上线的第一天，订单数量是个位数。美团各阶段的重点业务，都是低调开场，在服务客户的过程中长期有耐心地对工作进行持续改善，最终形成胜势。

纵观十年的发展史，美团抓住了生活服务行业线上化（餐饮、酒店、娱乐等生活服务业商家的网络数字化经营）的机遇，从团购切入，发展多个业务板块，帮助本地生活商家做推广，帮助消费者获得优质的本地生活服务。在商业模式上，美团通过餐饮、外卖等高频业务带动酒店、旅游、按摩、医美等低频业务，形成整体优势，每年服务数亿消费者，成为一家市值超过2000亿美元的公司（以2020年8月24日股价计算），在商业上大获成功。

除了商业价值，美团还在业务发展的过程中，创造了很多社会价值。根据美团的《2019年度企业社会责任报告》（2020年5月20日发布），2019年，美团平台上活跃商家已达到620万家。在这些商家中，既有中华“老字号”，也有开业不久的“网红新贵”；有百亿元市值的上市餐饮公司，也有藏于深巷的“夫妻小店”。美团提供丰富的产品解决方案，助力服务业商家数字化升级、实现高质量发展。2019年，通过美团平台获得收入的外卖骑手中，有25.7万骑手来自国家建档立卡贫困户。其中，有25.3万人实现脱贫，脱贫比例高达98.4%。美团还积极探索公益扶贫、美食消费扶贫、旅游扶贫等模式，多措并举助力脱贫攻坚。

美团平台还促进了新职业的诞生，如民宿运营者、外卖运营规划、电竞顾问等，为人们提供了广泛的新就业机遇。

那么，此前一直在社交领域创业的王兴，当时为什么会进入到生活服务业呢？

有人说，王兴创办美团，是借鉴了Groupon的模式。

2009年10月，成立不足一年的团购鼻祖Groupon获得了由Accel Partners领投的3000万美元投资，这家为消费者提供超低折扣的公司一跃成为硅谷的明星公司。

从时间线来说，确实是Groupon在前，美团在后。

从国内来看，满座网上线时间是2010年1月，但网站上线后，并没有推广运营。因此，如果从真正运营推广看，美团是最早运营的第一家团购网站。

美团的创业之路，要从王兴的“四纵三横”理论说起。

“四纵三横”理论

“四纵三横”理论，是王兴将互联网用户需求的基本方向与技术变革方向结合来考察的理论体系。用户需求基本方向与技术变革方向的结合点就是非常好的创业机会。王兴认为，在传统行业，创业好比登山，在互联网行业，创业好比冲浪。错过了一波浪潮，就错过了一次机会。所以，要抓住时机踏上浪头，如果这个浪头过去了，就不要去追逐它，而应勇敢迎接挑战，敏锐捕捉下一个浪潮。机遇一波一波过去，也会一波一波到来，新的机遇会不断产生。

确实如此。比如，在1999年做搜索是非常正确的选择，虽然当时很多人认为搜索没有商业价值。但是，李彦宏坚定地选择做搜索，把百度做成了互联网的流量入口，创造了很高的商业价值。如果在2009年做搜索呢？那就没什么机会了，哪怕新进入的公司实力超群。2009年，资金雄厚、人才济济的微软推出了必应搜索，一直没有什么存在感。但是，在搜索时代结束后，从2012年开始，今日头条等创业公司也脱颖而出，在移动互联网时代对搜索进行了迭代。所以，波浪错过就追不上了，但新的波浪也会不断出现。

寻找到自己的波浪很重要，那么，怎样寻找到自己的波浪呢？

王兴认为，找到了用户需求基本方向与技术变革方向之间的交集，才有可能冲上“浪潮之巅”。

可做的事情无外乎四类，我们称为“四纵”：娱乐、信息、通信、商务。在每一个大类里面，有很多具体的应用出来。“三横”（搜索、社交、移动）每五年左右会有一个大的技术变革，逐渐影响这四个领域。

1998年谷歌成立，1999年百度成立，搜索是一个很典型的技术，成为人们获取信息的方式。搜索对娱乐的影响，在中国尤其明显。百度早期有很大的流量比例来自MP3搜索，我把MP3搜索作为娱乐和信息的结合点。

首先，搜索和商务的结合非常紧密，有各种垂直搜索，比如搜房、垂直比价购物、旅游、酒店机票的搜索等。

其次是信息和通信的结合，也就是社交。2003年社交网站出来，脸书和推特各有不同侧重：脸书更偏向于通信，它是实名制的，是双向关系；而推特和新浪微博则更偏向单向关系，更重视信息获取。社交对娱乐的影响非常直接，例如偷菜游戏等。

在2009年年底，社交最后的影响应该是商务，因此我们当时找了一个结合社交和商务的事情，于是做了美团网。我们是最早做本地生活服务团购的，包含餐馆、电影票、酒店等各类生活应用。

因此，“四纵三横”中的结合点都存在着非常大的创业机遇。

有些机会已经属于过去时。比如，网民在搜索时代的娱乐、信息、通信、商务四个方面的需求，已经被腾讯、阿里巴巴、百度等中国第一代互联网公司基本解决。

有些机会还没有被充分发掘。比如，社交、移动两条横线上，网民的一些需求还没有被满足，存在一些商业机会。王兴创办美团，最开始是在社交与商务的交集里找到了方向。不过，后来发现，美团更适合归类于移动与商务的交集。

服务业，在2010年还没有被互联网深度改造。

移动互联网，在2010年还处于萌芽期。

这两大趋势的结合，是一个理性的选择。

认真的王兴

毕业于清华大学的王兴，是个喜欢深度思考的人。在美团内部，员工们都亲切地称他“兴哥”，他也没什么架子，一直在开放式的工位办公，没有独立办公室，桌上堆满中文和外文图书。

我在2011年4月加入美团，那时公司还比较小，我的工位和王兴在同一排，中间隔了三个工位。某天中午，两个应该是刚毕业没多久的女生吃完午饭后站在这片工位中间大声说话，聊得特别尽兴，时不时发出很响亮的笑声。我是个比较喜欢安静的人，正准备提醒她们声音小一点儿，但看到王兴居然丝毫不受干扰地盯着电脑屏幕，瞬间打消了这个念头。

王兴对环境的容忍度很高，基本不受外界的影响，但他最不能容忍的是数据错误。

2016年1月，王兴在接受《财经》杂志采访时，被问及“上一次发火是因为什么”时，他的回答是：一个数据不够准确。

在各个时期，王兴对“准确”都严格要求。这一点我深有感触。下面我回顾亲身经历的三件事情，这三件事情的时间跨越美团前十年的早期、中期和晚期。

第一件事发生在我入职后不久。当时，美团获得了一轮新的融资，这是件非常重要的事情，公关团队负责撰写新闻稿并送审。当时，我们把新闻稿发送到王兴邮箱，第一版新闻稿文档的名称为《美团获得 × 轮融资 ×××× 万美元（确定版）》。

这种融资新闻稿确认的过程非常复杂。在美团内部，会有多个部门斟酌每一个字，而且还需要得到所有参投方的确认，正常情况下会有多轮修改。我们在经过一次修改后，又往王兴的邮箱发送了新闻稿，标题还是《美团获得 × 轮融资 ×××× 万美元（确定版）》。

很快，我们收到了王兴的回复：你们能不能规范一点？多份“确定版”文档容易看混乱，可以参考投行用 V1、V2 版。

确实，如果用数字来注明版本，既能让阅读者更清晰，而且还方便后续复盘各版本的差异，有利于工作的持续改进。在之后的九年多，我在整理文档时，养成了用“标题 + 数字版本”来命名文档的习惯。

第二件事是在 2015 年，美团外卖已经做出了一定的规模，也吸引了一些跨行业的优秀人才加入。比如，2015 年 5 月，马宏彬从波士顿咨询公司加入美团外卖，担任高级运营总监。在美团内部，马宏彬被亲切地称为“马老师”。

在 2015 年 5 月的美团外卖月度会议上，马宏彬汇报了美团外卖近期的运营数据。我当时是美团外卖的公关负责人，也在会议现场。像美团外卖这种体量的业务，运营数据非常多，当时的每页 PPT 都列满了各种数据。

马宏彬当时刚加入美团，但在知名咨询公司工作的经历，让他对汇报比较得心应手。不过，在看了十几页的 PPT 之后，王兴马上叫停，他发现了某个数据前后不一致，同一个数据，前面是 1.2，后面是 1.3，马宏彬回翻了十来页 PPT，对比了一下，果然如此。

这是一个相对来说不太重要的运营数据，而且前后间隔了十来页 PPT，但王兴还是敏锐地发现了数据的细微误差。

这件事情让我印象深刻，参加完这次会议后，我马上列了一个文档的检查流程：第一遍，检查数据的准确性；第二遍，检查是否有错别字；第三步，检查内容是否存在歧义。一篇文档的水平高低体现了写作者的综合素质，这是没办法速成的，但是，不出现错误，这是基本要求，也相对比较容易做到。

第三件事则和前面提过的《长期有耐心》这个内部册子有关。2018 年，我牵头汇总整理了公司高管层全部的内外部交流分享材料，编辑整理成了一本名为《长期有耐心》的册子，供美团中高层管理干部阅读。这份内部资料发放下去之后，收到了很多同事的正面反馈。

唯一的一条负面反馈来自王兴，他给我指出了一处错误。

在一次内部交流中，王兴引用了一句名言“预测未来最好的办法是创造它”，我没有参加那次内部交流，手里的文稿是相关部门给到的速记稿，速记稿的原文是“像林肯说的那样，预测未来最好的办法是创造它”，这句话看起来好像也没错。

王兴告诉我，这句话其实是艾伦·凯（Alan Kay）说的，还发了一个百度介绍艾伦·凯的截图给我。

我到网上查了一下，搜索“林肯预测未来最好的办法是创造它”还真能找到很多结果，有些甚至出自比较严肃的媒体。

王兴能够接受喧嚣的环境（有同事在旁边大声说话，他也能安心工作），能够接受别人的误解（他说，长期有耐心，就意味着要长期被误解），但是，他不能接受错误，特别是“低级错误”。在美团内部，王兴会把明显的数据错误或者描述性的事实错误称为“低级错误”，这种事情不需要太多思考，只需要稍微用心就能做好。

王兴的认真和理性，体现在很多方面，在接下来的章节，还会有很多的细节来体现。

“持续迭代”的魔力

实际上，王兴对“四纵三横”理论的认知，有一个持续迭代的过程。

在外界总结美团的一些成功经验时，一般没有重点介绍过“持续迭代”。外界认为美团之所以能够发展到现在的规模，一般认为是王兴的战略眼光独到、管理团队业务能力强、员工擅长打硬仗、长期的技术投入等等。

这些解读，基本上也都是正确的。

不过，如果说美团有什么比较成功的工作方法论，我觉得

“持续迭代”要放在非常靠前的位置。

在美团工作期间，我观察到，凡是比较成功的项目或者案例，都有“持续迭代”这个因素在里面。在日常工作中，“持续迭代”是管理层反复强调的事情，也是很多美团员工开展工作的原则。如果一项工作不能持续迭代，不能形成持续完善的流程，不能在不同的区域被复制，一般不会被认为是特别重要的工作。

为什么“持续迭代”这么重要?

首先，持续迭代是一种长期思维，意味着长期有耐心。美团是一家有足够耐心的公司，持续迭代，持续对同一事物、同一目标花很长的时间来打磨完善，为客户提供一年比一年更优质的服务，时间久了，会形成非常大的优势，这也是“做时间的朋友”的体现。

第二，持续迭代意味着对事物的深度思考，没有思考不可能有迭代。王兴对“四纵三横”理论的认知也进行了两次迭代，也就是说，美团对“四纵三横”的关系探索，有三个版本。环境在不断变化，认知也应该相应变化。

第三，持续迭代意味工作方法的理性化。对待同一项工作，每一次迭代都是流程的优化、产品的优化，甚至是策略的优化。这些优化，不仅对某个项目有积极作用，而且对其他类似项目也会有借鉴意义。实践如果不形成经验，不能复用，价值就不可能最大化。

团购、外卖、酒店旅游等业务，美团一开始的行业地位都不是最领先的，但经过长时间的持续优化，最后都成为领先者。

这些成绩的取得，主要逻辑还是以客户为中心，而不是以竞争对手为中心。美团以客户的需求为终点，持续迭代工作，保证对客户的服务质量一次比一次更优质，随着时间的积累，最终转化为胜势。

前面也提过，美团的团购第一单，销量并不起眼。美团外卖的第一天，销量更差，只有个位数。那个时候，谁能想到，七年之后，美团外卖每天会有4000万个订单？这就是持续迭代的魅力，这就是长期思维的魅力。

这七年左右的时间，用户每天打开的还是同一个App，没有本质的变化。只是这个App里面，推荐的商家数量一年比一年多，质量一年比一年优质，配送的速度越来越快、越来越准。经过七年时间的持续迭代，美团外卖一年一个里程碑，获得了更多用户的信任。

持续迭代的故事，可能比较枯燥，那么，就看看里程碑式的数据吧：

2013年11月18日，美团外卖上线；2014年11月9日，美团外卖日订单量突破100万单；2015年12月20日，美团外卖日订单量突破300万单；2016年9月11日，美团外卖日订单量突破600万单；2017年3月20日，美团外卖日订单破1000万单；2018年5月24日，美团外卖日订单量突破2000万单；2019年7月27日，美团外卖日订单量突破3000万单；2020年8月8日，美团外卖日订单量突破4000万单。

上面的数据，就是持续改善、持续迭代的最好体现。

美团外卖的订单量从上线时的几个订单，到7年后的每天4000万个订单，业绩数据对比非常令人震撼。但是，如果要描述里面的故事，可能没有数据那么精彩。美团外卖的发展过程，就是一个每天持续改善的过程，只是坚持的时间比较长。

持续迭代也意味着长时间的精细化运营。不过，精细化运营有一个前提，就是规模或者潜在的规模必须足够大。在美团的发展过程中，也有过一些不太好的案例，比如，一些团队维护着一些小盘业务，汇报工作的时候美化为精细化运营，这类情况持续的时间还不短，造成了严重的人力浪费和资源浪费。2019年，美团高管层在反思时，还重点剖析了这类问题。

持续改善、持续迭代会有显性的成绩出来，时间越久，成绩越明显。

2011年7月，王兴为《环球人物》杂志写了一篇名为《持续改善的力量》的文章，他认为，只要态度端正，能力是可以培养的，今天改善一些，明天再进步一些，积累下来就会变成优秀，变成卓越。

我们如何在众多竞争对手中脱颖而出，始终保持行业第一？最好的办法，就是把每天的工作做得好一些，做到完美，做到极致。这需要敬业精神，需要对工作的热爱，发自内心深处的热爱。微软公司创始人比尔·盖茨有句名言：“每天早晨醒来，一想到所从事的工作和所开发的技术将会给人类生活带来的巨大影响和变化，我就会无比兴奋和激动。”他对成就事业有着独特的见解，他认为成功者最重要的素质是对工作的态度，而不是能力。抱着这样的敬业心态，每个人的生活和工作都会有很大的突破。只要态度端正，能力是可以培养的，今天改善一些，明天再进步一些，积累下来就会变成优秀，变成卓越。

也许有人说，每天的工作很平凡，再努力也不会有多大的改善空间。那么，我列一组数据，可以推算出敬业精神的威力。如果我们的工作，每个月改善 10%，那么一年下来我们能改善多少呢？也就是 1.1 的 12 次方，大约是 3.1，这意味着一年内我们改进了 3 倍；如果每月改进 20% 的话，也就是 1.2 的 12 次方，一年大约是 9 倍；我们要是每天改进 1%，一年之后是多少呢？就是 365 个 1.01 相乘，一年下来是 38 倍。这个改善是惊人的。1% 看起来好像很小，但是只要能持续，效果会非常可观。

人们一般喜欢听伟大的战略构想。当然，伟大的战略构想也非常难得，这需要企业的决策层分析好客观条件，对趋势的判断不能出错，还要对自身的条件有一个清晰的认知，才能提炼出一个正确的战略。但是，在战略制定正确的基础上，能够把事情做正确并持续做得更好，才是一个组织的核心竞争力所在。

“四纵三横”的三个版本

王兴的“四纵三横”理论，有一个发展过程。

在第一版的“四纵三横”里面，王兴把美团归于社交和商务的交集。这个逻辑是没有问题的。但是，王兴后来发现，美团真正上线后，跟最初想象有点儿不太一样。

美团确实运用到了社会化媒体，主要靠消费者在社交媒体的口碑宣传获得了很多用户。在早期，美团一直对外宣传的是，70%以上的新用户是由老用户的口碑介绍而来。但是，王兴也发现，美团并不是社交和商务结合的最典型代表，后来出现的美丽说、蘑菇街是更典型的社交和商务的结合。

于是，美团的定位，由社交跟商务的交集，很快转向了移动和社交的交集。

美团很快组建了 iPhone、Android 开发团队。2011 年年初，美团上线 iPhone、Android 这两个版本的移动应用。

这是团购网站中首家推出的移动客户端。

2014 年，美团移动客户端负责人陈亮（现为美团高级副总裁）在一次分享中提及，移动互联网就是全部：

有别于一般互联网公司建立独立的移动事业部，美团倾向于认为移动是全部，所以没有必要把移动单列出来。美团的移动部门，更多是承担移动技术和产品方面的职责，作为基础部门为公司的整体移动化提供“水电煤”。

美团在“千团大战”中脱颖而出，很重要的一个因素，是抓住了移动互联网这一波红利。2011 年，美团移动端收入占美团总业务比重仅为 7%~8% 左右，2012 年达到了 30%，2013 年达到了 70%，2014 年超过了 95%，移动端的发展趋势很明显。

2014 年，美团成为国内互联网公司中移动端交易占比最高的公司。当时的阿里、京东等大型互联网公司都还在探索如何把用户从电脑端迁移到移动端。

美团，成为中国移动互联网领域创业的代表性企业。

第二版的“四纵三横”，王兴把美团归于移动和商务的交集。

那么，第三版呢？在第三版中，“四纵三横”变成了“四纵四横”。

这第四横，就是物联网。

每隔四五年一次的大技术变革会带来很多新的商业机会。随着计算能力越来越强，单位成本越来越低，存储越来越大，智能设备从计算成本到通信的成本都会大幅降低。但可能比智能硬件做得更好的事情是物联网，我认为物联网比智能硬件更能概括这波大潮，而且物联网这一波大潮在过去两三年已经萌芽。过去所谓的“四纵三横”，现在我需要再加一横，第四横是物联网。

美团先是定位到社交与商务的交集，后来调整到移动与商务的交集，王兴加上了第四个趋势——物联网。那么，物联网会与美团产生哪些交集？

即使是在2020年，在一般情况下，外界也不会把物联网与美团做太多的关联。毕竟，在很多人看来，美团只是一个消费平台，用户在上面购买餐饮、酒店、旅游等服务，或者点上一份外卖，让外卖小哥配送到家。

物联网，可能是一个比较长期的趋势。其实，美团在2014年的业务就有了一些物联网应用的雏形。

当时，美团旗下的猫眼电影已经做到了与电影院每个座位的连接。酒店也是同样的道理，房间资源会连接到网上，与需求更容易匹配起来。王兴预测，未来餐厅也会如此，每一张桌子每一把椅子，甚至会场的凳子都有传感器，告诉用户，这个位置什么时候是空闲的。所有线下的物理资源，时时刻刻在网上能够查到，时时刻刻能够发生交易，带来巨大的商业机会。

到了2020年，美团的共享单车、无人配送车就用到了很多物联网的功能。

打开美团App，就可以看到附近哪里有单车，通过手机扫码，可以实现远程开锁。

关于物联网的应用，美团的无人配送车体现得更为明显。

美团的无人配送车搭载了多项智能黑科技，比如超声波传感器、红外传感器、重力传感器等多种传感能力，已经可以在条件良好的楼内、园区内完成智能配送。2020年2月，美团实施的“无人配送防疫助力计划”率先在顺义区落地，将无人配送技术通过无人车和室内机器人在公开道路、封闭园区及室内楼宇等开展配送服务，最大限度降低人员接触带来的潜在感染风险，更安全地满足用户特殊时期的生活需求。无人配送车的车身配有摄像头、传感器、信号传输天线等装置，续航约100公里。

物联网时代，可能是一个比较漫长的时代。

美团如果想一直处于浪潮之巅，就必须在科技创新方面投入更多。毕竟，现在的竞争对手与十年前的相比，远不在一个量级上。只有持续保持科技创新，美团在物联网时代才能获得更大的发展。

服务业的巨大潜力

要做到与互联网发展趋势紧密结合，还得有一个潜力巨大的行业来支撑，王兴选择了第三产业，也就是服务业。

我做一件事的标准是：有益、有趣、有利。有益就是对社会有价值，这样说可能显得有点高尚，但我们确实应该把我们的世界建设成一个更美好的世界，因为我们就生活在这里。在有趣和有利之间的权衡，我还是把有趣放在前面，即自己要觉得这份工作好玩、来劲。有利就是要有赢利模式、有利润。

我们顺应或者部分引领了中国电子商务的新潮流。过去十几年，电子商务主要是做实体商品，比如说当当卖书，京东商城卖电器，凡客卖衣服，是服务于第一产业和第二产业的电子商务，美团网是第三产业的电子商务，是服务业的电子商务。

我们相信服务业电商的巨大潜力。随着经济的发展，第三产业的比重会逐渐增大，第三产业又必然与互联网结合。长远看来，它的空间足够大，现在处在一个初期的状态。

王兴认为，互联网可能会从根本上很彻底地改变所有行业。在2010年，第一产业和第二产业的电子商务已经做了十几年，而第三产业，也就是服务业的电子商务，才刚刚开始，这里面有很大的机会。

2014年12月16日，在出席中国企业领袖年会的“青年领袖时间”主题论坛时，创办美团四年多的王兴发表了自己对企业家精神的理解。在他看来，企业家精神是一种对机会的追求，而暂时不考虑当前控制的资源。

企业家精神是什么？是喜欢冒险吗？还是勇于或者是善于创新？这些很重要，但还不是最核心的点。可以确定的是，企业家精神是一种追求，对机会的追求，最重要的特征就是暂时不考虑当前控制的资源。这是我看到的对企业家精神的最好定义。

这句话我觉得需要再讲几个点，不然很有可能引起误解。这里很重要的就是“不考虑当前控制的资源”，很可能被理解为“人有多大胆，地有多大产”。我不是这个意思，不是“人有多大胆，地有多大产”，而是暂时不考虑当前控制的资源。一个企业要成功或者要发展，没有企业家精神是不够的，但是光有企业家精神也是不够的，最终要把这个事情付诸实施，需要其他很多方面的东西，比如常规的管理和常规的应用，还有加上专业团队的合作。

在创业之初，王兴就把对社会有益、为社会创造正面价值放在了第一位，在创业过程中将“有益、有趣、有利”融为一体。在创业赛道的选择上，王兴看到了服务业电子商务的巨大潜力。随着经济的发展，我国第三产业在经济体量中的比重会逐渐增大，第三产业又必然与互联网结合。从长远看来，它的空间足够大，而且还处于一个初期的状态。

在王兴看来，企业家精神就是一种对机会的追求，而暂时不考虑当前控制的资源。资金、人才等资源都会流向优质的企业。企业要做的事情，就是为客户创造价值，同时也为社会创造正面价值。

Chapter 01

创业团队

美团的三位联合创始人王兴、穆荣均、王慧文都毕业于清华大学。王兴、王慧文是同一届（2001 年毕业），本科是电子工程系。穆荣均比他们晚一届（2002 年毕业），本科是自动化系。王兴和王慧文是同班同学兼室友，和穆荣均则在大学期间并无交集。在王兴创办校内网的时候，王兴和穆荣均经常在 QQ 上交流互联网的技术问题，后来成为现实中的好友、创业伙伴。

三个清华校友

2018 年，美团在招股书上，对联合创始人有这样的表述：我们未来的成功很大程度上取决于我们的管理层以及经验丰富、有能力的团队的持续服务。尤其是，我们的联合创始人、执行董事、首席执行官、董事会主席及控股股东王兴，联合创始人、执行董事兼高级副总裁穆荣均，以及联合创始人、执行董事兼高级副总裁王慧文，对我们的文化及战略方向的发展至关重要。

王兴，福建龙岩人，1979 年 2 月出生。1997 年，王兴从龙岩一中保送到清华大学电子工程系无线电专业，2001 年本科毕业，获得奖学金前往美国留学。

我在美团工作时，听到的王兴在清华大学期间的故事主要有两个。第一个故事，王兴参加过清华学生艺术团舞蹈队，跳的是一种叫作“黄土黄”的传统舞蹈。在美团的第一次媒体沟通会上，王兴还介绍过自己参加舞蹈队的经历。第二个故事，是当同学们讨论未来的理想时，王兴没有说太具体的想从事的事业，只是说了一句名言“天下兴亡，匹夫有责”。

2011 年 4 月 25 日，清华大学百年校庆时，王兴作为自主创业的毕业生代表，回到母校发言。那时，我刚入职美团不久，王慧文安排我陪同王兴一起去清华大学。王兴在那次发言中，首先提到了清华大学的校训“自强不息、厚德载物”，他认为，“在现实工作与生活中，清华精神很好理解，也很好落实，那就是敬业。不管身处哪行哪业，敬业精神都是最重要的”。能够把校训这种相对宏大的理念变成日常工作中的行动，这是王兴的独到之处。

穆荣均和王兴在大学期间没有交集，之后通过在网络上交流技术问题才成了朋友。2017 年 9 月 27 日，在陪同王兴到清华大学参加活动时，穆荣均在与学生们的交流环节，描述了他与王兴的交往过程：

我们上学那会儿，也是 QQ 发展的时候，所以很多网友是异性网友，但是我跟兴哥却是同性网友。为什么呢？因为当时我跟兴哥有一些相同的兴趣，我们对当时正在发展的开源软件、Linux 这些当时还比较时髦的科技有共同的兴趣爱好。当时我在清华读研究生，兴哥在美国求学，回国以后网友见面，成为现实中的好友。后来我在百度工作两年之后，2007 年跟兴哥一起创立饭否，创立饭否的时候已经认识四五年了。

2007 年，王兴邀请穆荣均一起创办了饭否网。在此之前，穆荣均一直在百度工作，既有广阔的晋升空间，也有一些百度的股票。当王兴发出邀请一起创业时，穆荣均同意了，他看出王兴是个很能坚持的创业者："王兴对创业表现出一种不会放弃的态度。一个容易撂挑子或者随便赚一笔就走的人，不容易把事情做好。"

我入职美团后，第一次见到穆荣均是在食堂，他那时正在安静地吃饭。2011 年 4 月，美团从海淀区的远中悦来大厦搬到朝阳区北苑北辰泰岳大厦，在 11 层到 13 层办公，六楼为大厦的食堂。应该是五月初的一个中午，我和公关团队负责人谭晨辉一块去六楼食堂吃饭，谭老师介绍我和荣均互相认识，荣均很有礼貌地站起来，和我们聊了几句，没想到他还知道我写过《百度那些人和事》。

荣均是个很有亲和力的人。2013 年 9 月，美团篮球协会成立，是我牵头申请的。那时，活动经费是行政部在管，流程是集齐 10 个希望参与篮球活动的同事的签名就可以申请。我去技术部逛了一圈（技术部打篮球的人比较多），找同事签名，到第九个的时候，我刚好路过荣均的工位，就把表格交给他，荣均马上在表格上工整地签上了自己的名字，印象很深的是那个"荣"字写得比较宽。

那时，美团已经是一个年交易额百亿元规模的企业了，荣均作为联合创始人，以普通一员的身份，和大家一起申请活动经费。

荣均是个很爱学习的人，在这里，先记录一段他关于学习的思考：

一个人拥有的知识和智慧像一个圆圈，他能了解到自己无知的领域，就是圆的周边领域。圆越大，你与未知世界的接触就越广，你会发现更多需要了解和掌握的知识。过去美团随着业务不断发展壮大，总会遇到全新的问题，比如，创立美团之前，我们一直做的是社交产品，从来不知道线下应该怎么去做，也不知道销售团队怎么去管理。当你遇到问题时，很难找到最好的解决方案。只有亲自实践，再结合原来的知识，慢慢发现原来别人是这么干的，原来已经有这么多理论积累，原来已经有非常成熟的方案，再慢慢去形成自己的认知和理解，之前学习的理论才能被你认可，变成自己的智慧。

再说说王慧文。王兴在美团内部被称为“兴哥”，王慧文在美团内部被称为“老王”。

1997 年，在清华大学入学的第一天，王慧文就碰上了来自龙岩一中的学霸王兴，两人成了室友。王慧文是东北人，性格非常豪爽，对王兴一见如故，两个人还一起凑钱买了台电脑。从此，王慧文踏上了漫漫网游路，迷上了上网打游戏。

外面有些文章说王慧文是个“学渣”，这是一种误解。我在美团工作期间，与王慧文的工作交集还算比较多，在我眼里，他是个学习能力很强的人。当然，这也许是一句废话，考上清华大学的人，学习能力肯定不会差。

刚加入美团时，王慧文担任市场与产品副总裁。有校内网和淘房网的创业经历，他可能对产品相对比较有经验。但美团成立后的前一两年，在产品端并没有什么大的变化，主要原因是王慧文把精力都投入到市场与公关等全新的领域，并体现出了很强的学习能力。网络营销投放、搜索引擎优化、公共策略与媒体关系，这些都是比较专业的领域，他学习得很快，上手也非常快。

2011—2012 年，美团看得见的产品界面没有任何改动，而其他网站早就采用了当时最流行的设计风格，色彩鲜艳活泼，美团则一直是黑与蓝的暗色调。王慧文当时知道外界对此批评了很长时间，但就是不改。他解释说："因为在我们看来，当时那不是最重要的事情，对任何一个创业团队而言，无论你有多少资源，资源都是极有限的，我们要把资源集中到当时最重要的事情上去。"

王慧文的逻辑超级简单：想明白最核心的事情，找到最有效的方法，集中资源快速实现它。

我和王慧文第一次见面是 2011 年 3 月 4 日，那天是美团上线一周年媒体沟通会。媒体签到台旁站着两个人，一个是公关团队的媒介负责人刘艳峰，另外一个就是王慧文。慧文看到我的名字，就笑着问我是不是在搜狐 IT 写过"百度非官方"专栏，我说是的。那天，我对他最深的印象，是他在晚宴上敬酒的动作。他高昂着头举着一个杯子，像个江湖豪侠。在美团的三个联合创始人中，王慧文相对有一点儿"自来熟"，和陌生人沟通的能力比较强，所以承担了很多对外沟通的工作。

美团的早期市场投放很有策略，用比较低的成本，获得了很多客户。后来，王慧文为美团开拓了很多新业务，特别是外卖业务，这比之前的团购业务复杂很多，他和餐饮、零售、物流配送等各行业的人交流，总结出了很多工作方法论。

在实践中，王慧文对于人才的成长也有一些非常好的方法论，比如，从“愚昧之巅”到“绝望之谷”，再从“绝望之谷”到“开悟之坡”。

有担当的管理者一个重要的责任，就是把下属从愚昧之巅推向绝望之谷，至于能否爬上开悟之坡，看个人造化。这句话的核心词是“担当”。为什么不是责任？因为如果是责任的话，你还可以逃避责任，有担当才不会逃避责任。

人才的成长大概有三段：

第一段：最开始上到愚昧之巅。

第二段：从愚昧之巅掉到绝望之谷。

第三段：从绝望之谷走到大师这条路上，即开悟之坡。

如果大部分人最后都没有走上大师这条路，那他到底在什么地方遇到障碍了呢？哪一段他没有搞定呢？结合我自己过去的个人经历，我认为大部分人没有完成的是从愚昧之巅到绝望之谷这个过程，大部分人在这一段遇到了困难。

困难在于，你处在愚昧之巅时，不知道你在愚昧之巅，甚至可能觉得自己在绝望之谷或者开悟之坡。那么怎么解决这个问题呢？根据我的观察，虽然大部分人不知道自己在愚昧之巅，但是大部分人都知道别人在愚昧之巅。这就产生了非常大的信息不对称。

为什么身在愚昧之巅而不自知，就是因为每一个人在自己成长的过程中，没有得到有效反馈，没有人告诉他，“你现在在愚昧之巅”。所以，每一个人得到自己在愚昧之巅的有效反馈就变得非常重要和稀缺了。

在王兴眼里，“老王（王慧文）和我是有共同志趣的同学和室友，是携手创业的搭档和并肩战斗的战友，更是可以思想碰撞、灵魂对话的一生挚友”。

从校内、饭否到美团

2013 年 5 月，王兴在《波士堂》节目中与观众互动时，被问及进行过几次创业。王兴回答：“如果从团队来讲的话，美团是第三次创业。我们还走在通往成功的路上。我看到过一个观点：我无法告诉你怎么获得成功，但失败是可以被定义的，你放弃之后就是失败了。如果你还没有放弃，那么你就还没有失败，就走在成功的路上。”

从上面这段话也可以看出王兴对成功与失败的思考。如果还没有放弃，那么就还没有失败，就走在成功的路上。这，也是一种“长期有耐心”的思考方式。

王兴的第一段创业是校内网，清华大学的同班同学王慧文是重要参与者。

2001 年清华大学毕业后，王兴去了美国特拉华大学，王慧文去了中国科学院声学研究所读研究生。在美国，王兴感觉到世界正在发生的变化，最重要的趋势是社交网络。2003年年底，两个人一起退学，再加上王兴的高中同学赖斌强，三个人开始创业。

赖斌强是三个人里唯一计算机专业出身的人。他从广州辞职来到北京，想看看产品怎么样了，得到的回答是：产品还没有呢，我们还在学编程。

如果站在赖斌强的角度，可能会感觉这是一个不太靠谱的创业项目，毕竟，提议创业的人连编程都在学习中。但赖斌强依然加入了创业团队。在校内网被收购之后，他和王慧文又一起创办淘房网。淘房网团队加入美团之后，赖斌强主要负责行政、IT方面的工作，在美团高速发展的过程中，赖斌强负责的几次关键的"搬家"（即搬到新的办公场所）起到了很重要的作用。因为业务发展快，新员工入职的数量非常多，办公工位不足是美团创业过程中一直存在的痛点，很多部门负责人在提交招聘计划后，第一时间要看还有没有办公工位。赖斌强在负责行政工作期间，美团进行了两次大搬迁，分别是北苑和望京的两次大搬迁，解决了办公场地问题。

从"产品还没有呢，我们还在学编程"这句话来看，这可以说是一种企业家精神，企业家精神是一种追求，追求的是机会，最重要的特征就是暂时不考虑当前控制的资源。

话题再回到王兴团队的早期创业。他们先搞SNS（社交网络服务），又搞输入法，两年折腾了差不多10个项目，都没什么起色，最后决定再回到SNS，而且专注做校园社交。2005年12月8日，校内网正式上线。王兴的清华大学同班同学付栋平、清华大学校友杨俊、高中同学陈亮在这个时期分别加入校内网团队。

2020年9月16日，王慧文参加美团校园招聘活动时，到清华大学发表了一次题为《不设限的人生》的演讲，回顾了美团创始团队的做事方法和理念。王慧文认为，十多年来，美团创始团队始终重视规律，花大量时间研究行业、用户，发现规律并将其应用到企业经营上面，将规律的能量最大化。

我们开始创业时，一边学一边开发，开发速度比较慢。2003年，SNS行业里有30家同行，它们在年底已经推出产品，但我们的产品还没做出来，后来它们都倒闭了。到了2005年，我们的产品才做出来，当时觉得这个行业还有机会。

我们的团队没有钱，三个人凑了30万元。等到校内网上线的时候，账上只剩下3万块钱。我们没有什么钱做推广，就研究怎么能让产品做得更好，让它通过口碑传播，快速成长。我们那个网站功能很少，没有钱吸引用户来，就跟很多朋友说，我们做了一个网站，你可以来试一下。到2005年年底，前面开发的一版网站大概有两三万用户。

有一天，王兴跟我讨论，我们这个网站没有什么功能，用户为什么不走？他们每两三个星期就来访问一次。就这个问题，我们讨论了挺长时间，最后得出结论，用户之所以用我们，没有很快离开，可能是因为我们没有钱做推广，导致来的这些人都是我们的朋友，他们再拉朋友来。

对我们来说，这是一个很值得在意的事情。就像科研主要是观察异常现象，找出异常现象的解释，找出规律。一个网站没什么功能，用户还来，就是一个异常现象。既然他们觉得网站是他们的朋友，即使没有功能也来；如果有一天这个网站是有功能的，而且还是他的朋友，他会不会来的频率越来越高。这是我们当时一个简单的逻辑，这个判断很重要。

我们做校内网的时候，讨论应该让校内网变成一个基于真实身份的、现实社会好友关系的网站，还是变成一个可以有虚假身份的、与陌生人交往的网站，这是两个完全相反的选择。我们观察到的用户行为，他们其实是因为好友而在这里，即便网站没有功能，也每两周都会来一次。即便这个判断跟当时主流互联网不一样，我们还是认为，应该做一个基于真实社会关系、真实身份的社交网站。

校内网融资的时候，投资人问王兴他们：校内网怎么赚钱？他们也没有想清楚，回答含糊：网站跟地理位置有关，可以做广告投放。当时，谁能想得到 SNS 网站可以靠游戏赚钱呢？王兴他们没有想到，所以他们的回答，别说投资人，连他们自己都不满意。对于投资人的这个问题，王慧文当时的感觉是很不屑，校内网在快速增长，如果拥有大量用户，将来赚钱的办法一定会有，没必要讨论这个问题。

投资人问他打算怎么推广，他们的答案是学生快放假了，准备做点活动吧。投资人回答，好吧，那你们回去做吧。谈到价钱的时候，他们开出了数百万美元的价格。投资人说，你们这价钱开得不低啊。他们回答，再等段时间，我们就更高了。

上面的这些沟通过程，如果复盘来看，肯定是失败的。后来，王兴也做了反思，企业家精神的本质是对机会的追求，暂时无视自己现在控制多少资源，但光有企业家精神是不够的，还要有获取资源的能力以及经营能力。

王兴认为，CEO（首席执行官）的职责有三件：第一，设定公司目标和总体战略，并确保传达给相关执行者；第二，招募并留住最优秀的人才；第三，确保公司有足够现金。其他事情都应该找最专业的、最好的人来做。

校内网不能算成功，融资不顺，最终卖给了千橡，但创业团队的每个人都拿到了不少钱，也不能算失败。

2007年，校内网（已改名为人人网）锁定期一过，王兴和郭万怀、杨俊、付栋平，再加上来自百度的穆荣均，一起创建了饭否和海内网。饭否关闭后，王兴根据“四纵三横理论”，从社交与商务的交集点出发，做了美团。

在王兴创办饭否和海内网的时候，王慧文、赖斌强则结伴去欧洲和东南亚游玩了一年，回来后，拉着陈亮一起做了淘房网。淘房网进展也不是很顺利，花了很多钱去做广告，但效果并不好。这也是王慧文学到的一个教训。加入美团后，王慧文负责市场投放，在广告投放方面就变得比较理性，这也是美团后来成为“千团大战”胜者的原因之一。

2010年12月，王兴给王慧文打了一个电话，大意是：你们就别搞了，我这边发展挺快的，也比较需要人，你们来吧。于是，最初的那个创业小团队又聚到了一起。

即使是后来饭否被关停的时候，王兴的团队都没有散，只走了两个人：一个独立开发者回老家了；另一个是张一鸣，去寻找其他的创业机会，后来创办了现在赫赫有名的今日头条、抖音。

王兴的创业团队为什么一直没有散？穆荣均认为，有一个原因是，王兴很努力，从不停止尝试。王慧文认为，王兴这个人比较正直，这是非常重要的基础，而且人也非常努力、聪明。

在创办美团之前，王兴的创业团队已经历了数年的磨合，彼此建立了很好的信任关系；在互联网产品方面，他们也积累了一定的经验。这些，为后来美团获得成功打下了很好的基础。

与之前的创业项目相比，美团有非常明显的区别。

以前的创业项目，比如校内网、饭否网，都是纯粹的线上项目。只要把面向网民的网页做好，并保证打开网页的速度以及持续的稳定性即可。这些工作，一群人在一个小房间里就可以全部完成。如果做美团，需要和线下的商家谈合作，这就需要线下的能力了。

所以，从一开始，美团的创业之路就注定了困难重重。

从美团上线到 2011 年年底，这两年左右的时间，外界一直在质疑美团的线下能力。外界质疑的逻辑也很顺理成章：王兴的团队此前一直在做网站，没有线下做商务的基因。

基因，是个很有意思的词。在互联网产业没有发展起来之前，评估一个企业很少用基因这个词。很多跨国企业或者国内带着“××集团”的企业一般都横跨多个产业，并不会有人质疑这些企业没有基因做成某一件事。比如，在 2000 年左右，可能很少有人能够描绘三星公司有多少业务，只知道这个公司很大，有资源能够做成很多事情。同时期的中国企业也是如此，当时，国内带着“××集团”字样的企业，一般的标配是“主业+地产+酒店”，当保健品火的时候，这家公司可能也会进入保健品领域。但这家公司有没有做保健品的基因？基本不会有人质疑这个问题。

互联网时代不同，如果一个已经成熟的公司开展一项新业务，外界往往会审视这家公司有没有做成这项事业的基因。如果没有这个基因，一般就会认为这个事情做不成。这方面的案例有很多。

2005 年，阿里巴巴接受雅虎投资后，雅虎中国由阿里巴巴接管。五年之后，雅虎中国在搜索领域被百度远远甩开。外界对此的评估是阿里巴巴没有做搜索的基因。后来，腾讯也花了很大的力气来做搜索、电子商务，也没有成功，也被外界解读为腾讯没有做搜索、电子商务的基因。百度做过聊天工具、电子商务，也没有成功，同样也被外界评论为没有做聊天工具、电子商务的基因。

基因，成了互联网企业发展的护城河，挡住了进攻者，但也容易成为阻止自身更进一步的铁门槛。至少从中国互联网三巨头 BAT（百度、阿里巴巴、腾讯）的案例来看，“基因论”也不是没有道理。

但是，在互联网产业发展起来之前，“基因论”可能是一件比较可笑的事情。以 IBM（国际商用机器公司）和三星两个科技公司巨头为例，IBM 是做磅秤、自动切肉机起家的，三星是做干鱼、蔬菜、水果出口业务的，如果用基因论，很难解释这两家公司未来的基因突变。但是，人们可以理解，公司就是用来赚钱的，赚钱后可以投入到更多的领域赚更多的钱，形成更大的集团公司。

王慧文是不太相信“基因论”的。他认为，如果按照基因论的说法，美团连做互联网的基因都没有。

最开始王兴拉我创业（校内网）时，我们两个学的是电子工程，我毕业设计是焊卫星下行电路板，王兴的研究生读的是生物芯片，听着是芯片，其实是生物学，后来他给我解释之后我才知道主要是生物，而不是电子芯片、量子芯片，不是用来做计算的。“芯片”的原意是非常小的单元组合在一起，并不一定要用来计算。所以，我们两个的基因不是做互联网的。等我们开始做团购时，是业界里面最不被看好的团队，因为我们失败了好几次，我们之前都是做社交的，没做过电商，也没管过大团队。所以，在当时看起来，我们这家公司应该没有做O2O基因的，没有多城市线下管理基因。

2010—2014年，行业对我们核心竞争力的判断发生了非常根本性的变化。到2014年，大家甚至觉得管理线下销售团队是我们的核心竞争力。这四年里面到底发生了什么？其实所有这些能力，人非生而知之，学而知之，不管是搞产品、搞技术，还是管销售、做管理，这些东西都有科学的方法可以学到，你只要沿着科学的方法学，一边学一边实践，实践后再学，在这个过程中把很多错误的实践排除掉，把正确的方法放大，这个能力就会逐渐建设起来。

对于一家公司来说，我们不要用“核心竞争力”这种概念把自己束缚住，给自己设限。最重要的只有两个：第一个是捕捉真正的行业机会的能力。机会来的时候大家都容易出成果，这是一个时机问题。做商业也是一样，大部分行业的大部分时间是没有机会的，所以第一核心能力是发现行业机会。第二个是发现行业机会之后，根据行业需要的能力快速学习，去建设这个能力。如果非要说什么是核心竞争力，可能快速学习的能力是核心竞争力，这才会让你的核心竞争力不局限在某一个特定的领域，使得你长期不断进步，当需要新的能力的时候，能够抓住新的机会。

如果没有做成一件事情的基因，那就只有两条路：第一，自己学；第二，请专业的人加入。

在创办校内网的时候，没有做互联网的基因，王兴的创业团队是自己学。

在创办美团的时候，没有线下管理的基因，王兴的创业团队加入了一些专业人才。

线下能力的初建

2010年3月，杨锦方接受王兴的邀请，加入美团。在杨锦方的眼里，王兴是一个出色的CEO，战略眼光很精准。

在加入美团之前，杨锦方曾在甲骨文公司任高级客户经理，更早之前，他还有过三年创业经历。杨锦方加入美团的时候，团购行业刚刚起步，而王兴在这场激烈的竞争中并没有先发优势，因为校内网和饭否网这类互联网轻公司的创业，并没有教给他如何管理一个庞大的线下销售体系，而杨锦方有这方面的经验。

杨锦方曾是清华大学学生科技创业者协会第二任会长。

1997年，王兴刚进清华大学，就加入了清华大学学生科技创业者协会，当时协会的会长正是杨锦方。1998年，协会举办亚洲第一届商业计划大赛。王兴很积极地参与组织活动，主动承担了派发海报的任务。

2017 年 4 月，在清华大学 106 周年校庆之际，美团与清华大学签署了战略合作协议。在交流环节，王兴回忆当年刷海报的情景："我印象非常深刻，那个活动是要刷海报，有时候用大桶的糨糊贴，天气冷的时候糨糊还挺难搅拌的。"

王兴足足刷了 4000 多份海报。除了刷海报，王兴还往很多寝室塞海报。最终，首届商业计划大赛大获成功。

杨锦方加入美团后，成为渠道负责人，之后晋升为销售副总裁，主管全国销售工作。在他负责销售团队期间，美团交易额取得了 10 倍的增长，为"千团大战"的胜出打下了良好的基础。

杨锦方是个要求非常严格的人，有个直接向他汇报的同事告诉我："杨老师要求非常严格，每周的周报一定要非常详细，把每件事情的前因后果都要描述得非常清楚，如果写得不够清楚详细，那就得被批评了。而且，我们出差只能用美团券，如果实在因为客观原因不能在美团订酒店，要写清楚原因。"

我与杨锦方老师的交集，要到他担任战略合作副总裁时。2012 年 3 月 22 日，美团成立战略合作部，杨锦方转任战略合作副总裁，负责加强与政府、支付通道、电商及运营商等方面的合作。当时，杨锦方担任新职的对外新闻稿是我写的，之后我们也有一些工作上的交集。战略合作部有些项目需要对外宣传，我们每次用电子邮件汇总宣传进度时，杨锦方老师都会第一时间给出反馈，这让我印象非常深刻。

2013 年 3 月，我参加美团常青藤管理干部培训的面试时，杨锦方老师是我的面试人之一，他的提问不多，但非常犀利地指出了我在管理中存在的问题。

后来，随着美团业务的增多，杨锦方老师参与的新业务越来越多，他是金融、零售等新业务的重要开拓者。2017 年 7 月，我和杨锦方老师还交流完善过一篇关于亿联银行（美团参股的民营银行）的材料，也领教了他的严谨与细致。关于杨锦方，他下面这段话也给我留下了深刻的印象。

真正强大的优势，需要“天赋 + 多年的持续刻意练习”。优势一旦形成，就已经在这个方面与普通人拉开了巨大的差距。如果一个人在某类事情上重复表现杰出的能力，那不要怀疑，他已经形成了巨大的体系化的优势。这个理论是我判断王兴是我认识的清华和北大同学里面最具有远见和格局的企业家的基础。王兴创办的校内网和饭否网连续遭遇失败，被媒体公开看衰，但我认为王兴是中国市场上第一个发现时代性大型社交网络机遇而且能做出好产品的人，而且，两次都是如此。也正是基于这个判断，我主动找王兴吃饭，成为美团的创始成员。

杨锦方的这段话，主要有两点：第一，可以用“长期思维”来理解。一个人建立真正强大的优势，需要天赋加多年的持续刻意练习。优势一旦形成，就与普通人拉开了巨大的差距。第二，他判断王兴有杰出企业家的潜质，这影响到了他是否加入美团的选择。

美团的团购模式看起来比较容易，但需要很强的执行力和线下推广能力。2010 年，整个团购行业都在各个城市招聘员工、组建团队，寻找餐饮、KTV、电影等线下生活服务类商家合作。杨锦方看到了王兴的潜质，也接受了美团的邀请，他在销售管理方面的经验是美团创业团队急需的。

美团采取了直营和代理两种扩张策略，北京、上海这种大城市靠直营，其他城市靠代理商。激烈的竞争让团购网站毛利率迅速下滑，代理商同样感受到了压力，鉴于代理商素质良莠不齐，美团开始从代理商模式转为直营，同时加速开站。

2010 年的美团并没有占据领先的位置，整个行业处于混战状态。杨锦方任销售副总裁后，美团推出冬季攻势，快速开站，让美团先把规模做起来。

这一年的团购行业还处于萌芽状态。十年之后，人们回顾起 2010 年，一般会感慨那是创业的黄金年代，是移动互联网的元年，诞生了一些影响中国互联网格局的企业。

那么，我们不妨把眼界放得更宽一些，看看那一年，整个中国互联网行业发生了什么。

神奇的 2010 年

2010 年，对于中国互联网行业来说，是个非常有趣的年份。我们先从那个时代的中国互联网三巨头百度、阿里巴巴、腾讯说起。

百度那一年的形势是最好的。

2010 年 3 月，谷歌正式宣布退出中国内地市场，转至中国香港，这决定了百度在搜索领域的一家独大。后来，虽然有搜狗、360 等公司前来挑战，微软也推出了必应搜索，但没有对百度一家独大的局面产生任何冲击。

不过，十年以后的2020年，百度的形势，又是这三家公司中最差的，市值仅为腾讯、阿里巴巴的几十分之一。具体的原因，在本书的后续章节会有详细的分析，因为百度也曾经在O2O领域与美团产生过交集。

阿里巴巴在2010年的麻烦最多，主要有两大麻烦：第一，阿里巴巴和第一大股东雅虎之间的关系日趋紧张；第二，阿里巴巴在香港上市的B2B公司，发现了直销团队的一些员工默许甚至参与协助欺诈公司加入阿里巴巴平台。

2005年8月11日，雅虎与阿里巴巴在北京联合宣布，雅虎以10亿美元加上雅虎中国的全部资产获得阿里巴巴集团39%的股权。这桩在当时震惊全球互联网业界的交易，人们普遍认为马云做得很划算，但就是这样一桩买卖，却在当时未公开的交易细节埋下了不小伏笔。阿里巴巴与雅虎签订的诸多关键条款都将从2010年10月开始发生重大变化。最核心的问题，是雅虎将有机会按照董事会或公司章程辞退时任CEO马云。

除此之外，阿里巴巴在香港上市的B2B业务，也面临着重大的危机。2010年，阿里巴巴发现"B2B公司的中国供应商签约客户中，部分客户有欺诈嫌疑"，并有迹象表明直销团队的一些员工默许甚至参与协助这些欺诈公司加入阿里巴巴平台。随后，阿里巴巴集团成立了由独立非执行董事关明生负责的"客户资质独立调查行动"小组，经过调查取证，于2011年2月21日召开董事会，通报了调查结果。根据调查，在2009年、2010年两年间分别有1219家（占比1.1%）和1107家（占比0.8%）的"中国供应商"客户涉嫌欺诈。阿里巴巴称上述账户已经被全部关闭，并已提交司法机关调查。

这两大麻烦后来还是得到了解决。阿里巴巴随后的发展势头很好。2020年，阿里巴巴的市值是BAT中最高的。顺便说一下2010年的“双11”。源于淘宝商城（天猫商城的前身）2009年11月11日举办的“双11”促销活动，第一年的交易额为0.5亿元，共有27个品牌商参与；而在2010年11月11日，淘宝商城交易额上升到9.36亿元，共有711家品牌商参与，涨幅很大。从这个时间点来看，淘宝和天猫成为阿里巴巴未来十年主要利润来源的旗舰业务，而且，这十年还出现了蚂蚁金服、阿里云、菜鸟物流等量级很大、潜力也很大的新型业务。

这一年，百度的形势最好，阿里巴巴的麻烦最多，腾讯的挑战却最大。

腾讯的挑战，来自360这家做安全软件的公司。腾讯与360两家公司在2010年下半年的斗争，被外界称为“3Q大战”。

“3Q大战”源于这一年腾讯与360两家公司“明星产品”之间的“互掐”。2010年9月27日，360发布了其新开发的“隐私保护器”，专门搜集QQ软件是否侵犯用户隐私。随后，QQ立即指出360浏览器涉嫌借非法网站推广。两家公司在业务上、舆论上都开展了激烈的争斗。

后来，经过多方的调解，腾讯与360两家公司不再进行激烈的斗争，而是进入了法律程序。慢慢地，“3Q大战”淡出了公众视线。

“3Q大战”对腾讯的影响很大，如果从十年后的结果来看，是积极的影响。腾讯从之前的什么业务都做，变成了只做社交和内容产业两大核心业务，其他的都选择投资给创业公司做，而且给予了非常高的自由度。自此，腾讯成为中国互联网领域最大的赢家，虽然腾讯 2020 年的市值略低于阿里巴巴，但如果加上腾讯所投资公司的市值乘以相应的占股比例，那是要超过阿里巴巴的。所以，说腾讯是中国互联网领域最大的赢家，毫不为过。

一本以写美团为主题的书，为什么要介绍腾讯、阿里巴巴、百度三家公司？因为这三家公司都非常重要，从 2010 年来看，它们已经影响了中国互联网长达十年的时间，而且，还深刻影响着中国互联网未来的十年。更重要的是，这三家公司，都会与美团产生很深的交集。

再看看这一年成立的创业公司，最主要的是美团与小米，这两家公司的业务完全不同，但是，它们有一个共同特点：都抓住了移动互联网的历史性机遇。

美团与小米成立的时间差不多，美团成立于 2010 年 3 月，小米成立于 2010 年 4 月。这两家公司的上市时间也都差不多，2018 年 7 月 9 日，小米正式于中国香港联交所主板挂牌上市，成为港股上市规则修改后第一家以“同股不同权”架构上市的公司。2018 年 9 月 20 日，美团正式于中国香港联交所主板挂牌上市，成为第二家以“同股不同权”架构上市的公司。

如果从 2010 年至 2020 年这十年来看，无论是 2010 年成立的美团与小米，还是随后几年成立的拼多多、字节跳动等公司，都崛起于移动互联网时代，表现都很惊艳。但是，中国互联网领域最强的两家公司，还是腾讯与阿里巴巴。

2010 年，很多人判断“移动互联网时代，会让中国互联网改朝换代”。就如同2000年至2005年最牛的互联网公司是新浪、搜狐、网易，而到了2010年，最牛的互联网公司变成了腾讯、阿里巴巴、百度，实现了全面的改朝换代。

如果按这个趋势来看，移动互联网时代很可能是一个全面改朝换代的机会。人们的上网工具肯定是由电脑端变成手机端，更具备改朝换代的条件。但事实是，阿里巴巴和腾讯都适应了移动互联网，并保持住了优势，只有百度掉队。

改朝换代，并不明显。

这是为什么？

时代变了。

有人说，时势造英雄。有人说，英雄造时势。不管认同哪一种说法，一个时代有一个时代的英雄，这几乎是共识。

那么，腾讯和阿里巴巴应该属于“跨时代的英雄”。

2000—2010年，腾讯、阿里巴巴、百度替代新浪、搜狐、网易，成为中国互联网的领头企业，这是一次集体性的替代。而2010—2020年，腾讯和阿里巴巴依然是中国互联网的领头企业，而且领先优势更加明显，这期间还经历了一个移动互联网时代的崛起，但并没有太明显的“改朝换代”。为什么会这样？

关于这个问题，我在美团内部和同事们交流过，也和互联网同行们交流过。比较一致的观点是，时代变了，互联网行业从发展期进入了成熟期。

从1996年张朝阳拿到风险投资创办搜狐，到2000年新浪、搜狐、网易三大门户网站在美国上市，这基本上算是整个中国互联网行业的萌芽期。那个时候的互联网，基本上就是办个网站让网民们浏览。而从2000年开始，腾讯的聊天工具、阿里的电子商务、百度的搜索，都与门户网站没有太必然的关系。2000—2010年是中国互联网领域的发展期，也初步奠定了腾讯、阿里巴巴、百度三家公司的江湖地位，它们以产品的差异性获得成功。

2010年确实进入了移动互联网的时代，同时，中国互联网行业也进入了成熟期。如果在发展期，互联网企业可以依靠产品的差异性获得成功。但到了成熟期，除了产品和服务的差异性，还有一点非常重要，就是组织力。

组织力，是不可以速成的。

所以，经历过2000—2010年这十年发展期，腾讯、阿里巴巴在做业务的过程中锻炼出了非常强的组织力，在新产品、新业务出现时，有得力的组织队伍来保障产品与业务做到领先。凭借强大的组织力以及以往积累的资源、资金优势，腾讯、阿里巴巴不仅适应了移动互联网时代，而且还把业务提升了很多量级，不仅成为互联网时代的赢家，而且还成为移动互联网时代更大的赢家。

这，就是大背景。

2010—2020年，美团成立的这十年，是中国互联网行业进入成熟期的十年。美团的趋势是对的，业务是有潜力的，但同时面临的挑战也非常大。美团的创业团队之前一直专注于互联网产品，对组织力几乎是陌生的。用王兴的话来说，他自己没有管过人，甚至也没有被别人管过，因为离开学校后就开始创业，没有上过班。

因此，美团的创业过程，充满机会，也充满挑战。

Chapter

02

“千团大战”

2010 年 3 月至 2011 年上半年，整个中国互联网行业都在期待 Groupon 创造的高估值神话在中国得到复制。

在当时，Groupon 是一个怎样疯狂的故事？

2009 年 10 月，成立不足一年的团购鼻祖 Groupon 获得了由 Accel Partners 领投的 3000 万美元投资。2010 年秋天，谷歌向 Groupon 发出收购要约，希望以 60 亿美元左右的价格收购这家团购网站。

一年时间，Groupon 就创造了 60 亿美元的估值，这在资本市场看来，应该是百年一遇的投资案例。如果这笔收购交易完成，在当时，会成为互联网历史上最大的一笔收购案。即使放在十年后来看，这个价格也是非常惊人的。

不过，Groupon 拒绝了谷歌的收购。

据后来的媒体报道，Groupon 管理层在最后一次对谷歌收购提议进行讨论时，他们都相信 Groupon 的价值远超 60 亿美元，但很难具体说到底值多少，如果按照华尔街投行对 Groupon 的估值，应该在 200 亿美元到 300 亿美元之间。当然，Groupon 在随后的几年发展不善，那是后话，不会影响 2010 年时资本市场对团购行业的判断。

在 2010 年 3 月至 2011 年上半年，几乎所有人都相信，Groupon 创造的团购模式也会在中国取得成功，也会催生价值几十亿美元甚至百亿美元的公司。

那么，团购的商业模式是什么？为什么会这么值钱？

完美的商业模式

2011 年 3 月 4 日，美团在海淀剧院举办了一次媒体沟通会，这也是美团历史上的第一次媒体沟通会。在这次媒体沟通会上，王兴介绍了团购的商业模式，在他看来，团购这个商业模式的美妙之处，就在于把营销和销售很好地结合在一起。

在演讲中，王兴从中国互联网的商业模式讲起，认为从展示广告到搜索推广，再到团购营销，是一个不断演进的过程。互联网一开始就是一个传播信息的平台，是商业推广很好的方式，也是一个不断演进的过程。在不同的环境下，不同规模的企业会找到不同的适合它的互联网推广方式。随着推广方式的演进，客户的量级也在大幅上升。

第一种是最早的门户展示广告，客户在新浪、搜狐等门户网站投广告，按展示次数付费，时间是在 2000 年左右。那是中国商业互联网的开端，主要广告客户是世界五百强级别的企业，像宝洁、宝马等公司，在新浪首页放展示广告，按展示付费，由于广告位置有限，只有很少一部分企业参与，广告客户就那么几百家。

第二种是搜索推广。互联网行业继续发展到2005年左右，很多企业有推广需求，但是没有资金实力去新浪、搜狐等门户网站投广告，或者说效果不够精准，回报不够高，但是它们可以在搜索引擎，在百度、谷歌里面搜索，按照点击率付费，这样效果会好很多。像新浪、搜狐之类的门户网站，它的广告客户就那么几百家，但是像百度，它的广告客户可以达到几十万个。所以，这五年时间互联网往前走了一步，之前没法利用互联网做商业推广的企业，找到了新的商业模式。

第三种是团购营销。从2005年的搜索推广被越来越多的客户接受开始，中国互联网行业又过了五年时间，到了2010年，新出现了团购推广，可以满足更多的企业的需求，主要的客户是提供本地服务的商家，如餐馆、酒店、卡拉OK、足疗按摩店等。这些本地商家虽然规模比较小，但数量是千万量级的，它们都需要进行推广。以前，门户网站帮不了这些本地商家，搜索引擎也帮不了这些本地商家，搜索引擎虽然是按点击付费，但是本地商家可能根本连网站都没有，点击量没有意义。所以，本地商家希望有一种互联网推广方式能够直接帮助它们带来交易，完全按照效果付费，这个事情美团网可以帮助它们做到。

在合作过程中，资金的流向是从消费者到美团网，美团网返券给消费者去商家消费，最后商家拿着美团券去美团网结账。这对于消费者相当于一个精品消费指南，而对于商家，可以低成本高效率地帮助它们获客。

我衷心地认为，团购模式是人类有史以来最优美的商业模式之一。

从商家（或者说广告客户）这一端来说，团购营销是一种非常好的推广方式，商家不需要事先投入成本，完全按效果结算推广费用。

团购对于消费者来说，好处也非常明显。以美团为例，主要是为消费者提供精品消费指南，告诉他们在这个城市里面有哪些吃喝玩乐的地方，一方面是精品消费推荐，另一方面就是非常深度的折扣。

美团定位为本地服务的电子商务，跟所有电子商务一样，有共同的追求，就是低成本、高效率。美团帮助消费者发现生活当中的乐趣，帮助商家获得新客户。消费者与商家都能得到好处，这就是团购商业模式的逻辑。所以，王兴认为，团购模式是人们有史以来最优美的商业模式之一。

团购有非常好的商业模式，国外又有 Groupon 的成功案例，如此有前景的事情，使得各路资本疯狂投入这一领域，各路背景不同的精英也都快速进入了这一战场。

拉手网的融资神话

除了美团，团购行业还有拉手网、团宝网、大众点评、窝窝团等重要玩家。加上全国各地的中小型网站，到 2011 年 8 月，我国团购网站的数量已经超过了 5000 家。新浪、腾讯、开心网、人人网等平台型互联网公司也先后进入团购领域。

团购，既是创业公司的热门首选项目，也是平台型互联网公司的标配功能。

资本，疯狂投入了这一热门领域。

以拉手网为例，它接受投资的速度，在当时可以说令人瞠目结舌。拉手网成立于 2010 年 3 月 18 日，由创办过焦点房产网的连续创业者吴波创办，2010 年 4 月获得 500 万美元的 A 轮投资，2010 年 12 月获得 5000 万美元 B 轮投资。2011 年 4 月获得 1.11 亿美元 C 轮投资，估值达到 10 亿美元。

一年的时间，拉手网就有了 10 亿美元的估值，这表明资本对团购领域极度看好。

2011 年 5 月 10 日，拉手网宣布演员葛优成为拉手网的品牌形象代言人，诠释拉手网的“低碳幸福新主张”。拉手网 CEO 吴波认为，这是一次拉手网和最具亲和力的影帝拉手，无论是影帝还是普罗大众，在拉手网都能享受一样的超值实惠，一样的满意服务。

从广告的角度，葛优一向低调，深居简出，从不铺张浪费，之前代言的广告形象都非常大众、朴实、贴心，从这个意义上说，他的形象非常符合拉手网的品牌定位，这次代言的契合度非常高。

很快，拉手网的各种户外广告铺天盖地在各大城市出现。据广告行业人士的测算，拉手网的广告投放至少是数亿元规模。后来，拉手网的招股书显示，2011 年 1 月至 6 月，其销售营销费用为 5050 万美元。

其他团购网站也纷纷对外宣布了广告预算：团宝网计划全年投放 5.5 亿元，糯米网计划投放 2 亿元，大众点评计划投放 3 亿～ 4 亿元。

巨额广告预算的背后，是风险投资陆续进入团购行业。国外有 Groupon 的成功案例，一年 60 亿美元的估值；国内的拉手网一年时间就有了 10 亿美元的估值。在团购战局刚刚开始的情况下，各路资本纷纷涌入。

在资本的推动下，团购行业进入了疯狂的扩张，主要体现为大量招人、大量开站、大量投广告。但是，这些还不是高潮。窝窝团加入战局，确切地说，是徐茂栋收购窝窝团之后，“千团大战”才真正进入高潮。

其他团购网站在大量招人，窝窝团也在大量招人；其他团购网站在大量开站，窝窝团也在大量开站；其他团购网站在大量投广告，窝窝团也在大量投广告。

除了这些，窝窝团还在团购行业疯狂挖人，那么，其他团购网站会怎样呢？

第一个受伤的，是拉手网。

窝窝团的野蛮打法

如果当年没有窝窝团的疯狂举动，团购行业的走势可能会很不一样。2011 年年初，基本上是拉手和美团在争夺团购行业第一名，窝窝团的存在感并不强。确切地说，在徐茂栋收购窝窝团之前，窝窝团的存在感并不强。

徐茂栋是个创业经验非常丰富的人。2000 年，徐茂栋成立凯威点告公司，带领团队迅速研发出一款能够发送手机短信的软件。一时间，全国 23 个省电信公司、大部分寻呼台都成为凯威的客户。2006 年，分众传媒以 3000 万美元的价格收购了凯威点告，将其改名为分众无线，徐茂栋出任分众传媒高级副总裁、分众无线 CEO。2008 年央视“3 · 15”晚会，分众无线被指为垃圾短信的重要源头，并涉嫌泄露手机机主个人资料。之后，原计划独立上市的分众无线取消了上市计划。

据王慧文透露，在创办美团之前，徐茂栋就来找过王兴。饭否网关闭之后，徐茂栋找到王兴，说自己有关系可以让饭否网恢复上线。当时，耿直的王兴告诉徐茂栋，自己正在研究团购的商业模式，已经准备开始新的创业了。后来，徐茂栋投资并收购了窝窝团，进入到团购战场。

窝窝团进入公众视线，是从“挖人才”开始的。

前面提到过，2011 年 5 月 10 日，拉手网宣布演员葛优成为拉手网的品牌形象代言人，风头正盛。

不过，仅仅九天之后，风头就被窝窝团抢了。

窝窝团宣布：2011 年 5 月 19 日，拉手华东大区总经理及重庆、南京、杭州、苏州、无锡、常州、江阴所有城市经理及全体核心骨干 200 多名加入窝窝团。

这件事一时引起了很大的轰动。

毕竟，拉手网的江湖地位摆在那里，200 多人集体被挖，这是一件很吸引眼球的事情。

窝窝团的一封内部邮件，还被广泛传播开来：

灿若霓裳，莺歌燕舞，窝窝团再传喜讯！2011年5月19日，拉手华东大区总经理及重庆、南京、杭州、苏州、无锡、常州、江阴所有城市经理及全体核心骨干200多名加入窝窝团大家庭。这标志着窝窝团正在成为全国最有吸引力的团购企业。

事业召唤人才，时势造就人才。团购行业的伟大事业，归根到底要靠一支宏大的、富有创新能力的、高素质人才队伍。窝窝团是一家热心发现人才、诚心使用人才的企业，是一家精心爱惜人才、用心聚集人才的企业，是一家充满希望、富有活力的企业。回顾既往，豪情满怀，展望前程，信心百倍。在徐总对人才的高度重视和坚强领导下，我们有信心、有能力建设一支浩浩荡荡的上万人才大军，成为中国团购行业的联合国。

此时，窝窝团体现出“后来居上”的气势。

从窝窝团疯狂挖人开始，团购行业才真正有了“千团大战”的气氛。

行业乱象

2011年，团购行业是比较混乱的，主要体现在虚报融资数据、虚假抽奖、恶意挖人等。这一年的夏天，美团连续开了三个媒体沟通会，主要针对的就是上面三个问题。当时，我算是体会到了什么是“战时”状态，最紧急的一个媒体沟通会，我们是当天晚饭时接到通知，次日上午就要召开，于是我们在饭桌前开始办公，邀请媒体。这些事情，后面再展开详述，我们先具体说一下行业乱象。

先说虚报融资。那一年，团购网站的融资新闻稿，有些标题是这样的“××团购网站本轮预计融资××××美元”，这还算是好的，说明了是“预计融资”。有些团购网站还在洽谈融资，其实融资并没有完成，就发出融资成功的新闻（并没有说明是“预计融资”），主要是为了鼓舞内部士气以及在与商家谈合作时体现自身的实力。从制造轰动效应的角度来说，开一场融资新闻发布会是立竿见影的事情。

要说制造轰动效应，还得数窝窝团最有经验。2011 年，团购行业最大的一笔融资，应该是拉手网 2011 年 4 月获得的 1.11 亿美元投资。不过，这个记录马上被窝窝团刷新，而且，窝窝团还前所未有地举办了一个“IPO 启动仪式”。

2011 年 5 月 25 日，窝窝团举办 IPO 启动仪式，宣布成为第一家正式进入上市轨道的中国团购企业。而且，窝窝团已获得鼎晖、天佑、清科等多家投资机构的战略投资，本轮融资规模预计 2 亿美元（注意“预计”这个词）。窝窝团董事长兼 CEO 徐茂栋表示，窝窝团成功上市后，将全员持股。

窝窝团已经把融资数字刷新到了 2 亿美元，而且还公开宣布成为第一家正式进入上市轨道的中国团购企业。看到这个新闻时，当时人们是非常震惊的。

虚假抽奖，也是当时的行业乱象之一。

抽奖活动本来是一种有效的市场推广活动。网民们不用花一分钱，只要邀请到好友一起参加抽奖活动，就有机会免费获得知名品牌的手机、奢侈品箱包、豪华多日游等奖品。如果能够吸引到大量用户参与，团购网站算是用较低的成本获得了用户，网民们在没有付钱的情况下获得抽奖机会。

这本来是一件很有趣的事情，但是，在奖品的兑现上，部分团购网站就出了问题。有些公司“暗箱操作”给本公司的员工，或者是本公司员工的家属；有些根本就不兑现奖品，反正也没有人会来深究这件事情。另外，并不是每次抽奖活动都会有大量的用户参与，所以，有些团购网站为了营造出网民踊跃参与的氛围，会在后台修改参与人数的数据，造成“大量网民参与”的假象。从用户参与到最终的奖品兑现，都有虚假的成分。

恶意挖人，也是行业乱象。前面提到过，窝窝团曾经高调宣布拉手华东大区的200多名核心骨干加入窝窝团。

这并不是结束，而是开始。

“双倍工资，包食宿。”糯米网总经理沈博洋在接受媒体采访时，提及过2011年上半年发生的挖人风波，“当时某些团购网站甚至到糯米网某地的办公室公开挖人，被员工轰出去时嘴里还喊着以上‘诱惑条件’”。

实际上，团购行业一直都有相互挖人的现象，这本来是一件正常的事情。以糯米网为例，沈博洋也曾经在2010年6月挖过美团的北京、天津区域经理沈鹏，并开出了“解决北京户口，年薪35万元”的条件。沈鹏是美团10号员工，后来和王慧文一块开创了美团外卖这个新业务，是美团外卖线下团队负责人，2016年从美团离职后创办了水滴公司。面对糯米网开出的条件，当时正处于恋爱期急着成家的沈鹏，还真有点儿动心了。如果没有后来与王兴那场推心置腹的交谈，沈鹏应该就到糯米网的阵营去了。王兴专程找沈鹏谈，从人生追求谈到财富自由，王兴这次“画大饼”

是成功的，最后沈鹏答应留下来。

如果相互挖人是出于各公司业务的需要，人才与企业双向选择，条件谈妥就入职，这本来是一件正常的事情。但后来，团购行业演变出的疯狂挖人，味道就变了。

疯狂挖人，意味着高薪挖人。一般情况下，挖人的公司也有原有的团队，原有的团队薪资标准基本一致，每个员工依靠自己的勤奋和业绩说话，业务能力强，可能会被提拔，然后一步步往上发展。但如果这个时候公司从同行挖过来一个与自己能力或职位相当的人，薪水却是自己的两倍甚至更高，就会使原有团队内部产生震荡，涨薪水的呼声就会增多，使团体成员产生不公平感。

当“不公平”的情绪广泛存在之后，对整个企业都会产生不利的影响，那些认为自己被不公平对待的人，很可能会选择离开，高薪留住的是挖来的人。而一个企业的文化、价值观和行事的规则，实际上是由企业里的每一个待了足够长时间的人形成的。如此就会造成新旧观念的不兼容。这种不兼容会产生很大的冲突，影响整个企业原有的做事风格，不利于企业的长期发展。

高薪挖人，短期看来会打击竞争对手，为自身注入新鲜血液，但也容易给企业埋下隐患。窝窝团把挖人搞得声势浩大，经常把挖来的人实名用于大规模宣传，这对于被挖的人将来的职业发展不一定有利，而且，也让外界对整个团购行业产生“动荡不安”的负面印象。

窝窝团的疯狂挖人，也挖到了美团头上，入职窝窝团的美团员工也被窝窝团大肆宣传，并引发外界产生“美团不行了”的猜测。对于这件事，美团及时召开了媒体沟通会，说明了相关情况。

王兴晒余额

2011 年 7 月 7 日，美团宣布已正式完成 B 轮 5000 万美元融资，资金已全部到账。该轮融资由阿里巴巴领投，北极光、华登国际以及红杉资本等另外三家风险投资机构跟投。

此前，美团曾获得过红杉资本 1000 多万美元的 A 轮融资，红杉资本在 B 轮中也参与了投资。

在媒体沟通会上，王兴穿着蓝色 T 恤牛仔裤出场，发言声音不大，却铿锵有力，简短介绍完投资方背景后，王兴随即在自己的电脑上打开美团网硅谷银行的账户，账面显示余额为 6192.2122 万美元。

现场媒体都感到非常震惊，未料到王兴会有此举，团购业融资早不是什么大事，但敢把银行账户余额亮出的却仅有王兴一人。《商业价值》记者夏勇峰在当天的微博中称："美团今天直接在记者面前亮出银行账户余额——61922122 美元。他们号召其他团购网站也像他们一样，把底裤亮出来给大家看看。"该微博转发量很大，很多互联网从业人员纷纷转发并对美团的勇气表示赞赏。

王兴为什么要晒美团账户余额？据他本人解释，"这个行业发展太快，有各种各样的噪声，很多同行和竞争对手的数据有一些水分，不光是在销售上有水分，融资上也有浮夸，导致业内有很不好的倾向，都不知道融资融到了没有，也不知道预计能融多少钱，这是一个非常不好的形象"。

此前，国内一些团购网站在融资发布会上发布"预计融资"，被媒体指责"态度模棱两可，涉嫌炒作"，为业界所诟病；另有团购网站宣布的天价融资额度也被业界质疑，被指炒作。团购行业以“融资”为噱头吸引眼球的做法愈加显得浮躁。

为此，王兴首次在媒体面前亮出银行账户余额，用真实的数据说话，打击了团购行业普遍存在的浮夸作风，引入了行业新风气。

此外，王兴晒账户余额还有另一层原因，即贯彻美团一向的开放、诚信作风。“美团网是一个非常诚信的企业，网页上所有团购的数量都是真实的。而且之前我们发起过诚信监督活动，如果大家对美团网的任何一个团购数字存在怀疑，我们可以开放后台让大家去看，不仅在团购的销量上是这样的，融资上面也是这样的，我们都是非常实际的数字，不是即将到账、预计到账，而是实际已经到账的。”

因此，在此次融资事件中，美团网以开放的心态，将最为敏感的融资数据公布于众，展现了一如既往的诚信作风。

最后，王兴表示，公开账户余额也是秉承了清华精神，作为一名清华学子，王兴曾在多种场合强调清华精神对其创业生涯的影响，也决定了王兴及其团队对待融资事件的态度。王兴最后说：“我用非常简单的方式告诉大家，我们是多么实在，这个展示非常实在、非常直接，完全秉承清华的风格。”

这次以融资为主题的媒体沟通会办得很成功。媒体沟通会的会场就在公司内部。当时，美团最大的会议室叫中华厅，那时举办的媒体活动一般都在那里。这样可以节省去外面租用场地的费用，而且筹办工作也比较顺手。当然，也有负面影响，和其他公司在外面租用的豪华场地相比，中华厅显得有点儿寒酸了。

王兴晒余额的这次媒体沟通会，如果按时间顺序，实际上是在中华厅举办的第二场媒体沟通会，把这件事放在第一位来说，是因为重要性最强。

第一场媒体沟通会是在5月，也与数据有关，但不是融资数据，是抽奖数据。

前面说过，虚假抽奖，也是当时的行业乱象之一。为了向公众说明美团在抽奖流程的正规与透明，王慧文直接在现场开放了后台数据。

王慧文晒后台数据

2011年，团购行业在抽奖环节连续出现了造假的负面新闻。此外，运营数据造假也被认为是团购行业的潜规则，团购网站的诚信饱受质疑。运营数据做假，主要体现在把团购项目的销量标得很高，造成很多消费者购买的假象。消费者如果看到一个团购项目的销量不错，往往更容易购买。

如果用户、商户对团购不信任，这对希望在服务业长期发展的美团来说，肯定不是什么好事。在美团刚开始创业的时候，王兴就准备用“长期有耐心”的理念来做这项事业。在他看来，服务业是一个非常大的市场，互联网对服务业的改造，也是一场马拉松式的长跑。

从2010年3月我开始做这件事情，就相信这是一个长远来看市场非常大的事情，但最终你要成为胜者的话，就必须能够很扎实地持续前进，而不是一惊一乍地，一会儿很猛，一会儿完全歇着。这是一场马拉松。

人们花在服务上的钱会越来越多，而且每时每刻都要重复消费，另外在完全市场经济的情况下，绝大多数行业、绝大多数时候，服务是供过于求的，这就是我们的长远机会。

一些团购网站的短期行为造成的行业混乱，影响了用户、商户对团购的信任感，这对志在长期发展的美团，是非常严重的事情。王慧文当时对此比较着急，经常找我们开会，讨论如何解决这个问题。经过多次讨论，我们决定搞一个“诚信监督”的活动，最好的办法，是让外界参与进来。因为，团购网站自说自话，在当时已经不被信任。

2011年5月12日，美团网官方微博宣布，美团网将面向业内人士、媒体记者、普通网友等群体在官方微博上征集抽奖监督员，对监督员开放后台数据，监督员不仅可以监督抽奖过程的公正性，还可以随机抽选任何一单查看后台各项数据，检查美团网购买人数数据的真实性，并接受社会各界人士的监督。

王慧文随后用微博邀请了糯米网CEO沈博阳、拉手网CEO吴波、满座网CEO冯晓海、24券CEO杜一楠、爱帮网CEO刘建国等同行前来监督美团的数据。不过，他们都没有来参与这个活动。

5月16日下午，参与诚信监督的媒体代表团、微博粉丝见证团成员到达美团，在美团的中华厅一起见证美团一些营销活动的开奖过程，同时受邀监督美团后台数据的相关情况。开奖后，由媒体记者拨打中奖用户的电话核实信息，经核实，确实是按照流程参与活动的网友中奖。

王慧文还现场演示后台数据，供大家监督。

不过，这个环节有点儿卡壳。王慧文加入美团后，一直把重点放在市场与公关这块，已经很久没有写代码了，进入后台的操作不太熟练，好在一直负责技术的穆荣均当时就在中华厅附近，他过来轻松敲了几下键盘，才让这次后台演示顺利进行。

王慧文演示完毕之后，表示欢迎媒体监督团、网友监督团随时来美团网监督后台的数据情况，共同督促整个行业向更加良性、健康的方面发展。

“数据不造假”一直是美团坚持的原则，后来“诚信”被写入了美团的价值观。2015 年年底，几家外卖平台在激烈竞争，都想率先突破 300 万日订单。12 月 19 日，美团外卖完成 299 万单，一直盼到半夜的外卖团队看到这个数字，都在叹息只差一点点，但没有一个人提到能否“四舍五入”率先将突破 300 万单的新闻稿发出去。因为大家相信，一个真实的数据不仅仅是对美团的客户负责、对投资人负责，也是对团队的员工负责。

应对“恶意挖人”

前文提到，美团为应对“虚报融资数据”“虚假抽奖”“恶意挖人”这三种行业乱象，开了三场媒体沟通会。从“虚报融资数据”“虚假抽奖”两场媒体沟通会会后的反馈来看，收到了很正面的社会反响。

而应对“恶意挖人”的媒体沟通会，是最紧张的一场。至少从筹备时间来看是这样的。

2011 年 5 月，团购行业的重要事件，除了窝窝团挖走了拉手网的华东大区总经理，在团购行业掀起“腥风血雨”之外，就是 5 月 25 日，窝窝团举办 IPO 启动仪式，并表示窝窝团成功上市后将全员持股。

在这个背景下，窝窝团挖人更方便了，而且还有更充分的说辞，不仅即将上市，而且全员持股。这给人的感觉这个时候加入窝窝团是非常好的机遇。

很快，窝窝团挖人也挖到了美团头上。

7 月 27 日，徐茂栋高调宣布美团网上海大区总经理王洋，城市经理高世兴、刘宁，合肥城市经理杨正，武汉城市副经理周石光，全国销售冠军解剑涛等 100 多名人员加入窝窝团。

7 月 28 日晚，我和谭晨辉、刘艳峰在北苑办公区附近的一家餐馆与一名记者在吃饭。谭老师是当时公关团队的负责人，在饭桌上，他突然把手机传给我和艳峰看，是王慧文发来的短信。那个时候，微信还不普及。王慧文的短信只有 10 个字：明天上午开媒体沟通会。

晚上收到通知，次日上午开媒体沟通会，这可能是在国内主要互联网公司中筹备周期最短的一次线下媒体沟通会。

刚好，和我们一起吃饭的记者有事先走了。于是，我们在饭桌前现场办公，给媒体打电话、发短信。办媒体沟通会是一件很复杂的事情，好在地点依然是中华厅，现场布置比较便捷。

在 7 月 29 日上午举办的媒体沟通会上，王慧文向媒体回应了美团销售人员跳槽窝窝团一事，称离职员工人数为 20 人左右，属正常人员流动。

现在来看，王慧文当年的回应，还是很有水平的。

首先，并未回避员工流动的问题。20人左右而并非对方所说的100人的离职人数，相对于美团网1000多人的销售队伍来说，处于正常的人员流动范围。

同时，王慧文站在离职员工的立场来说事。他表示，自己和离职员工的关系很好，他们的离职对美团会产生影响，但最受影响的还是员工自身。窝窝团对此事的大肆炒作对离职员工的职业发展有害无益，无疑是“杀鸡取卵”。

现场有记者问王慧文，说徐茂栋认为王兴喜欢卖公司，对此有什么看法。王慧文回应，徐茂栋卖公司的次数比王兴要多得多，徐茂栋卖过齐鲁超市，卖过凯威点告，卖过百分通联。王兴只卖过一次校内网，而且是在不得已的情况下才卖的，对方的这个指责是完全没有道理的。

还有记者问：“有传闻说，校内网被收购后，只有王兴一个人赚到了钱，是不是真的？”王慧文拿起矿泉水瓶，猛喝了一口，然后说这是胡说八道，并举了自己的例子，拿到钱之后先是买了房，又在外面旅游了很久，并做了一些投资。

从上面这些提问可以看出，当时的各种小道消息特别多，网上流传的有些文章，明显是在抹黑美团。记得美团刚搬到北苑办公区时，预留了一些工位给新入职的员工，所以会有一些办公区域暂时没人使用。这被网上的文章描述为“美团已经跑路，办公室人去楼空”。王慧文分析过，这种文章也是用于挖人的，地方的城市经理不了解北京总部的动态，看到一些办公区域的闲置工位，又被网上的文章描绘为“跑路”，很容易对公司的前景产生动摇。

据说，为窝窝团挖人的猎头公司非常专业，他们整理了一份文档，是有关美团某个城市销售队伍的，记录了销售队伍上个月的销售排名，也记录了每个人的心情状态，例如某某销售人员最近心情不太好，因为城市经理把一个大单子给了自己的朋友，而没有给他。

不过，像窝窝团这样高调宣传，就不一定合理了，甚至可能不合法。中国网络法律网首席法律顾问、律师赵占领从隐私权角度发表过评论：“这一行为已经触犯法律，《中华人民共和国侵权责任法》保护公民隐私权，公司应该尊重和保护员工的个人隐私。当然，当事人刚刚过去工作，是否会去追究法律责任就是另外一个问题了。”

窝窝团高调宣传挖人成果，可谓一把多刃剑，不仅伤到了美团，刺痛了跳槽员工，自己在舆论上也难逃其害。一位创业公司 CEO 对此在微博上发问：“一个 CEO 在微博上公开炫耀挖墙脚成果，这样的企业何谈文化？另外，这些公开跳槽到窝窝团的高管们，你们未来的职业生涯如何走？”

那个时期，团购行业疯狂挖人，主要挖线下的销售团队，美团的技术团队受到的干扰相对比较少。但技术团队其实为美团在“千团大战”的胜出以及后来的 O2O 扩张奠定了很好的基础。

在团购行业挖人最疯狂的时候，王慧文从总部到全国各地开内部沟通会，讲团购行业的形势，主要是向大家说明，竞争对手的一些疯狂策略不能持久。这些内部沟通会，我参加过很多场。

王慧文的内部沟通会，对于当时稳定军心起到了很好的作用，同事们都有很多问题与王慧文交流，只有一场的反响比较冷清，就是与技术团队的交流。我清楚地记得，当时技术团队的同事们好像觉得纷争的江湖与他们没有任何关系，听王慧文讲完之后，也没什么人提问，很快就各回各的工位继续工作了。

用技术提升效率

2010 年 3 月 4 日，美团上线的时候，整个公司总共十来个人，在一套三居室的民房里起步。其中技术团队 5 个人，在美团十周年的时候，5 个人中有 4 个还在美团。美团早期做线上业务的经验还是相对丰富的，也有一定的技术积累，美团也一直很重视技术。到 2020 年，美团的技术团队已经达到 9000 多人的规模，覆盖前端、后台、系统、算法、测试、运维、数据、硬件 8 个技术领域。

在美团上线十周年时，美团技术团队的官方博客也发表了一篇长文，记录了各个时期的技术团队，特别是早期的技术团队。

美团技术团队创始成员付栋平回忆："2010 年的时候，美团的技术并不是很强，但是团队年轻、有激情、有闯劲，响应速度非常快。大家 24 小时待命，连大年初二、初三还在改 bug，也不觉得累。"他感叹："办公环境什么的其实并不重要，关键是跟什么人在一起，做什么样的事情。如果这件事情本身很有意义，很激动人心，就很值得我们去投入青春。如果这群人很优秀，也很上进，就值得大家彼此托付，成为彼此信任的战友。"

弥新锋在 2010 年 12 月入职美团技术团队的时候，还是一个技术小白，他从 Windows 上的 DreamWeaver 转到学习 Linux（Ubutun）

上的 Vim，从只会用 jQuery 到能够读懂 YUI2 源代码，并独立写完整的脚本。想到每段 CSS 和 JavaScript 的呈现界面都有数十万人在访问和使用，弥新锋都会感到很兴奋。早期美团技术团队几乎每天都加班到很晚，但他几乎没有感到疲惫，非常兴奋，以至于做梦都是关于代码、关于公司的，他还把这些梦记录在了饭否上。

在丁志虎（美团早期 Android 开发组成员，2011 年 8 月入职）的眼中，美团最大的特点就是创始人几乎清一色的技术背景，无论是王兴、穆荣均、王慧文还是陈亮，都非常重视技术，对技术的投入也很足，美团也是业界很早就给技术团队配备了人体工学椅和 MacBook 的公司。对丁志虎影响最大的一句话来自夏华夏（美团现任首席科学家）：“我们要把复杂的事情简单化，简单的事情标准化，标准的事情流程化，流程的事情自动化。”

我是美团篮球协会的发起人，和上面提及的弥新锋、丁志虎等同事都是多年的球友。技术团队以男性为主，和我们一起打篮球的同事也比较多，在工作中，我也和技术团队有过一些接触。总体来说，技术团队的同事们普遍不太喜欢说话，但思路非常严谨，工作也非常靠谱。

穆荣均经常跟美团技术团队一起讨论问题。有一次他问：对美团技术团队来说，最重要的事情是什么？大家给出了很多答案，而穆荣均的回答是“效率”，效率是美团区别于竞争对手的核心竞争力。

王慧文在接受媒体采访时多次表达过，美团的本质，就是用科技来提升服务业的效率。美团是团购行业技术实力最强的公司，为消费者提供了一个安全、稳定的消费平台。与早期的团购网站相比，美团网的页面打开速度、支付的安全性和稳定性一直处于领先地位。此外，美团网的技术部门为合作商户开发了管理系统，商户查询数据、结款都非常方便。

讲到用科技来提升服务业的效率，就得重点提一下王兴的“三高三低”理念。

王兴对于美团整体策略的思考就是基于“三高三低”理念。“三高三低”是以客户为中心的理念，因为，消费者都喜欢“高品质、低价格”，为了实现这一点，美团要做到“高效率、低成本”，只有从事“高科技，低毛利”的行业，才能既把客户服务好，又能把市场空间做大。

我们坚定地认为应该以客户为中心。客户要高品质、低价格的东西，那我们怎么提供给他这些东西呢？因为我们本身不能单独完成服务，我们是一个中间平台，所以我们需要做到自身运营时能够低成本、高效率。

怎么样才能做到低成本、高效率？一方面靠管理，一方面靠员工敬业，一方面靠高科技，所以第三个高是高科技、低毛利。我们只有依靠高科技、IT系统，才有希望使我们一个庞大的组织遍布全国各地，因地管理，整个复杂流程能够走得顺畅。

同时我们不认为高科技一定要高毛利。平台性的商业模式可以做到很大规模，所以并不需要很高的毛利，本身也能存在很大的价值。如果是低毛利加小规模，就没有很大价值；但低毛利加上大规模，就会有很高的商业价值。所有零售本质都是这样，沃尔玛是这样的，亚马逊也是这样。

要实现“三高三低”，真正提升服务业的效率，就注定了美团要高度重视技术创新。也正是美团一直坚持技术投入，才实现了高效运营，最后成为团购大战最后的赢家。

资本寒冬

在美团的各项工作有序进行的时候，资本寒冬悄然而至。

2011 年下半年开始，资本市场对团购概念趋于理性，不再有大量资金投向团购行业。具体来说，融资窗口从 6 月份开始逐渐关闭，团购网站融资越来越难。7 月成为团购领域的分水岭，此后，团购资本进入冰封期，接下来就看谁能够“剩者为王”了。

美团正是在融资窗口关闭之前，融到了 B 轮 5000 万美元融资。从王兴晒账户的余额来看，A 轮融资的 1000 多万美元也基本没花。前面提到过，团购有非常好的商业模式，而且是消费者预付费的业务模式，正常情况下现金流应该良好。

如果当年没有那么多激进的恶性竞争，“千团大战”一定是一种更长期的打法。

那个时候，唯一公开披露财务数据的是糯米网，因为它的母公司人人网是上市公司。根据财报，糯米网 2011 年第一季度的收入为 90 万美元，运营成本为 460 万美元，亏损主要来自市场投放。糯米网总裁沈博阳的解释是：“2011 年 1 月以前，糯米网市场推广费用几乎为零，没有做过一分钟广告。但随着越来越多资本的涌入，团购行业再也不是人们想象的低门槛，而是进入了‘重’资本时代。糯米网也不得不加大市场投入，这就是第一季度运营成本会升高的原因。”

除了推广成本之外，员工数量激增也成了团购企业不得不面对的难题。那时候，拉手网和窝窝团员工都在5000人以上，团宝和24券的员工人数也在4000以上，美团在人数方面一直比较谨慎，人数在3000以内。但是，美团的市场份额在第一梯队，2011年上半年，基本上是美团网与拉手网、窝窝团轮流占据着市场份额的第一名，相互没有拉开差距，只是美团的投入更少。

王慧文判断，团购的冬天就要到来。他发了这样一条微博：今天看了CNNIC（中国互联网络信息中心）2011年上半年的互联网报告，团购用户增长125%，看起来增长很猛是吧？但是，在这半年里市场费用涨了10倍，从业人数涨了10倍，运营成本涨了10倍，投资金额涨了10倍。泡沫快跟臭氧层一样大了。这个冬天很快来，这个冬天会很冷。当然，冬天过去就会有春天，看你是否熬得过去。

王慧文认为，冬天是国际资本市场的大环境不好，以及国内团购网站前期烧钱过度所致，未来的团购行业只有一两家可以生存。

易凯资本CEO王冉预言，99%的团购网一定会倒闭，肯定会被淘汰掉。

Chapter

03

曙光与上岸

资本市场冷静下来之后，很多团购网站因为缺少资金而关闭。长达两年半没有融资的美团，不仅顺利度过了2011年下半年的“团购寒冬”，还悄然实现了2012年季度盈利和2013年年度盈利，市场份额也一路攀升。美团做对了哪些事情?

王兴认为，团购网站最终能否立足，最关键的是产品质量和用户体验，永远无法靠有钱赢得胜利，因为百度等互联网公司巨头更有钱。

美团成为团购行业最后胜者的原因，曾经被解读为“精细化运营”策略，后来又被解读为“农村包围城市”战略。如果从结果来看，这些解读有一定的道理。王慧文认为，美团并没有制定类似“农村包围城市”的战略，只是最后的结果与这个战略相吻合。美团只是对行业有了客观的判断，一直坚持做正确的事情。

坚持做正确的事情，这是放之四海而皆准的道理。那么，什么才是“正确的事情”?

边算账边开城

从2010年年底到2011年年初，试图在团购这一黄金赛道掘金的创业者们，都要在开城市这件事上做一个选择。当时虽然是“千团大战”，但是真正有竞争力的大概就十来个。在2011年年底，大众点评、糯米、嘀嗒团和满座这几家大概开了25~30个城市；拉手网、窝窝团、24券大概开了150~300个城市，团宝网当时对外公开的是324个城市，号称最多。

美团在“千团大战”阶段，一直保持在90多个城市，没有超过100个。

王慧文在参加源码资本的2017年年会时，回顾了美团在早期对开城数量的取舍。在他看来，制定一个高质量的战略，首先要对行业有个判断，不能被动。美团在2011年上半年判断，团购市场一年时间就可以分出胜负。因此，在开城数量上，与取胜无关的城市要首先舍弃。不做取舍会占用资金投入和管理成本。

我是2010年12月加入美团的，那时，美团已经开了28个城市。当时管理团队判断，最终开300个城市是没问题的，关键是什么时候开到多少个城市。当时主要考虑的因素是，团购这场竞争，在什么时间点会有个大概的胜负之分。制定一个高质量的战略，首先要对行业有个判断，不能被动。美团在2011年上半年的判断，是团购市场一年时间就可以分出胜负。那就要看分出胜负的那个时间点，哪些城市的体量够大，能影响整个市场占有率。这么看的话，经济体量在150名以后的城市，甚至100名之后的城市，都是没用的。这些城市不会影响你的整体胜负，你要把它舍掉，不取舍的副作用是持续有资金投入和管理成本。

有一天王兴跟我说“我觉得情况不太对”。那个时候，美团并不是有规划地从第 1 名城市一直开到第 100 名。当时开了一个城市叫赤峰，赤峰应该是排在 200 多名的城市，所以我们赶紧讨论。以当时管理的情况和暴露的问题来说，我们都意识到有些城市可能开错了。我们及时停下来检查有哪些城市开错了。当时讨论完，我们觉得大概有 4 个城市开错了。但是更棘手的问题是：开错了要不要关了？我们讨论了半天还是决定关了，这一点我认为是非常关键的。

当时，团购网站的管理水平都不高。虽然说美团已经被外界认为是“精细化运营”，事实上，一直到 2011 年 6 月，上线时间已经一年多的时候，美团才弄清自己到底有多少员工。因为城市数扩张到 100 个左右的时候，每天都有人入职，每天也都有人离职。由于管理水平落后，还有吃空饷的（办理了入职手续，没有到岗，但可以领工资），所以，算清楚有多少人是比较困难的。有一些团购网站的管理水平更差，从创业到关闭都没有解决这个基本问题。

所以，很多团购网站在尾部城市消耗了大量的管理成本和资金成本，却没产生足以影响市场格局的业务体量。

2011 年 4 月，美团主动关闭了赤峰、龙岩、玉林、马鞍山四个城市的分站。当时团购行业正是媒体关注的焦点，如果美团关闭站点，容易被外界解读成实力不行、资金链紧张等，可能会产生负面影响。

王慧文和我们一起开会讨论这件事情如何定调，是悄悄地关掉这些站点，还是主动把关站的消息告知媒体。

最终，我们开会讨论的结果，是主动把关站的消息告知媒体。

除了主动告知这个信息，还要说明美团的态度。首先，是站在员工的角度考虑。虽然这几个城市关了，但各分站的经理也都转战附近其他消费力较强的城市，相关员工已经得到了妥善安置。同时，也说明关站的原因，此次关闭的四个城市分站，都属于四线城市。在这些城市，支付工具在消费者群体中的覆盖比例很低，商家数量也比较少，因此，在目前的环境下，这些城市并不是很适合开展业务。

由于当时在关站时内外部都做了充分的沟通，美团主动关闭赤峰、龙岩、玉林、马鞍山四个城市分站的事情，没有形成负面效应。

那时，王慧文还多次对外强调，美团通过对四级市场的试验，证明小城市接受团购还需要时间，综合性的团购网站不宜在这个地带盲目扩张。美团已经基本完成开站计划，后面将会把主要精力集中在为消费者提供完善的服务上。

当时选择关站，在王慧文看来，是一件正确的事情，同时也是一个艰难的决定。但坚持做正确的事情很重要，而且成效也很明显。

当时的美团在整个团购行业里，融资额是比较低的。拉手融资能力非常强，他们最终融了1.65亿美元，而窝窝团前后投入的资金比1.65亿美元还多，但当时美团的融资额只有6200万美元。钱是不够的，所以必须要确保资源投入产出比足够大。

所以，美团在整个投入上是有侧重的。其实美团对排名25~94

的那些城市的投入，比头部城市还要大。比如襄阳和邯郸这个级别的城市，当时投入了 10 个左右的业务人员。同期在北京投入了 80 人，上海 60 人。如果比较北京、上海和邯郸、襄阳的体量，美团在北京、上海的资源投入远远不足。当然，对城市兵力的投入并不完全是我们主动的规划。但是我们知道，在北京和上海这样的城市，你赢了也无法溃敌。这就直接导致在 25~94 那些城市能很快决出胜负，他们一旦撤退，我们就能守住赚钱。这个时间点是大家所说的“农村包围城市”策略成型的时间点。

这样一个策略本身也带有非常多的挑战。其中一个挑战就是董事会，我在很长一段时间很不愿意去开董事会，因为董事们都住在北京和上海，因为我们在北京、上海的资源投入不足而导致落后。有时候投资人跟我说：“我今天在糯米上下了单。你看，在我这个商圈，打开美团就是没有我喜欢的商家。”A 轮和 B 轮的投资人没有时间和精力把每个城市分析一遍，所以我们总得跟他们解释，美团在其他城市很好，得看总体的数字。当然，还有另外一个选择，就是把资源大量地投入北京和上海，这样投资人会感觉很好，但是这就变成 to VC（风险投资）而不是 to C 了。

即便你做了正确的决策，在执行落地时也会遇到非常多的挑战。这些挑战有来自投资人的，来自销售团队的，来自管理层的，还有来自自己内心恐惧的。所以在做正确的决策的时候，你是要做一个选择的。坚持做正确的事情，是通过一次次的资源投入选择、产品迭代选择、方向选择来兑现的。当然，如果你坚持做正确的事情，那么坚持所带来的正面结果，其实兑现的周期常常比大家想象的短很多。

美团的战略方向和目标市场已经确定，但这个时候还没能取得稳定的领先地位。团购行业的第一梯队是拉手网、美团和窝窝团三家，市场份额都差不多，只是美团的投入比较谨慎，成本控制得比较好。

这个时候，干嘉伟加入美团担任COO（首席运营官），让团购形势发生了明显变化。拉手网投资人、金沙江创业投资基金董事总经理朱啸虎曾经总结，干嘉伟担任美团COO，让“千团大战”的走向朝着有利于美团的方向发展。

对于美团来说，朱啸虎也是一个神奇的人物。2020年7月，朱啸虎总结了与美团的十年缘分：“过去十年，和美团在团购、外卖、酒旅、出行、充电宝、社区团购等6条赛道上相遇，和王兴估计是三生三世的缘分。”

金沙江创投在团购领域投资过拉手网，在外卖领域投资过饿了么，在酒店旅游领域投资过去哪儿，在出行领域投资过滴滴，在充电宝领域投资过小电，在社区团购领域投资过兴盛优选。

这些投资案例，总体来说，还是收到了很好的投资回报业绩。但是，给朱啸虎留下最深刻教训的事情，还是投资拉手网的失败案例。朱啸虎在后来复盘时多次提到过干嘉伟的名字，在他看来，拉手网没有挖来干嘉伟，是个重大的失误。

干嘉伟的加入

2011年，美团也对外引进了一些高管，弥补了之前创业团队的一些短板。那年入职的高管，主要有美团COO干嘉伟、在线营销副总裁陈敏鸣等人。他们入职时的对外新闻稿都出自我的笔下。那时，看到这么多人才加入，感觉美团的前景应该会很不错。

先说干嘉伟。干嘉伟2000年就加入了阿里巴巴，工号是67，他从一线业务员做起，历任运营总监、市场总监、大区总经理、副总裁等职。被王兴六次邀请后，干嘉伟于2011年11月16日加入美团担任COO，负责美团的供应链管理，包括销售部、品控部、编辑部、销售支持部、客服部、商品团购部等部门。

干嘉伟把线下团队的经验与组织管理的方法论带到了美团。在团购行业疯狂挖人的时期，王兴去请教过拥有丰富销售管理经验的干嘉伟。干嘉伟告诉王兴："长出来的肉才是自己的肉，在别人身上挖一块肉贴在身上也长不成自己的肉。"

在王兴多次邀请之后，干嘉伟加入了美团。他回顾道："当时来美团我确实很犹豫，压力也很大，阿里很好，团购又很衰。真正触动我的是2011年9月份在杭州，他们开一个区域交流会，当时正好王兴在找我聊，我说我去看一下。到了那里后，我感觉到这群人做事的方式、他们的基本价值观跟我是很匹配的。我在边上看时，就有一种冲动想要加入进去，把我十多年的经验分享给他们，这是一种自我实现的冲动。"

干嘉伟加入美团之前有过成体系的思考，从行业、老板、团队三个角度进行了综合衡量，"我自己最主要思考了三个问题：第一，这事儿大不大？第二，王兴以后能不能排到互联网前十？第三，他们是不是正好缺我？当时王兴找了我半年，我确实很犹豫。这三个问题思考完毕，我做了决定加入美团"。

第一个问题，团购事情大不大？干嘉伟认为，团购的市场处于初期，在线率和市场占有率都低，是一个大好的机会。第三产业未来肯定会超过第二产业，而且处于很早期。所以，这个事情确实非常大。

第二个问题，王兴以后能不能排到互联网前十？干嘉伟与王兴有过多次沟通，他相信王兴的潜力。

第三个问题，美团是不是真的缺干嘉伟？真的很缺。关于这一点，从干嘉伟在 2020 年参加美团离职员工访谈时的几段话，就能看得非常清楚。

我去美团是 2011 年 11 月。那时的团购还是有蛮多问题的。拉手上市失败，窝窝团拖欠供应商钱款……美团算是其中最干净的一家公司。它的问题是没有管理经验。

所以，我要做的第一件事情就是设计合理的组织架构。美团那会儿一个大区经理管三四十个城市经理。这根本是管不过来的，然后上传下达就会有问题。王兴、老王（王慧文）那帮清华的整天一通琢磨，有很多想法，但他们想什么下面也不知道，下面发生了什么他们也不知道。

根据竞争情况和团队规模，我把全国改成了 8 个大区。有的大区是两层结构，有的大区是三层结构。这样销售 VP（副总裁）管 8 个大区经理，向大区经理汇报的下属既不会太少也不会太多，大概在 5~10 人之间。

调完组织架构后得明确销售管理制度。它俩一个是硬件，一个是软件。那会儿的典型问题是塞不塞钱。团购想卖得好，就要把当地最好的电影院、饭店纳进来——等于是把网红店搞进来。

但它们根本不需要团购给它们带量。很多时候谈这些店就是要给回扣。有的公司还设计出来了很复杂的报销方式，还要领导审批什么的。

但美团讲得很清楚，别说公司给回扣了，你自己给钱（贴补商户），公司知道了都会把你开掉。别人有独家商户，我们没有，就硬扛。你要知道有些事情做了就一定会出问题。给客户塞钱还需要审批，腐败潜规则就出来了。2 万块好处费预算，同样两个人申请，经理给你还是给他？还是一人一半？销售敢给客户钱，就敢给上级钱。所以塞钱这种行为，可能解决了独家供应的短期问题，但长此以往，就会让你的公司作风败坏。

我与干嘉伟在美团期间也有不少交集。在美团内部，大家不会称呼干嘉伟为干总，而是亲切地称他“阿干”。所以，接下来的几段文字，阿干就是干嘉伟。

阿干入职美团是在 2011 年 11 月。我收到他的资料时，感觉这个人应该是个能力很强又很有亲和力的职业经理人。能力很强就不用说了，可能阿干也是个很有亲和力的人，只是我后来和他打交道的事情一般比较紧急，才导致我对他产生“偏严肃”的感觉。毕竟，人的认知在一定环境下都是有局限性的。

第一次见到阿干是 2012 年 1 月。那时，我们在做年度述职，王慧文把阿干也请过来旁听述职。述职地点是北苑北辰泰岳大厦 12 楼健身房旁边的会议室。后来，这个会议室被猫眼电影长期使用，早期猫眼电影的出票机就放在这里。

那次述职，我讲得激情四射，但现在回顾起来更像胡说八道。

不过，王慧文倒听得津津有味，时不时还会笑一下。相对来说，阿干就显得冷静很多，神色严峻，并且一言不发。最后，慧文让阿干对我点评一下，阿干说，不熟悉这块，不点评。那时，我就感觉这个人太严肃了，很有威严，让人不敢接近。

后来，由于团购业务与竞争对手的线下纠纷开始多起来，我和阿干有了一些工作上的交集。在具体的事情上面，阿干是一个非常有原则的人。

比如，某城市的竞争对手使用了很无赖的手段，欺负我们的同事，城市经理很委屈，希望总部投入各种资源，把竞争对手彻底逐出市场。阿干就强调了一个原则，总部职能部门的资源也是有限的，只能用最经济的手段来解决你最大的痛点，但这个城市的事情还得你来担当。

比如，某城市反馈情况时，有些事情的前后描述不一致，我当时有点儿着急，在群里用不太友好的语气提了一下，阿干马上强调了一个原则，职能部门是服务前线业务的，我当时就明白自己有点儿情绪化了。

再比如，有一次，某合作商歪曲事实，用恶意手段来污蔑美团，希望能够得到更多的好处。我当时说，为了公司的形象，是不是答应对方的要求，不然，对方会一直闹下去。阿干给的原则是不用理会，不能纵容无理要求，哪怕是再小的无理要求都不能纵容，我们要为真正与我们合作的人创造价值。

阿干也有幽默的一面。2013 年 7 月，我参加了美团的常青藤管理干部培训，培训结束后，阿干作为公司高管给我们颁发结业证，还现场讲了一个笑话：做管理是一个门槛很低的事情，举个例子，如果你的同学给你打电话，说给你年薪500万元，让你去手术台做医生，你可能马上会说，找错人了，这个事情做不了。但是，如果你的同学给你打电话，说给你年薪500万元，让你去做一个公司的CEO，那你肯定马上信心满满地说，可以啊，这个我可以试试。

线下团队的打造

从干嘉伟加入美团担任COO之后，美团在团购市场排第一就非常稳固了，到2012年年底市场份额超过了30%。早期，美团的销售团队是靠执行力强而奠定了市场份额扩张的基础，并占据着第一梯队的位置，也创造了一些非常好的业绩，只是没有明显的领先优势。干嘉伟加入美团，在管理和组织建设方面更是拉开了与其他团购网站的差距，一年一个台阶，使美团成为“千团大战”最后的赢家。

在战略战术上，干嘉伟也有独到的思考，他认为不要进行“战略与执行”这样的划分，而是划分成“战略的执行”与“战术的执行”。

很多时候，我们都把“战略”当成一个名词，但在企业经营中，“战略”更应该被当成一个动词，从企业诞生第一天一直贯穿到最后一天。战略本身是一个持续的过程，要根据目标、环境、竞争形势、执行情况、个人认知的提升等，不断进行重新思考与迭代。因此我通常不会进行“战略与执行”这样的划分，而是会分成“战略的执行”与“战术的执行”。

刚加入美团时，干嘉伟问过很多人，什么样的人才能成为销售冠军？答案五花八门，没有统一的方法论。一个比较主流的答案是消费感要好。大意是团购讲究吃喝玩乐，比如三菜一汤、几荤几素的方案搭配得好，消费者才愿意买单，听起来有道理，但消费感不太好识别，无法通过管理进行规模化复制。

销售冠军当然是值得研究的，但是，销售冠军不一定都能成为标杆来复制。干嘉伟认为，有些销售冠军虽然业绩很好，但很可能只是和当地的商家有关系，或者是入职的时间比较好，碰巧开发了一些高价值的客户。这类销售冠军，可能只是在一个城市有效，换到另外一个城市工作就不行了。

干嘉伟发现，上单数量与业绩高低的相关系数最高。于是，他将“战略执行”定义为“聚焦供给，先有再好”，将“战术执行”定义为“狂拜访、狂上单”。

此前，美团模仿 Groupon 的模式，即把流量引导到有限的团购项目里，打造爆款，靠爆款拿到超低的折扣吸引消费者，每天上几单、每个单子上几天都严格控制。而增加供给是电商的长尾逻辑，需要随时随地都有丰富的供给。最终美团内部达成共识：从营销平台向电商平台转变，放开供给。Groupon 每天只提供一单商品，但中国用户更喜欢品类丰富的信息，美团可以从“一日一团”转为“一日多团”，吸引更多消费者参与团购。

在战术执行上，干嘉伟总结出六个字——狂拜访、狂上单，2012 年就做这一件事。

这六个字相当重要。

第一，它足够简单、有穿透力，对大团队进行管理，复杂的计划注定会失败；第二，它是关键的过程指标，拜访、上单都是动词。

干嘉伟认为，管理者的价值就在于，把关键过程定义出来让团队去落地。

“两狂”（狂拜访、狂上单）也引发过不同的声音，美团也曾经有个别销售冠军不认同“两狂”而选择了离职。但是，“两狂”最大的价值是把远低于平均水平的员工快速拉升到了85分的水平，效果立竿见影。2012年六、七月份时，美团的市场份额已稳居第一。

干嘉伟在美团沉淀下来的知识体系非常多，对于美团开展新业务也有很大的帮助。但在干嘉伟看来，“很多方法不是别人不知道，只是你比别人更坚持、更用心”，看起来非常简单的“早启动、晚分享”是他感觉最靠谱的管理方法。

每天早上，团队启动一下，明确方向；每天晚上，团队抽时间分享一下，最简单的分享就是你今天做的一件很牛的事和一件很傻的事。如果员工每天连这两点都说不出，说明他没有用脑子干活。即便是编也是在逼他动脑筋，这样每个人都可以从同事那里获得营养，组织才真正能够发挥人才培养的作用。很多企业的员工都处于放养状态，并不是他们拿了你几年工资，你就是在培养他。

早启动、晚分享，2015年我还在自己抓这件事，抓一阵好一阵，因为这是一件反人性的事。一方面，管理是用制度激发人，顺着人性跑；另一方面，管理也要死磕反人性的东西。

2020年年初，由于受新冠疫情的影响，美团全公司都在远程办公，干嘉伟还拍摄了一个关于“早启动、晚分享”的视频供大家在远程办公期间参考，这个视频很受员工的欢迎。通过实践“早启动、晚分享”，销售收到了很好的效果。

我在美团的十年，因为工作的原因，也曾经多次到重庆、青岛、杭州等城市出差，现场感受过各地的“早启动，晚分享”。一般来说，我出差的目的城市基本上是经营遇到了麻烦的地方，比如：因为消费者不满引发了当地媒体关注，与竞争对手发生了线下纠纷，因为商家资质问题引来监管部门约谈，等等。

但不管在哪种情况下，各城市的团队都依然保持着“早启动，晚分享”的习惯。早晨，开一个提升士气的早会，喊喊正能量的口号，时间比较短。到了晚上，大家都见完了客户，再花长一点儿时间来交流分享，有哪些好的经验，有哪些难题需要集体想办法。长时间的积累，会让每个人的能力得到提升，当然，业绩也会同步提升。

美团在各地的执行力很强，这一点是整个互联网行业的共识。我到重庆出差一个星期，处理一起比较严重的线下纠纷。当时一位名叫董小平的同事被竞争对手的员工打伤了头部，在我们从派出所回来的途中，在他头上还裹着医用纱布的情况下，董小平还与城市经理商量着希望次日去商圈做推广，并提了一些自己的见解，当然，他被城市经理强制要求休息一段时间。

从团购业务开始，到后来的猫眼电影、外卖、酒旅、买菜等新业务，美团的线下团队都保持着强大的战斗力。干嘉伟认为，美团的人才培养体系的成功之处，不仅在于获得了团购的胜利，更在于支持了多项业务。

为什么说美团的线下地推体系是一个好体系？一个证明就是我们不仅赢了团购这场仗，更重要的是能系统地把一个处于平均水平甚至低于平均水平的人培养成一个高于平均水平的人，输出大量人才。美团的猫眼、酒旅、外卖等业务独立出来，所有线下团队都有从团购业务中输出的人才。

很多企业发展到一定阶段，常常是一个销售负责一个渠道和多条产品线。单独把一块业务拎出来，对管理人员的要求很高，在效率上会有一些牺牲，但因为构建了一个端到端的闭环，有人负责，能快速响应，反而效能更好。

组织架构之外，IT 系统的搭建也非常重要。几百万商家的状态随时都在变化，要与竞争对手反复争夺，依靠管理系统能随时评估、迅速触达终端、快速反应，基于此再看谁能坚持到最后。

市场推广策略

迈进“千团大战”的团购行业在进入 2011 年之后，市场竞争愈加白热化。各大团购网站纷纷加入营销大战，动辄上亿元的广告投入现象在互联网历史上堪称空前。2011 年 2 月，糯米网宣布斥资 2 亿元广告投入央视、地铁等广告终端。3 月，团宝网宣布 2011 年将投放 5.5 亿元用于广告，并投入千万元签下何润东等 3 位明星代言。两个月后，拉手网则携手演员葛优入局广告大战，并喊出“团购上拉手”的豪言。一时间团购行业在央视、各地方卫视、全国地铁、公交、楼宇广告等媒体上开始全面交锋。

投广告需要很多钱，美团当时也融了一些钱。

王兴是不怕花钱的，这从美团最近几年在餐饮外卖、零售、交通等新业务数十亿美元的持续投入可以看出他的魄力。

但是，王兴怕的是花出去的钱不能衡量出效果。

团购广告的投放，当时设想可能有两方面的效果：第一是影响消费者。这个比较好理解，让更多的消费者知道，团购网站才可能有浏览与订单。第二是影响商家的决策。这个不太好理解，但当时的情况就是这样，销售人员去谈商家，可能有部分商家会反馈，只看到了某某团购的广告，没有看到你们的广告，所以，不和你们合作。当一线的信息反馈过来之后，也不能不听、不能不去研究这种状况。

王兴向阿里巴巴前高管关明生请教，得到的答案是对商家端再多的广告投放不如有执行力的线下队伍。所以，对商家这一端的影响力，主要是以销售团队为主，其他资源为辅。

那么，对消费者这一端呢，广告有没有影响力？“千团大战”的时候，美团是出了名的不做广告。外界对美团有些解读，说美团认为传统的电视、公交、楼宇广告对消费者的影响不明显，所以，在“千团大战”期间坚持了不投广告。

其实，这是不对的，至少，不完全对。

美团一直没有放弃对投放电视、公交、楼宇广告的研究。网络营销是一定要做的，因为可以明确计算出攻取一个客户需要多少成本，可以优化哪些渠道，这方面一定要做好。广告是否有效，要看方法与策略。“千团大战”期间，确实有很多团购网站在传统广告上面浪费了很多钱，但是，做化妆品团购的聚美优品，主要是依靠聚美优品 CEO 陈欧的“我为自己代言”广告，成功打开了市场。

2011 年 8 月 5 日，美团迎来了一位在线营销领域的大神——搜索引擎营销（SEM）知名人士、亿玛在线搜索营运中心总监陈敏鸣。他加盟美团网，担任美团网在线营销副总裁。

陈敏鸣是互联网界资深从业者，此前曾在国内领先的效果营销公司亿玛在线任 SEM 总监，也是百度、谷歌官方认证的专家顾问，有着非常丰富的理论知识与实战经验。因为他又高又瘦，美团内部称他为“大排”。

“大排”刚入职时，工位离我很近，所以会经常会听到他爽朗的笑声以及与同事逻辑感很强的对话。他喜欢打羽毛球，经常参加公司羽毛球俱乐部的活动。不过，我对他印象最深的是他的节俭，日常基本上公交出行，即使去火车站、机场，都尽量乘公交地铁。如果不了解他的职位，很难让人想到他竟然是在美团操盘数亿元广告投放预算的人。

“大排”来美团担任在线营销副总裁之前，这部分工作是王慧文在负责。当时，王慧文负责的是市场部与产品部，市场部下面有几个组，在线营销组是其中一个。“大排”加入之后，在线营销组升级为在线营销部。

在线营销部的工作，主要是用最经济的手段获取流量。作为搜索引擎营销领域的资深人士，“大排”的加入，让美团获取流量的成本远低于团购同行。搜索引擎营销主要还是电脑端的获客方式，“大排”的学习能力也很强，很快就掌握了移动端的推广方法。到 2014 年 7 月，在线营销部的同事告诉我，美团 App 的装机量已经过亿，这个数据让我很震惊，移动端的顺利迁移为美团后来的多项业务发展奠定了很好的基础。

另一位负责广告营销的是美团的市场总监左潇。当时，左潇一直在研究传统广告，并请教了很多广告行业的资深人士，只不过一直没有做实际的广告投放。

出生于 1989 年的左潇，英语非常好，还在新东方当过老师，是 Groupon 中国区的第一个员工，2011 年 3 月加入美团后，成为王慧文的助理，在 2012 年就成为美团市场总监。他来美团后，做过一段时间的产品经理，美团最早的人力管理系统就是他做起来的。他的学习能力很强，基本上不会什么就学什么，学什么会什么，做什么成什么。

“千团大战”期间，左潇一直忙于创意营销和社会化媒体营销，比如当时的“美梦成真”系列抽奖活动，是兼具话题性与实效性的营销活动，不仅在微博上形成了很多话题，而且获客成本非常低。据项目负责人苑小帅透露，每次活动获取新客的成本不到一块钱，而当时电商行业的获客成本基本都在百元以上。

同时，左潇也在研究传统广告。当时，他经常跟我们谈及最近又见了广告界的某某大咖。不过，等他把传统广告研究得差不多的时候，“千团大战”基本结束。后来，左潇从美团离职，本着成就“优质医疗，人人可及”的梦想，创办了“若水医生”，发展得也很好。

2013 年 10 月，知名媒体人吴茂林加入美团，担任市场与公共关系副总裁。吴茂林曾任职网易公司新媒体资讯中心总监，是网易新闻客户端早期的内容及市场运营负责人，带领网易新闻客户端实现了快速增长，成为内容资讯类移动互联网应用的业界标杆。在加入网易之前，吴茂林先后在《IT 经理世界》《互联网周刊》担任执行总编，在国内主流商业财经科技媒体拥有十多年的工作和管理经验。

吴茂林负责市场工作之后，于 2014 年投放了“美团一次，美一次”为主题的广告，包括了电视、公交、楼宇广告等形式，效果非常好。2014 年，美团全年交易额 460 亿元，较 2013 年增长了 180%。

因此，美团的市场推广策略，最早期是以能衡量具体数据的网络营销为主，通过对比获客数据，来优化各种投放渠道。在“千团大战”基本结束后，美团成为整个团购行业的主要玩家，也开始投放传统广告，比如电视、公交、楼宇广告等，都收到了很好的效果。

消费者保障体系

管理学大师德鲁克说过，企业的目的就是创造顾客。“以客户为中心”“客户第一”成为很多企业的第一条价值观。对美团来说，消费者是客户，合作商家其实也是客户，在遇到实际问题时，该如何排列优先级？

首先，还是从价值观说起。美团最早的那一版价值观流传很广，即“消费者第一，商家第二，员工第三，股东第四，王兴第五”。在美团的北苑时期（2011 年 4 月至 2013 年 12 月），几个大的会议室里面都贴着这版价值观。

如今看起来，这五句话并不能算是一个完整的企业价值观，倒更像开展业务的宗旨，或者说，在内部协调处理问题时，这是一个达成共识的原则。

我觉得，创业早期的企业，这种简单明了的原则，比过于复杂的价值观体系要有用得多。创业初期的企业要解决的问题非常多，而且并不是每个部门的利益都一致，经常公说公有理，婆说婆有理，有一个书面的原则摆出来，可以节省很多沟通成本。

消费者与商家都是公司重要的利益相关方，如果遇到纠纷，优先解决哪一方的问题？对照价值观就可以很明确地得到答案。很明显，要优先解决消费者的问题。

为了保障商家的质量，让消费者享受到优质服务，美团与任何商家合作，都要经过美团专门组建的品控团队进行严格的八层审核把关，审核没通过的商家，一律不能和美团合作，任何人都无权打招呼让不合格商家上线。

2011 年 2 月 15 日，美团推出“7 天未消费无条件退款”“消费不满意先行赔付”，无论消费者是在 7 天内有特殊情况尚未消费美团券，还是商家未兑现服务承诺，均可致电美团网客服，经核实符合退款标准的，美团会在第一时间给消费者退款。2011 年 3 月 4 日，在美团网一周年发布会上，王兴宣布正式推出“过期包退”措施，在 3 月 31 日前，所有过期订单余额全部返还给消费者，总计 1000 多万元。这在全球尚属首例，随后引起国内团购网站纷纷跟进“过期包退”措施。

美团还是首家建立大型客服中心的团购网站。2011 年 1 月，美团斥资千万元用于大型客服中心的建设。在公司规模不大的时候，客服中心一直在北京总部，后来搬到了石家庄、扬州等地。在美团内部，也经常会组织高管团队听取消费者的投诉，持续改善业务。

在 2012 年 6 月，干嘉伟主持过一场内部会议，主要是让相关部门了解客户服务部反馈的各类问题，当时我也在场，因为涉及一些客服对外沟通的话术确定。我非常深刻地感受到，美团确实是在聆听客户的声音，根据客户的反馈持续改善业务。

当时的客户服务部负责人是杨涛，2011 年 7 月 12 日加入美团，此前曾经担任过淘宝网客服总监。在那次会议上，杨涛列了消费者经常反馈的 20 多个问题，逐个宣读出来，每读完一个问题，干嘉伟会询问是哪些部门负责的，再与相关的部门确定好解决问题的时间。

聆听客户的声音，持续改善业务，这是美团一年一个新台阶的重要原因。

组织建设的探索

王兴在创办美团之前，经历过多次创业，但是团队规模都比较小。2010—2020 年，美团成立的这十年，是中国互联网行业进入成熟期的十年。美团的趋势是对的，业务是有潜力的，但同时挑战也非常大。美团的创业团队之前一直专注于互联网产品，对组织力几乎是陌生的。用王兴的话来说，他自己没有管过人，也没有被别人管过，因为离开学校后他就开始创业，没有上过班。

在管理方面，王兴认为，管理的精髓不是一种科学，而是一种实践。绝大多数人的建议都是有限经验的总结，除非他经历过很多完全不同类型的公司，要不然，他的经验很有可能是有局限性的。

美团的业务决定了它需要进行多城市扩张，这样的管理难度非常大。直到 2011 年的年中，美团才算清楚了公司到底有多少人。总部职能部门的扩建，100 个左右的城市扩张，对组织的拉伸几乎是撕裂性的，所以，整体效率不高，形成规模后必然会进入瓶颈期。不过当时整个团购行业非常混乱，各公司的管理水平都比较低，有的公司倒闭时才知道自己的员工总数。美团通过引进人才、建立内部的 IT 系统等方式，管理水平在团购行业还能算是领先的。

2011 年 11 月干嘉伟加入后，美团建立了规模化团队的组织能力，并为后来的猫眼电影、美团酒店、美团外卖等业务的发展打下了良好的基础。干嘉伟管理着全国近百个城市的战场，每天紧盯着核心数据指标，日复一日地和团队正确树立目标、分解目标，找出最重要问题和最着急的问题，让目标管理和基于数据的精细化运营渗入美团组织的每一个毛孔，内化到组织血液，成为组织的习惯，为各项工作的开展打下了良好的基础。目标管理、过程管理的组织管理实施以后，团队整体实力迅猛提升。

在总部，早期也有一些有特色的组织建设活动。

首先，王兴很重视新员工的入职介绍。2011 年 5 月 1 日之前，美团每周都会办一个新同事入职的仪式，召集总部的全体同事参加。这一周新加入的同事会和王兴一起站在台上，王兴会逐个介绍给全体员工认识。我入职的时候，就参加过入职介绍的活动。

2011 年 5 月之后，美团搬到北苑办公区，也迎来了发展的高峰期，因为员工人数太多，已经不可能再有场地让所有同事聚在一起，新加入的同事改在各部门内部介绍。

再说说早期的新人培训。当时的新人培训是由人力资源部一个叫马力的同事负责。我对这个同事的印象很深，他做事风风火火。那个时候的新人培训相对比较简单，主要内容是介绍美团的业务和大致发展情况，比如现在开了多少个城市，有哪些高管，等等。我记得当时的培训 PPT 上面有些行业数据还是滞后的，我在培训现场还给马力同步了很多最新数据。

最有特点的是 CEO 交流会，这是王兴非常重视的一个活动。搬到北苑办公区之后，公司开始举办 CEO 交流会，时间一般在每周五 18：00 左右，王兴会在一个会议室等着大家，不用事先报名，收到会议通知后，任何同事都可以参加，可以向王兴提各种想问的问题。这个活动在整个北苑时期（2011—2013 年）完整地持续下来。2014 年搬到望京后不定期举行过几期。

王兴对 CEO 交流会非常重视。记得 2011 年夏天参加某次媒体活动时，在路上，王兴几次提醒我们要注意控制好时间，回来后还要参加内部的交流会，非常重要。

我们在内部讲，你对未来越有信心，就越有耐心。我对互联网的发展，包括中国发展都是乐观的、有信心的。传统的线下消费是那么大，互联网又那么受欢迎，而线上交易又这么小，一个最基本的反应就是这里一定有很大的机会。一个团队肯定是不停地相互影响，作为一个 CEO，你必须把这种观点传达给员工。

全员持股也是美团组织建设的一项措施。美团早期进行过两次全员持股，一次是 2011 年，一次是 2012 年。获取股票的资格是：正式发布全员持股通知时，员工的入职时间满 6 个月。

以 2011 年为例，在当年 11 月 1 日之前签署劳动合同、满 6 个月并且依然在职的正式员工，可拥有第一期期权发放资格，首批期权每人发放 500 股。这些期权按照 4 年时间兑现，满 1 年兑现 1/4，第二年开始是每季度兑现 1/16，直到 4 年兑换完毕。当时的员工总人数不多，在 2000 人左右。

早期的股票价值比较高，因为公司价值是一直上升的。2011 年发的 500 股如果保留到 2020 年，会有 100 万元左右的价值。

全员持股，是按照入职时间算的，与职级没有关系。早期的美团员工，如果有一定的职级，获得的股票收益会比较高。员工如果做出过重大业绩，那收益就更多了。2010 年，大学刚毕业的沈鹏加入美团，早期担任过团购的城市经理，后来参与了外卖业务的筹建。2016 年，沈鹏从美团离职，创办了水滴保险。据沈鹏透露，从美团离职时，他还放弃了价值 8000 万元的股票。

上岸

虽然说“千团大战”看起来很激烈，但王兴并不认为大量公司加入团购大战有什么问题，“就像参加马拉松一样，不管是 100 人还是 1 万人参加，对于要拿前三名的选手来说是没有什么区别的。所以当我们要做美团的时候，知道有很多人要做，但我们要做第一名，有多少家在做没有什么本质的区别”。

从“狂拜访、狂上单”增加有效供给，不断完善消费体验，到有效的市场推广活动，再加上技术端的稳定支持，这一系列事情做下来，2012年，美团已经初步确立了在团购业的优势地位。“上岸”是王兴在2012年年会上的定调。美团2012年要实现上岸，到12月要实现盈亏平衡。

2012—2013年，美团在控制成本方面，我是深有感触的。那两年的因公外出，我们都尽量选择公交、地铁出行。在日常的工作中，能不花钱就不花钱，大家在那两年都已经养成了习惯。以公关团队为例，在2013年第三季度的总结会上，王慧文对我们说了这样一句话：“省钱是应该的，但也不能太省了，你们这个季度花的钱，还没你们的工资多。”

2012年上半年可以看出“千团大战”的走势。拉手网、窝窝团寻求上市失败后，基本停止了大规模的投入，团宝、24券已经关闭，大众点评一直比较理性，糯米网由于背靠上市公司，有财务压力，也相对理性。因此，在这个大背景下，需要证明团购是健康的商业模式。

健康的商业模式，肯定是要盈利的。

王兴对于盈利的思考，其实也是基于“三高三低”的理念。

前面提过高品质、低价格，高效率、低成本，高科技，低毛利。亚马逊已经证明了高科技、低毛利、大规模的商业模式有巨大的商业价值。

2012年，美团全年交易额超过了55亿元。此数据不仅在团购行业遥遥领先，在当时还创造了中国商业史上的奇迹，在此之前，还没有任何一家公司在成立不足三年的情况下实现55亿元的交易额。

当时，Groupon 的毛利率接近 40%，却还处于亏损中，而美团却以极低的毛利率实现了盈利。美团在 2012 年的第四季度实现了盈利，而同期的 Groupon 亏损高达 8110 万美元。

干嘉伟后来对美团当年实现的盈利，做过总结，制定了盈亏平衡表，再根据盈亏平衡需要达到的收入数据，结合各行业、各城市的实际情况，制定毛利率。

美团 2012 年要实现上岸，希望是到 12 月份盈亏平衡。当时做了一张全年的表，比如，买流量花掉的钱，供应链花掉的钱，包括我们办公室里的每一张纸都要算进去。把这些都扣掉，我们要能盈亏平衡。

我们当时定了一个毛利率，假设要在全国获得 4% 的毛利，我们这 4% 要怎么实现？我们把市场分成了十几个行业，全国近百个城市，每个城市每个行业都设定一个自己的毛利率。这个数值的设定和这个行业的特点、美团在这个城市的市场份额、这个行业在这个城市的市场份额都密切相关。我们最终在全国设了 1000 多个管理节点，在每个节点设计合理的毛利率。2012 年，全行业巨亏，但美团从 11 月开始实现了月度盈利。

美团在 2012 年实现了月度、季度盈利，在 2013 年实现了年度盈利，证明了团购是健康的商业模式。

接下来，如果放眼更为广阔的 O2O 市场，美团又会做些什么呢？

Chapter

04

产业探索

2012 年，美团开始在电影领域做更深度的探索，2 月份推出猫眼电影（原名美团电影）。与团购相比，猫眼电影对线下产业的改造更为深刻。2013 年，美团又探索了外卖业务，这是美团的商业模式又一次更为深刻的进化，把美团的业务从消费者的到店消费场景，延伸到了在家消费的场景。加上同时期“无心插柳”开拓成功的酒店业务，美团对服务业的连接更深了。

到 2014 年，猫眼电影、美团酒店、美团外卖三个新业务的探索基本成功，而且猫眼电影还进入了成熟期，占据了电影互联网售票的半壁江山。团购领域，美团占据约 60% 的市场份额，大众点评大概 22%，第三名糯米 8% 左右，前三名已经占了市场的 90% 以上。而来自移动端的订单，已经占据美团的 70%。移动端的转型，在当时的主要互联网公司中，美团是最成功的。

团购的胜局，对于新业务的探索当然是利好，但这些新业务的探索也非常不容易。从 2011 年下半年到 2013 年年底，美团有长达两年半的时间没有进行新的融资，一边求盈利，一边还要投入新业务，难度非常大。

作为服务业的互联网平台，更深度的连接，可以为用户创造更大的价值。在王兴看来，凡是还没有被互联网改变的行业，都即将被互联网改变。这个变革的过程，可能不同的行业在不同的时期会有不同的进展。

美团是服务业的平台，市场空间很大，但是，面临的困难与挑战也非常大，王兴认为，美团需要每天坚持前进 30 公里。

每天坚持前进 30 公里

2012 年 2 月 6 日，美团年会在北大的百年讲堂举办，那天，王兴以“每天坚持前进 30 公里”为主题，做了一次精彩的演讲。王兴在演讲中以百年前南极探险的故事为例，指出美团需要“每天坚持前进 30 公里”的心态才能做好，只有持续改进的公司才能成为最后的赢家。

在 1911 年 12 月之前，还没有哪个地球人到过南极点，所以这是 100 年前所有最伟大的探险者、所有最有探险精神的人最想做到的事情。王兴开始讲南极探险故事，“他们的故事和我们将要做的事情有几分相似，他们的经验教训对我们来讲有借鉴意义，所以我想跟大家分享这个故事。大家知道南极点是在地球的最南端，就应该是南纬 90 度的地方，通常探险从南纬 82 度开始，到了南极点还要顺利回去，这是 2200 多公里的路。有两个竞争团队，一个是来自挪威的阿蒙森团队，共 5 人；另一个是英国的斯科特团队，共 17 人。他们都想率先完成这个从来没有人完成过的事情，到达南极。”

两支探险队差不多都是 1911 年 10 月在南极圈的外围做好了准

备，准备进行最后的冲刺。结果阿蒙森团队在两个多月后，也就是 1911 年 12 月 15 日，率先到达了南极点，插上了挪威国旗；而斯科特团队虽然出发时间差不多，而且人数还更多一些，可是他们晚到了一个多月。

阿蒙森团队率先到达南极点之后，又顺利地返回了原来的基地。斯科特团队晚到了，他们没有获得荣誉。更糟糕的是，他们因为晚了，回去的路上天气非常差，路上不断有人掉队，最后没有一个人生还。

南极探险是一件非常艰苦的事情。实际上美团当时也比较艰难。那时正是团购寒冬，资本市场已经完全停止了对团购行业的投入，很多人在质疑团购是不是一个健康的商业模式。

所以，王兴那次“每天坚持前进 30 公里”的演讲，听起来很励志，那时的环境也的确充满了挑战。

事实上，那一年的年会主题就是“上岸”，这个主题，看起来并不轻松。

通过阿蒙森团队和斯科特团队南极探险的故事，王兴做了总结，两个团队碰到的环境是差不多的，最后两个团队却有截然不同的结果，阿蒙森团队的成功经验，就是每天坚持前进 30 公里。

事实上，他们碰到的环境是差不多的，最后两个团队却有截然不同的结果，这是非常值得研究的。阿蒙森团队的成功经验，最后可以总结成一句话：不管天气好坏，坚持每天前进大概 30 公里。在一个极限环境里面，你不仅要做到最好，而且要做到可持续的最好。相反，从斯科特团队的日志来看，他们是一个相对随心所欲的团队，天气很好就走得非常猛，可能四五十公里甚至六十公里；天气不好的时候，他们就睡在帐篷里，吃点东西，诅咒恶劣的天气，诅咒运气不好，希望天尽快转晴，尽快能够前进。这两种做法，很可能是他们最大最大的区别。

那么，我为什么讲这件事情呢？因为我觉得它跟今天我们所处的环境、我们要干的事情有很多相似之处。2011年上半年，团购是非常红火的，大家疯狂投资，不惜一切代价花钱。后来，下半年如我们所料，冬天来了。很多人认为市场环境不好，这一切其实很像南极探险时候的天气好坏变化，有的时候晴天，有的时候阴雨天，但在大的范围上都在可控之内。我们只有足够的现金储备和一批一批志同道合非常有激情的人。我们要像成功的阿蒙森团队一样，不管天气好坏，每天坚持前进30公里，要每天进步一点儿。

每天坚持前进30公里，这也是“长期有耐心”的体现。当时的美团，还谈不上有完整的企业文化，但通过王兴分享的这个故事，基本可以看出这个企业的风格。

王兴这次演讲的文字稿，我整理之后发给了媒体，在网上流传得很广。这篇演讲稿的篇幅不长，没有出现任何互联网产业的前瞻性观点，也没有任何关于商业方面的思考，这在王兴的内外部分享中都是非常罕见的。

徐梧与猫眼电影

猫眼电影的创始人是徐梧。徐梧加入美团后，先是负责了一段时间的在线推广，后来筹建了猫眼电影。猫眼电影原名“美团电影”，于 2012 年 2 月推出，2013 年 1 月更名为“猫眼电影”。

在加入美团之前，徐梧在百度工作。2007 年年初，还在搜狗实习的徐梧被百度录用，进入百度商业产品部，开始做一个名为“百度统计”的项目。不久之后，这个项目转到凤巢，徐梧开始独立负责一个叫“百度广告管家”的产品。徐梧将“百度广告管家”的项目做得非常成功，不仅职位得到了晋升，而且被评为全公司最佳员工“百度之星”。

由于我写过《百度那些人和事》，和百度很多员工都是网友，包括徐梧，但在他入职美团之前，我们没有见过面。我和他加入美团的时间差不多，我是 2011 年 4 月，他是 5 月。在加入美团之前，他还给我留言，说近期会见个面，没想到他说的见面，是指加入美团。

入职后，徐梧先负责了一段时间的在线推广工作。我们的工位离得很近，印象很深刻的一件事情，是徐梧的团队拿到了 360 导航首页的推广位置，他们齐声在工位上欢呼。我听到他们的欢呼后，过去看了看徐梧的电脑屏幕，360 导航首页的显要位置，链上了美团，我记得很清楚，用的是五个字“美团网团购”。

1984 年出生的徐梧长得很萌，他自认为“是一个早出生了十年的 90 后”，喜欢游戏与电影。徐梧很早就抓住了机会，刚毕业就到百度负责了一款独立的产品，在美团也独立做成了猫眼电影。2019 年年初，徐梧发了一条朋友圈：“公司对员工付出的最大成本，不是现金，不是 Title（头衔），不是股权，而是机会。聪明的员工要学会识别这点。”

在猫眼电影之前，已经有其他公司在线上票务这一领域进行过探索。2008年，中国首个线上票务平台——格瓦拉成立，试图解决线下实地购票排队久、购票渠道单一的难题。不过，格瓦拉的进展不是特别顺利，并没有大面积铺开。一直到2011年，热门影片的排队还是很明显的。我记得那个时候购买热门影片的电影票，经常要排几十米的长队。

2012年1月，美团开始做独立的电影App。徐梧回顾，当时只是觉得电影在O2O的品类里大有前景，尤其在团购这把火烧过了之后，电影的在线售票市场就彻底起来了。

猫眼电影2012年1月11日正式立项，一个星期就上线了，最早叫美团电影，第一版只提供影讯查询，当时虽然想过电影可以往更深入里去做，但并没有确定要做猫眼电影。我们只是觉得电影在O2O的品类里大有前景。比如在线下，你会发现像万达那些广场，只要有商城就会有电影院。线上也是一样，大部分消费者第一次使用团购是购买电影票。我们决定把美团电影推出来，是希望能够更好地去服务我们美团已有的消费者。在票房比较好的月份，我们的电影交易额占比超过整个美团交易额的30%。实际上，也是在团购这把火烧过了之后，电影的"在线售票"市场才彻底起来了。

猫眼的用户跟美团用的是一个账号体系，猫眼App的装机量就有近2000万用户。不可否认，猫眼的一部分影响力得益于美团的品牌辐射效应。看上去，我们也是美团强大的地推优势的直接受益者，但我们在实际运营操作上并没有介入美团体系的团队，只是借力了品牌与商家之间的口碑传播。

猫眼电影是在美团之下诞生的一个子品牌，它是完全独立的电影品牌，这个电影品牌的诠释跟美团没有关系。之前总有人说猫眼电影基于团购的背景会做得比较浅，其实不然。我们有独立的App，我们既然要把电影当成独立的服务来做，不仅卖电影票、做团购、做在线选座、能查询影讯，还要让用户发影评、评分、交流，这些都是一系列后端服务，跟团购完全不一样，而且我们有独立的事业部在运作。

2012年年底，徐梧看清楚了形势，提出了自己的想法，核心有两点：第一要改名成为独立品牌；第二要做“选座”。

为什么在美团电影的基础上，独立出猫眼电影？徐梧回顾，美团有电影团购的用户积累，而且，中国电影市场的增速迅猛，是一个非常好的市场。

第一，美团前期做电影团购积累了很多用户；第二，中国电影市场增速迅猛，市场和用户量大，这是一个亿级规模的市场；第三，电影行业的单价在所有的行业里比较低，单以品类来看，它的拉新能力是最强的；第四，它相对比较标准、规范，每个影院都有专业的售票系统，IT化程度比较高。基于这四点，我们决定做猫眼电影。它不是美团的一个频道，它是在承载了美团的频道的基础上，重新研发出来的一个垂直领域的新的独立产品形态。

团购只是“在线售票”的一种购买方式。在2013年1月，我们发布了当时美团电影的3.0版，直接更名为猫眼电影。在团购的基础上，我们推出了“在线选座”这一新功能，这块的用户体验和沉淀涨势非常快。“在线选座”是猫眼电影很重要的一个功能。

当时，将美团电影独立出来成为一个品牌是必须要做的事情。电影属于文化行业，里面有精神层面的东西，一个独立的带有文化属性的品牌更能满足商家的需求。另外，从消费端来看，猫眼能够摆脱团购网站的标签，提供更多信息方面的服务。

为了给新的品牌起名字，王兴还推荐了一本名叫《定位》的书给徐梧研读。经过多次讨论，最后终于定下“猫眼”这个名字。

徐梧将起名的方法论浓缩为六个字：好读、好记、独特。“什么叫好读？没有平翘舌音、前后鼻音这些难读的音，南方人、北方人都能读才算好读；好记，就是我跟你说一遍这个名字，你就能很容易记住；独特，就是要找一个相对低频的词，能够重写它的含义。”

在起名字方面，美团的产品顾问马占凯一直很有心得。猫眼的起名，马占凯曾重度参与。2018 年，美团的生鲜超市“掌鱼生鲜”改名为“小象生鲜”，也是马占凯老师的建议。

2013 年 1 月，美团电影更名为“猫眼电影”。

猫眼电影是美团在垂直领域探索的一次成功案例，这是一个标志性的事件。如果没有猫眼电影以及后来的美团酒店、美团外卖等新业务，纯粹做团购，肯定不能让美团进入“千亿美元俱乐部”。

三层四面分析法

在美团内部，衡量一项业务值不值得做，经常会用到“三层四面分析法”。干嘉伟经常解读这个方法，在他看来，企业的战略执行是最有价值的地方，看生意本身的机会有多大是战略执行的第一步，这就要用到“三层四面分析法”。这个方法，不见得最好，但比较保险，基本不会漏掉任何重要因素。

我把执行分为两种：战略执行和战术执行。它们的重要性是不一样的，相当于小数点的前面和后面。战术执行环节出问题很正常，就像头痛感冒，都是小毛病；但战略执行环节是做企业最有价值的地方，很多时候都关系到生和死。因此，在战略执行环节，别瞎折腾。

看到很多企业动不动就讲要战略转型，动不动就all in，一年all in好几次。除非他是瞎说，或是想让大家卖力一点儿，如果是真的all in，一年几次是很吓人的，对组织伤害很大。绝大多数企业都是自己折腾死的，而不是被别人搞死的，这就是在战略执行上出了很大问题。

看生意本身的机会有多大，是战略执行的第一步，可以用“三层四面分析法”。

“四面”是所有生意都可以拆分成客户数、频次、客单价、货币化率；“三层”指市场现状、在线率和市场占有率。这个思考方向不见得最好，但比较保险，从上到下，没有因素重叠或者漏掉。

一般来说，生意本身和你聪明与否、努力程度没有关系，潜在市场是客观存在的物理世界。当时我看团购的“四面”，用户数非常大、交易频次高、有一定客单价。当然，这个行业也存在一个问题，就是之前的货币化率非常低。再看“三层”，市场处于初期，在线率和市场占有率都很低，我就觉得那是一个大好的机会。大家都能看到第三产业未来肯定会超过第二产业，而且现在处于很早期。所以，这个商机确实非常大。

三层，是指一个行业的市场总量、在线率和市场占有率，通俗点儿说，就是三个问题：这个行业总的蛋糕多大？互联网能够在这个蛋糕中获取多大的比率？公司能够在互联网化的这块蛋糕中占据多大比率？

三层是从战略上思考这个市场有多大，从互联网的角度来竞争有多少优势，从而去推算值不值得做，如果做，做到怎样才算赢。

我们以猫眼电影为例，从“三层”的角度来观察。

第一层：行业的市场总量。电影行业的市场总量是没有问题的，这至少是个几百亿元的蛋糕。据当时国家广播电视总局的数据，2011 年，全国电影总票房达 131.15 亿元，较上年增长 28.93%。随着消费者收入的不断提高，电影产业也会迎来更大的发展。2019 年，据国家电影局的数据，全国电影的总票房为 642.66 亿元，与 2011 年相比，实现了数倍的增长。

第二层：在线率。2011 年，电影行业的在线率并不高，还处于起步阶段，但是，电影行业的 IT 化在服务业中算是最好的，因为涉及买票，每个座位的情况都录入到了 IT 系统，可能在服务业中，只有酒店行业的 IT 化可以与之并论。所以，电影行业的在线率虽然并不高，但未来可以做得很高。

第三层：市场占有率。由于整个电影行业的在线率都不高，美团的市场占有率虽然不高，但也没有太强的竞争对手。

从“三层”的角度来说，美团应该切入电影领域。

再看看属于战术执行层面的“四面”，即用户量、订单量、收入和利润的增长策略。这四个元素之间存在着必然的联系，有用户量才可能有订单量，有订单量才可能产生收入，有收入的情况下才可能产生利润。对于运营而言，最大的难题在于获取用户，并让用户高频使用。资源和时间是有限的，要抓住其中的几件关键事项，拿到最终的结果。

徐梧认为，从用户的角度来说，看电影从一开始的了解信息、查询信息到做决策，再到看完之后回来交流，是一个不可分割的整体。在猫眼电影之前，消费者观影的路径是在时光网查影讯，在美团买票，在豆瓣评论。这个过程很痛苦，因为对消费者来说要装三个手机应用软件，或者访问三个网址，还要注册三套账号，这些完全可以放在一起做好。所以，对于用户来讲，只要把这一整套服务闭环做好了，用户是不需要去引导的，很自然就会来使用，还会推荐朋友使用。

以客户为中心，从用户的角度想问题，一直是美团开展业务的出发点。

从用户的角度来说，猫眼电影一个地盘解决所有问题，满足了他们的需求，因此能带来高频使用。

美团是做团购起家的，团购也是在线售票中的一种购买方式，虽然购买的过程还算便捷，但消费者还是需要用美团的团购券到影院现场兑换电影票，可能需要排队，而且选座也不是很方便。因此，在团购的基础上，猫眼电影推出了“在线选座”这一新功能，提升了用户体验，用户增长趋势非常明显。

同时，猫眼电影的自动取票机也在研发当中。我记得，北苑北辰泰岳大厦 12 楼健身房旁边的会议室一直被猫眼电影占用，自动取票机的样品摆在那里。有一次健身之后，我还仔细去看了看猫眼电影的自动取票机。

当自动取票机大规模铺开之后，购买热门影片的电影票要排几十米长队的现象彻底成为历史。猫眼的用户，可以直接在猫眼电影 App 上面查影讯，选择心仪的座位在线购票，然后再到自动取票机打印出电影票，全程非常便捷。

高光时刻

2013 年 1 月，猫眼电影正式发力。线上，猫眼电影做好了产品，让用户实现在一个 App 实现查影讯、购票、发表评论的全部过程。线下，猫眼电影与各大影院合作，自动取票终端让用户取票更加方便。

从用户服务来看，猫眼电影致力于为消费者提供电影库、社区交流、在线选座、媒体内容、票房实时查询等一站式服务，用户体验远远超过了其他购票平台。和传统的订票平台不同，猫眼电影诞生之初，便以在线售票和在线选座为切口，直击用户需求痛点。当同类软件意识到在线选座的重要性时，猫眼电影已经开始拓展服务领域，完成了一条龙式服务流程。选片时有观影指南引导，判断时有社区交流参考，买票时有团购影票提供优惠，选座时有实时座位图快捷选定，影迷的基本需求已得到全面满足。可提供全面服务的猫眼电影，显然更受用户欢迎。因此，其他购票 App，在服务层面上与猫眼电影拉开了很大的差距。2015 年，猫眼电影占据了电影在线售票 70% 的市场份额。

从上游合作来看，猫眼电影已成为院线和影视出品方的强大盟友，打造共赢的生态链条。战略的高度决定了猫眼电影成为该领域的领头羊。美团与猫眼电影拥有数亿的用户，这就意味着与猫眼合作，本身就在与一个用户量巨大且自带精准营销功能的平台进行合作。作为影迷和院线片方的连接者，猫眼电影在为用户提供优惠便捷服务的同时，也在向上游延伸，用预售、大数据分析等手段，助力院线和片方。

而当规模做起来之后，猫眼电影还进一步与更上游的影视出品方产生了良好的合作效应。

2014 年 6 月，《变形金刚 4》上映，猫眼电影贡献了超过 6 亿元票房，占比超过 30%。2014 年暑期档大片《猩球崛起：黎明之战》上映前 4 天，猫眼电影出票量就超过 200 万张，票房贡献约 1 亿元，占比近 30%。2014 年 9 月，猫眼电影作为《心花路放》联合出品方，与片方合作展开超前预售活动，在《心花路放》超过 10 亿元的票房中，猫眼电影贡献了一半，创造了互联网预售和销售的纪录。

预售，是猫眼电影对行业的一次重大创新。

针对暑期档、贺岁档等重要时期，猫眼电影都有针对性地提前计划，准备资源，提交合适的方案呈现给潜在的合作影院。影院给出来配合的方式，最直接的就是降价，一起搞个活动。但是，降价其实是把双刃剑。影院降价的前提，肯定是看重活动能带来更多的人次，希望以更多的人次来弥补单价的降价幅度。要是引不来足够多的人，影院降价，就要承担亏损的风险。

而预售则具备独特的优势。猫眼电影的预售通过包场的形式进行，提前跟影院商家洽谈，把影院的场次时间锁定。其他的同行没有猫眼电影这样的规模，很难拿出像样的预售方案。像前面提到的《心花路放》就是一个成功的案例。猫眼电影还首次涉入电影产业上游，成为该片的联合出品方，并成为唯一在线预售平台。《心花路放》自 9 月 15 日开展预售，一周时间就在猫眼电影售出 100 万张电影票，创造了 4000 万元预售票房，最终贡献《心花路放》将近一半的票房，创造了互联网预售和销售的纪录。

2014 年，美团全年交易额 460 亿元，较 2013 年增长 180%，整体增速已经算是很快的了。而猫眼电影的增速更快，2014 年全年实现 50 亿元的交易额，较 2013 年增长 233%。

2015 年春节档，猫眼电影与成龙主演贺岁片《天将雄师》强强联合，开展了“线上 + 线下配合作战”的联合发行、“看电影送茅台酒”等整合营销行动，最终在春节档 7 天整体 17.5 亿元票房的大背景下，猫眼电影整体票房贡献占比 40%。五一档期，猫眼电影通过大数据等手段，助力《何以笙箫默》《左耳》《万物生长》三部国产青春片票房热卖，三部影片共占五一大盘票房 60% 以上，而其中猫眼贡献的票房和出票量占比都超过 40%。

这些案例均说明，猫眼电影的市场统治力并不仅限于用户层面，在院线和发行方看来，猫眼电影已成令票房大卖的关键盟友。

2015 年，猫眼电影已覆盖近 4000 家影院，2015 年的前 5 个月，交易额已达 50 亿元，超过 2014 年全年交易额。

经过两年多的发展，猫眼电影一路高歌猛进，占据了电影在线售票 70% 的市场份额，进入了自己的高光时刻。

线下产业的难题

虽然说，猫眼电影的发展轨迹看起来是一帆风顺，但也遇到过很多问题。与线下的产业深度连接，需要建立新的能力，适应新的变化，解决新的问题。

猫眼电影算是美团在垂直领域探索的一次成功探索。但是最初应该怎么去做，能够投入多少资源来做，是摆在徐梧面前的第一个难题。

徐梧之前在百度独立做过项目，但那时的产品是纯线上的。他在美团负责的电影项目，首先就要与线下的电影院谈合作，未来还需要与更上游的影视出品方谈合作。最开始，徐梧是想借用团购现有的销售团队，后来发现不行，团购的销售团队虽然很强，但他们负责的品类非常多，而且，与电影行业的深度合作，需要的时间周期比较长。一个垂直品类要高效快速做起来，肯定还是有一个独立团队去做。所以，和院线谈合作，徐梧另起炉灶建立了团队，当然，也在内部吸收了一些人才。

干嘉伟曾经描述过独立业务的管理难度，并对猫眼电影的成功给出了很高的评价。

2013 年后，我们开始拆分猫眼和酒旅业务，猫眼是第一个独立拆分出来的端到端闭环业务。这对企业而言是一个非常重要的节点。

创业前期，往往 CEO 就是 BM（Business Manager，业务经理），对整个业务负责，其他人都是职能管理者，比如有人负责销售、有人负责餐饮。拆分事业部，意味着企业能够再提拔或培养出一个新的BM、一个小CEO。从职能管理到业务管理，这是一个非常大的跨越，哪怕你是一个非常有经验的职能管理者，管过几千人的团队，也不意味着你就可以顺理成章地孵化出一个5个人的独立业务。二者的能力要求完全不一样。

猫眼电影在早期的发展过程中，磨合非常痛苦，因为单个项目的负责人要比CEO更懂行业，需要引导CEO深入了解行业，才能争取到更多的资源。

徐梧最开始很难理解王兴的完美主义，在一次讨论策略与资源的会议上，王兴谈到了一个细节，说是一条黑边没有处理好。徐梧当时有点崩溃：大的策略没有想清楚，纠结这个细节有什么用？他对王兴说："咱们不讨论这个细节好吗？"但最后，徐梧意识到，无数平庸的细节堆积出来的，就是平庸的产品。决策成本、做事成本是一样的，为什么不能把它做得更好呢？

有一次，徐梧跟王兴诉苦，讲业务中的困难。王兴听完沉默了一会儿，然后对徐梧说了这样一句话："你知道什么是真正的企业家精神吗？知道自己的目标是什么，想着如何实现目标，不管自己现在拥有什么，哪怕手上什么都没有。如果你是寻求帮助，我也可以帮你，但前提是你得想清楚。"

在外界看来，猫眼电影似乎是一帆风顺的，其实过程也是很痛苦的。

决定策略、投入资源、打造产品、广泛合作，这其中都有很多的事情要做，也会遇到很多的困难与麻烦。但是，猫眼电影真正的麻烦，其实是在产品初步成形、接受市场考验的时候。

没办法，这是线下的麻烦。

猫眼电影是当时美团做得最“重”的业务。当然，后来的美团外卖做得更“重”，直接涉及线下的即时配送，难度与麻烦又比猫眼高了好几个量级，这是后话。

做“重”的业务，就意味着很多的麻烦，当然，也意味着更高的壁垒。

我亲身经历了美团的业务从轻到重、从重到更重的过程，对此深有体会。

2014 年，热门电影《变形金刚 4》上映的时候，因为猫眼电影的系统故障，有些消费者买了重票，有些消费者是付了款但没有出票，这让一些消费者在影院等待了很长时间。

徐梧事先预想过现场可能会出现一系列问题，但真正发生的时候，仍然很棘手。“如果因为售票系统出现不稳定的情况，消费者买了重票，甚至出现支付了以后没有买到票的状况，我们通常采取的直接解决方案是赔偿用户，现场帮他去买一张。听起来这个解决方案不错，但《变形金刚 4》那天不是这样的，因为再也买不着票了。后面的场次全排满了。”

系统瘫痪的故障，在日常的服务中会有一定的概率出现，好在猫眼电影及时处理了。徐梧意识到，这是个服务行业，线下的情况可能会千奇百怪，服务要做到位并不容易，消费者可能因为某些系统故障，好不容易提前订到了票却看不了电影，说不定，这个消费者还是猫眼电影的忠实用户。

要把服务做好还是挺难的。最早，猫眼电影的出票机没有监控出票这个功能，包括检测票纸什么时候用完，导致消费者可能无法及时打印电影票。后来，猫眼电影提前计算好票纸更换需要的时间，按 5000 张、3000 张、2000 张的、800 张来分门别类计算，还要参照票纸的厚度。

这些，比线上服务要麻烦很多。

还有更麻烦的。

2014 年 3 月，猫眼电影分布在南方 30 多家影院的出票机同时发生了故障，花了整整一个月的时间才找出问题的症结。原因是那段时间南方暴雨下得频繁，空气很潮，猫眼电影的取票机使用了直接从南方采购的受了潮的票纸，受潮的票纸摩擦力会增大，增大后再转两圈容易卡住，票就出不来了，换一批卷纸以后问题就解决了。后来，猫眼电影就在票纸上加干燥剂，还专门给南方的取票机做了另一种规格的票纸，以便票纸更适合南方。

如果仅仅是做电影票团购，很多问题都不存在，因为电影票团购本质还是线下对话，跟现金买票没有什么区别，只是一个拿码，一个拿钱。而“选座”这个模式等于把影院的售票系统搬到互联网上。

电影院及其售票系统会出现各种问题，比如电影院的扫描机坏了、临时性的商家停电歇业等。出现这些情况，团购的用户无非就是不接待，但是选了座的用户不能不接待，消费者买了真实的座位，却没能看成电影。在收到影城的通知后，猫眼电影要通知消费者、安排退款，甚至要处理投诉等问题。

工作是持续完善与改进的，猫眼电影做了很多系统，像后台系统、票务系统、换纸的检测系统等。打印票纸用完了会自动报警，出票机的状态有了检查流程，如果售票系统瘫痪了，猫眼电影也有了应急处理的方案。

不断完善工作，不断建立流程机制，这是美团一直保持前进的重要原因。

猫眼电影的成功经验，为美团深度连接更多行业提供了宝贵的经验。猫眼电影在线下遇到的麻烦以及处理麻烦的过程，也为美团的其他业务提供了借鉴作用。

虽然说，当时的互联网巨头都瞄向了电影行业，美团此时还不能算巨头，但美团也有自身的优势。美团本身是一个用户吃喝玩乐的入口平台，在生活服务这件事情上，美团并不输给其他互联网巨头。

而且，美团也并不局限于深度连接电影一个品类。接下来，还有市场潜力更大的品类出现。

酒店业务的崛起

美团酒店业务开启于2013年，早期是美团首任产品经理王来负责一些产品端的改进，他后来还负责过美团外卖早期的产品。在美团早期的篮球活动中，王来经常参加。我印象深刻的是，当他投篮不中的时候，队友们已经开始防守了，只有他在原地研究投篮的手形。

王来是一个有点极客风范的人，尤其擅长“从0到1”的过程，属于开拓型人才。在离开美团之后，王来还参与创办了水滴保险。

在没有大力投入资源推广的情况下，美团的酒店业务悄然发展起来。

2013年年初，名为“西瓜”的项目小组在美团秘密成立，瞄准的就是酒店业务，几个产品经理和两个实习生，就是全部成员。早期成员由各个部门的老员工转岗过来，都没有销售经验，短暂培训直接上岗。万万没想到，第一个月就签下120多家酒店，第二个月的人效就是团购地推团队的数倍。干嘉伟赞叹：“你们效率很高啊！”后来团队陆续扩大，最高峰时期，电话销售团队80多个员工一个月签了6000多家酒店。

当时，团购业务用的是直销模式，酒店业务用的是电话销售（简称电销）模式。在这里，引用一下干嘉伟对电销与直销的区别：“所谓电销就是在一个屋子里，有一个少则几十人多则几千人的呼叫中心。直销是什么呢？客户的办公室就是你的办公室。一般我们说员工来上班了，你就看见他了，下班后员工就走了。但是做直销业务的员工上班就不见了，你看见他的时候要么还没正式上班，要么是下班回来了。所以在某种程度上，电销在管理上有它的优势，有围墙、门禁等，主管随时能看到大家的工作状态，有问题随时可以问。”

由于美团当时已经有一定的知名度，酒店行业接受互联网也有了一定的时间，所以，以电销为主要模式的酒店业务发展得很快。

2014年6月，美团酒店事业部正式成立，陈亮为事业部负责人。成立后不到一年时间，酒店业务从团购全面向预订转型。从业务发展的模式来看，美团酒店业务与猫眼电影也比较相似，先是从团购入手，再向预订转型，优化用户体验。

王慧文曾经分享过美团在“千团大战”中胜出的秘诀，其中最主要的一条，就是边算账边开城，在350个被标为S、A、B、C、

D的5级城市中，集中资源与兵力深耕规模较大的城市100个左右，而且在整体投入上，美团也有所侧重。

这些，被外界理解为“农村包围城市”的打法。

实际情况是，美团并没有“农村包围城市”的战略规划，只是边算账边开城，注重投入产出比，在北京、上海等城市投入再多的资源，也不可能很快彻底战胜竞争对手，还不如把资源投到可以迅速、彻底战胜竞争对手的城市。只不过，从结果来看，美团是用“农村包围城市”的打法取得了胜利。

美团酒店的发展历程，也能看到“农村包围城市”的影子。

从业务发展的路径来看，美团酒店是选择从携程、去哪儿的薄弱之处下手，凭借着美团在下沉市场的优势，从年轻人口、低线城市出发，快速成长为医院、学校周边等住宿场景需求的满足者。

携程、去哪儿满足的是异地住宿需求，但美团的酒店，先是满足同城的住宿需求，然后扩张至异地住宿。

在美团酒店开始探索时，携程、去哪儿都是独立的上市公司，在酒店领域有很多年的积累。当时，谁也不会想到，美团作为酒店行业的后来者，会让这个行业的格局发生深刻的变化。

2016年，美团高级副总裁、酒店旅游事业群总裁陈亮也透露，酒店业务在早期是“无心插柳”之作。美团以团购起家，在初期地推团队去跟餐厅面谈签约的过程中，发现有很多酒店也有线上推广营销的需求，因此把这些酒店也签了下来。2011年开始，美团开始签下很多本地中小酒店，相对低端。美团进入这个市场时几乎没有竞争。

我们早期也讲无心插柳，因为这是被忽略的一个增量市场。美团进入这个市场时几乎没有竞争，这批低端酒店在竞争上基本是空白的，携程、艺龙以及去哪儿主要做一些中高端酒店，而彼时的去哪儿尚未建立酒店直签团队，酒店主要源自携程、批发商等的供应。行业状况使得美团签约成本比较低，同时运营投入也非常小。在业务形态上是团购，团购非常简单，不涉及 OTA（在线旅行社）的任何运行环节，使得运营成本非常低。因此，整体成本结构算下来，酒店业务是非常有利可图的。

因此，作为后来者，美团的酒店业务发展速度非常快，花了 6 年的时间，就占据了互联网酒店预订业务的半壁江山。

2019 年 8 月 28 日，第三方移动互联网大数据监测平台 Trustdata 发布了《2019 年上半年中国在线酒店预订行业发展分析报告》。报告显示，2019 年上半年，美团酒店订单量占比首次过半，达到 50.6%，即“线上订酒店，一半用户用美团”。

意外的战果

美团酒店早期一直低调发展。说来惭愧，作为美团的早期员工，在 2014 年之前，我居然一直没有感觉到美团酒店正在悄然搅动行业的格局。

低调发展的美团酒店首次被媒体报道，居然是因为去哪儿的一场针对美团酒店的市场活动，文章称，去哪儿的地推团队为了鏖战美团的酒店团购业务，推出了很多市场活动，甚至内部的话术培训也被报道出来了。

那是2014年1月的事情，我看到这篇文章，非常震惊。为什么震惊呢？2013年，去哪儿在纳斯达克上市，市值超过50亿美元。美团当时的江湖地位还不够，在2011年7月的B轮5000万美元融资之后，有长达两年半的时间没有新的融资。这个时候，美团的估值，按最大的上限来看，可能也不超过20亿美元。但是，去哪儿却对美团极度重视，专门针对美团推出了市场活动。

当时的美团，餐饮团购才是主业，猫眼电影也在发力之时，酒店业务还只能算是“无心插柳”之作，并不能算是明星业务，在内部并不是特别起眼。

就这么一个不太起眼的业务，却引起了去哪儿的高度重视。

2014年1月9日，去哪儿网CEO庄辰超发布内部邮件称，将成立第四个事业部——目的地服务事业部。美团销售部前南四大区经理张强出任去哪儿网目的地服务事业部总经理，并担任公司副总裁。从人才流动的角度来看，美团的大区经理在去哪儿这种上市公司能做到副总裁，也是业内对美团组织能力与业务能力的认可。

美团酒店的成功，一方面是“农村包围城市”，在优势地区转化了很多用户；另一方面也是美团的组织能力上了一个新的台阶。

作为一家做新业务还算有些成功案例的企业，美团也总结过经验，其中，一个核心因素就是组织能力的溢出。王慧文在一次对外交流时还引用了陈亮对于新业务与组织能力关系的分析。

事实上，在做新业务这件事情上，前一段时间公司内部开会，我们公司的高级副总裁陈亮说，企业能做新业务本质上是组织能力的溢出。我听到这个说法以后非常有触动，觉得非常有道理。我再重复一遍，一个组织做新业务，本质上是组织能力的溢出。企业做一个业务也好，做多个业务也好，做一段时间以后，你的组织能力已经可以把这个业务做得很好了，但同时组织能力还有剩余，就可以做一些新业务。

2014 年的美团，在团购领域奠定胜局，并且实现过盈利，证明了商业模式是成立的，电影、酒店两个品类的探索已取得很大的进展，外卖业务还处于摸索之中，整个公司已经建立起了一定的组织能力。

2014 年年初，美团完成了 3 亿美元 C 轮融资，为深度拓展 O2O 领域提供了资金保障。在完成 C 轮融资后，外界普遍认为，融资金额这么大，加上已经实现过年度盈利，美团应该快上市了。

实际上，美团还有一个资金需求量非常大的业务正在启动，要投入的资金会是数十亿美元级别的。将来，这个业务会取代团购，成为美团营收的主力军，这个业务，就是美团外卖。

外卖业务的探索

美团外卖的孵化，需要回溯到 2012 年年底。当时，美团实现了月度和季度的盈亏平衡，证明了团购商业模式是成立的，公司进入一个良性轨道，需要寻找新的业务增长点。于是，2013 年，王慧文重组建了一个新的产品部，开拓新的业务。

2013 年，我参加了美团的第四期常青藤管理干部培训。在这批同学中，有一个名叫朱会的同事来自新产品部。朱会后来担任过美团外卖研发负责人，从美团离职后加入少儿英语培训机构 VIPKID 担任研发副总裁，后来又加入水滴保险担任合伙人，负责水滴保险的中台能力建设。

朱会当时跟我说，在新产品部内部有个口号"美团百亿市值看新产品部"。我感觉他们是在吹牛。不过，后来的事实证明，这个口号不仅实现了，而且还远超当时的设想。

新产品部大概看了五六个方向，最后确定做外卖。

时机成熟，是王慧文选择做外卖业务的原因。

我们发现现有外卖公司的经营水平比之前好很多，业绩也涨得很快，有些外卖公司已经开始多校区经营。同时再观察一下他们的经营水平，发现他们并非将经营做到极致才能够生存下来，这是一个很重要的信号。

对一个行业而言，如果产品和经营者的管理水平都没有特别好，但用户已经在健康地、反复地使用，这意味着产品的时间点成熟了。比如，第一款小米手机其实问题很多，但不要紧，因为需求在爆发。我们当年做的校内网其实产品也很粗糙，但不要紧，用户在非常健康地使用。当这种情况发生时，一般来说这个行业机会就来了，甚至可能时机都有点儿晚。因为在行业早期，用户对产品质量的包容度是很高的，但到行业经营一段时间之后，用户对产品质量的要求会越来越高。

2013 年 11 月，美团外卖在美团北京主站进行了测试上线。

我与美团外卖的缘分是非常紧密的，2013—2016年担任了美团外卖前三年的公关负责人。而且，由于办公工位和新产品部相邻，我还有幸使用过美团外卖未上线时的版本。那是一个非常简单的App，下载后，可以看到一个餐厅，记得好像是一家东北家常菜，下单后，美团外卖的产品经理去店里买了餐品后取上来给我们，然后，我们付现金给产品经理。我记得，当时美团外卖的产品经理名叫温扬，还参加过几次我组织的篮球活动。他经常过来让我们客观地评价产品，我们部门的李岚岚每次都很热情地接待他，还承担了我们部门点餐的任务。那个时候真不会想到，这个简单的App将来会做成大生意。

关于美团外卖的成功，以及后来美团外卖通过配送建立竞争壁垒，干嘉伟从战略执行与战术执行两个角度进行过分析。

战略执行：到家服务选外卖

战术执行：校园试点

2013年，O2O火了起来，出现了洗车、理发等各种上门服务。2013年年中，我们也开始讨论新的业务可能。当时，美团的团购业务已经有一两亿用户和几百万商家，但团购对商家、对消费者的价值都在钝化，比如面对折扣大家已不再像之前那样兴奋。因此，我们需要寻找第二增长曲线。

在当时的诸多到家服务里，我们最终选择了外卖。现在看外卖市场，规模相当可观，但六年前没人知道。当时有三四个月，我们每次周会都在讨论到底应该把重点放在什么地方。最后选择了外卖的逻辑是：在解决配送问题的前提下，外卖的上游供给更稳定、更标准，现有的几百万商家都是我们的供给，如果做阿姨到家就不行，因为阿姨的服务标准化难度很大，市场上没有足够多合格的阿姨。另外，按照“三层四面”的方法来测算，外卖也最靠谱。

之所以我们花了很长时间下决心，就是因为做外卖就要解决配送。配送是一件烧钱的事情，我们当时算了下，大概要10亿美元，而美团一直处于激烈的竞争中，还没怎么挣钱。但最终，我们认为做小事没意义，还是咬牙做了外卖。

在战术执行上，我们一开始选择了在校园市场进行试点，因为校园的单位经济模型最好，试了之后发现不错，就开始大规模地干。

战略执行：外卖业务的壁垒

战术执行：成立外卖事业部，融资做配送

外卖行业最重要的就是配送。比如美团外卖的标语“多快好省”，这四个字归根结底就是一个字——“快”，而“快”其实就是配送能力。有了更多配送，就能有更多的餐厅做供给，也就是“多”；有了更多餐厅，就能更个性化地满足更多需求，也就是“好”；有了更多餐厅，就能通过市场竞争机制做到便宜，也就是“省”。

像打车行业一样，外卖行业也烧了很多钱，但外卖烧的钱主要在配送上，外卖配送烧出来的壁垒比打车要稳固。

在战术执行上，美团单独成立了外卖事业部，积极融资，因为至少要10亿美元才能实现配送稳定。

虽然说美团外卖后来取得了成功。但是，万事开头难，而且，当时饿了么已经做了5年，市场上的其他同行还有到家美食会、易淘食，阿里巴巴、百度等互联网巨头后来也加入了战局。

饿了么是 2008 年成立的，比美团成立的时间还早，2011 年 3 月，饿了么获得来自金沙江创投的数百万美元投资。2013 年 1 月，饿了么获得来自经纬中国、金沙江创投的数百万美元投资。2013 年 11 月，饿了么获得来自红杉资本中国基金、经纬中国、金沙江创投的 2500 万美元投资。

也就是说，在美团外卖上线的时间，饿了么同期也获得了大量的投资，而且在外卖领域的经验已非常丰富。

不过，王慧文最担心的并不是饿了么。在他看来，当时的外卖公司，经营水平和组织能力都不强。而美团经历了“千团大战”之后，经营水平和组织能力是要强过这些创业公司的。王慧文对我说，如果互联网巨头们看中了这块业务，美团要做成的难度会非常高，但如果巨头们不及时投入资源来抢占这块市场，美团外卖做成就很有希望。

王慧文还给我详细举例，他说，一个巨头公司，如果让创新业务的项目经理来提一个需要很多资金投入的业务，这个项目经理需要向部门总监汇报，再和部门总监向事业部总经理汇报，上面还可能需要事业群负责人的同意，最后还得经过 CEO 的拍板，任何一个流程出了问题，项目就不可能再有进展了。但是，如果让互联网巨头的决策层看到了这个机会，一定会重金投入。

所以，当时的策略是不对外做宣传，更不能对外强调外卖这个市场非常有潜力。

Chapter 05

万亿目标

美团的市场空间有多大？2013 年，王兴在内部年会上提出了 2015 年千亿元、2020 年万亿元交易额的目标。O2O 将是一个数十万亿元的市场，王兴希望美团能够成为万亿元级的交易平台，同时，他也对这个目标如何实现做了分解。除了逐年的分解，王兴还重点提及了“三高三低”理论和“对未来很有信心，对现在很有耐心”。

2011 年 3 月 4 日，美团在海淀剧院举办第一次媒体沟通会时，王兴认为美团的潜在规模是 900 亿元左右，当时有很多人质疑。在 2013 年的年会上，王兴认为：“现在回头看，两年过去了，我们对行业的理解加深了一些，我们知道之前看来非常疯狂的估计，现在看是非常非常保守的一件事情。”

王兴在 2013 年的年会演讲中，强调了目标，也强调了人才的重要性。他认为，当时的美团并不拥有厂房、仓储物流中心或其他大规模的固定资产，所有的资产就是人。所以，美团要实现目标，最重要的投入一定会在人才上面，“我们需要招更好的人，需要给所有的人提供更好的培训以及更好的激励，使每个人能够更好地成长”。

在人才的引进方面，美团在“千团大战”中并不显眼，因为当时的行业很乱，各团购网站都在用“疯狂挖人”来做宣传，美团比较低调，一直被认为在人才引进方面没有大的动作。

实际上，美团一直都很重视人才引进与人才体系的搭建。在人才引进方面，2011 年 COO 干嘉伟、在线营销副总裁陈敏鸣，2013 年市场副总裁吴茂林等高管的入职都起到了立竿见影的效果。而且，在这个阶段，还入职了一些未来的高管，像 2013 年入职的夏华夏，2014 年入职的郭庆，后来夏华夏担任了美团首席科学家、智慧交通部总经理职务，郭庆为负责酒店及旅游业务的副总裁，还进入了美团的最高管理决策机构。

从 2013 年开始，美团有了成体系的价值观。王兴对价值观一直很重视，但他并没有强行按创始人自己的思路来规定公司的价值观。在早期，美团有个固定的 CEO 交流会，每周五举行一次，任何员工可以就任何问题来与王兴交流。2012—2013 年，也是美团成体系的价值观推出之前，王兴很认真地听取员工对公司的看法，并多次鼓励员工谈一些他们内心认可的理念。

真正的 O2O 大战，是从 2014 年开始的。这一年，互联网巨头全部加入战场。

万亿 O2O 市场

2013 年 2 月 23 日，王兴在美团三周年年会上提出了 2015 年达到 1000 亿元交易额的目标，2020 年要达到 1 万亿元。由于当时的“淘宝 + 天猫”总交易额刚刚跨过万亿元门槛，王兴提出万亿元交易额的目标引起了很大的关注。

美团的产品顾问、搜狗输入法创始人马占凯老师也参加了这一年的年会，他把王兴在现场演讲的情况发了微博，所以，很多媒体都希望要到这次内部演讲的全文，我整理后发给了相关媒体。

王兴在演讲中分析认为，服务业的市场空间非常大，随着团购与移动互联网更加紧密的结合，这一领域肯定会出现巨大的机会。王兴强调，人才是美团最核心的资产，只要找到足够优秀的人才，每个增长目标、每项具体工作都有相应的人才去落实，美团实现千亿元、万亿元级的目标并不困难。

在开场，王兴说的第一点是感谢，他感谢了所在在职的和离职的员工。

回顾美团这三年，我们最初十几个人、一个城市、每天一单到现在全国有 2700 多个同事、94 个城市、4 万个单子，取得了一些成绩，让我觉得要感谢很多人。首先感谢身边的人。我觉得首先对身边的人好，体会他们的好，才能对更远的人好，反过来肯定是不成立的。所以，我要感谢身边和我一起工作的同事，感谢阿干（干嘉伟），感谢穆荣均，感谢老王（王慧文），感谢陈亮，我要感谢他们对我的支持、帮助以及容忍。因为每个人都有缺点，包括我在内，所以在工作中，在各个方面才需要团队，团队可以互相帮助、互相支持，在必要时互相容忍。此外，还有很多在外地的同事，以及目前正在工作岗位上，为了不间断地服务消费者而不能来现场的同事，我们更要感谢他们。

我们还要感谢现在已经离开公司，但是曾经为美团添砖加瓦的前同事们。不管他们因为什么原因离开美团，他们在职期间为美团的事业做了贡献，服务了消费者和商家，我觉得也应该对他们表示感谢，没有他们的努力，美团不会有今天。所以，我们要感谢所有的同事，在场的、不在场的、现在的以及曾经的同事，谢谢大家。

王兴讲的第二点，也是让现场非常兴奋的一点，是目标。

不过，在提目标之前，王兴首先阐释了 O2O 的概念。传统的电子商务，不管是 C2C，还是 B2C，其实都是线上交易，线下收货。王兴认为，新的 O2O 领域，互联网部分是类似的，一样是线上交易，但是美团做的不是商品的电子商务，美团做的重点是本地服务的电子商务，O2O 最重要的特征就是线上交易、线下消费。

我们先简单看一下这个事实。经过三年的努力，我们已经成为无可争议的"团购老大"，我们的市场份额是第二名的两倍左右。大家肯定非常关心，更想听到一个词，不仅是团购，更是 O2O。O2O 是一个非常新鲜的词，它有非常多的解释，字面解释是 Online to Offline，线上到线下，可以有很多不同的解读，但是我认为 O2O 最重要的一个特征是从线上到线下，就是线上交易，线下消费。

大家想一下，传统的电子商务，不管是 C2C，还是 B2C，其实也是线上交易，线下收货。那么我们新的 O2O，互联网部分是类似的，一样线上交易，但是我们做的不是商品的电子商务，我们做的重点是本地服务的电子商务。那么，最重要的特征就是线上交易、线下消费。O2O 的两部分中，除了消费就是交易。说到交易，最简单表达它的这个值就是交易额。

当时，美团已经做到了一年 55 亿元的交易额（2012 年全年），但是，王兴认为，这个数字放在中国服务业中来看还是非常小的，平均到每个人身上更只有 4 元钱，因此潜力非常大。王兴回顾了过去三年美团的交易额增长情况，对于未来 O2O 巨大的市场空间，他提出了一个让现场非常激动的目标：2013 年实现 188 亿元交易额，2015 年实现 1000 亿元交易额，2020 年要达到 1 万亿元交易额。

我们是 2010 年 3 月 4 号上线，到当年年底，总交易额是 1.4 亿元。到 2011 年的时候，我们增长了 10 倍左右：一方面是城市的扩张，另一方面是在各个城市的深度挖掘，所以我们 2011 年实现了 10 倍左右的增长，交易额为 14.6 亿元。到 2012 年，我们的团队进一步增强，而且在移动互联网方面，我们的市场份额迅速上升，所以又实现了 2.8 倍的增长，2012 年总体交易额是 55 亿元。

这听起来是个很大的数字，但它其实只是很小的一笔钱。我们可以从很多角度来理解这件事情。全国共有十几亿人，55 亿元摊到每个人身上只有 4 块钱。大家一听肯定会乐起来，对本地服务来讲，4 块钱根本不能干任何事情。我们给消费者提供更多、更好、更便宜的吃喝玩乐。吃喝玩乐是每个人都需要的，而今天接近一半的人使用互联网，我们有理由相信随着时间的推移，随着我们服务的进一步深入，所有人都可以用互联网、移动互联网的方式去享受他们需要的吃喝玩乐的服务，所以这是个万亿元的市场。

如果大家关注宏观经济形势的话，就可以看出2012年全国GDP和各个产业的分布，我相信2012年是第三产业产值小于第二产业产值的最后一年。第三产业就是服务业，跟第二产业工业的产值差距在飞速缩小。从2013年开始，统计报告肯定会是第三产业服务业总产值大于第二产业，而美团做的恰恰是第三产业，是服务业的电子商务。

目标的分解

王兴认为，再难的事情，只要把它分解、分解、再分解，然后每一步都有人负责，都有团队负责，每个人都靠谱，整件事情就靠谱。

首先，2013年的188亿元交易额目标，王兴是这样分解的：

我们希望2013年美团的交易额能够达到188亿元，相比2012年是2.4倍的增长。这是一个非常值得努力的目标，但并不是遥不可及的目标，相反，它跟我们以往一样。还是一个适度保守的目标。2013年1月，我们的交易额达到了8亿多元。开个玩笑，即使我们这一年不进步，12个月也会超过100亿元。以往每年我们都超额完成了目标，都比我们预计的发展得更好。

其次，2015 年 1000 亿元交易额的目标，王兴也进行了分解：

如果我们把 1000 亿元稍微分解一下，就会发现，只要我们顺利地完成今年 188 亿元的目标，后面 2014 年、2015 年，平均每年只要增长 140%，也就是每年 2.4 倍，到 2015 年就能顺利完成 1000 亿元的目标。每年增长 140%，这是比我们过去几年都要慢得多的数字。只要我们不犯错误，只要我们在产品方面更加深入，商品选择更加丰富，能够始终保证高品质、低价格，保证非常便利，就一定能够完成这个目标。因为消费者的需求是如此的旺盛，而商家的需求也是如此强烈，我们有理由非常快速地发展。

在年会上，王兴演讲的主题是《从美团的三年到 O2O 的十年》。王兴认为，21 世纪第一个十年是传统电子商务蓬勃发展的十年，2010 年年初，随着团购的发展，O2O 的十年才真正开端，“我相信 21 世纪第二个十年会是一个 O2O 的十年，而团购因为非常好地契合 O2O 最重要的特征——线上交易、线下消费，所以是一个非常好的切入点。所以，我们要把握 O2O 的十年，我们要对自己有信心”。

当时，经过三年的努力，美团取得了非常好的进展。有 4000 万消费者，20 万合作商户，55 亿元的年交易额。而且，未来还有更多的消费者、更多的商户等待美团去开发。

所以，王兴在年会现场，提了一个更长远的视角：“我们大胆地展望一下，到这个十年，也就是 O2O 的前十年结束的时候，我们希望美团在什么位置？”

王兴是希望美团能够成为万亿元交易额的平台，同时，也分解了这个目标如何实现。除了逐年的分解，王兴还重点谈了“三高三低”和“对未来很有信心，对现在很有耐心”。

“三高三低”，是消费者的需求和行业特征对美团的要求。

“对未来很有信心，对现在很有耐心”，是一项前景广阔的事业对人的要求。

到2020年的时候，当O2O的前十年结束的时候，我相信美团全年的交易额能超过1万亿元。

这同样是一个看起来非常大、似乎遥不可及的目标，但是只要把它分解，然后每一步都有人去落实，就不会那么困难了。我跟大家分享一下最简单的计算方式，从1000亿到1万亿是10倍，如果我们再给自己五年的时间，平均每年只要增长60%，也就是1.6的5次方就能实现超过10倍的增长。我们作为这个产业的领跑者，将通过我们的努力，通过我们的创新，通过我们各方面的服务，继续领跑下去。

目标不管宏伟不宏伟，其实你只要去分解它，就可以理解它。而且我相信一个高的目标是对每个人都会有激励作用的，这是过去三年给我最大的感受。刚开始的时候，坦率地说，我认为自己很乐观，但是我没想到消费者的需求是如此旺盛，O2O发展得如此迅速，而我们的团队是如此给力。所以，在这个时间点，我相信我们有理由骄傲，有理由自豪，但是我们更有理由看到前面还有更长的路，更大的空间。

O2O会非常非常地大。第三产业怎样才能超过第二产业？互联网将极大影响这件事情。不管在哪一个部门，哪一个环节，竞争都非常激烈。消费者、商家有各种各样的需求，而这件事情注定是一个要求高品质、低价格的事情，还有一个很重要的因素是低毛利。我们需要在各个环节通过每个人的努力，通过整个结构的调整，通过管理的提升，通过产品技术的革新，不断提高效率、降低成本，给消费者提供更高品质、更低价格的服务。

在这里，我们要记住一句话“你对未来越有信心，你对现在越有耐心”，可能接下来一年、两年、三年，都会是非常煎熬的苦事。但是，我们要做的事情是非常光明、有巨大前景的事情，我希望大家跟我一样对未来很有信心，对现在很有耐心。

人是美团最重要的产品

对于实现万亿元目标的关键因素，王兴认为，一切事情都是人做成的。

人是美团最重要的产品，也是美团最大的资产。

王兴在2013年的年会演讲中，强调了目标，也强调了人才的重要性。他认为，当时的美团并不拥有厂房、仓储物流中心或其他大规模的固定资产，所有的资产就是人。所以，美团要实现目标，最重要的投入一定会在人才上面，“我们需要招更好的人，需要给所有的人提供更好的培训以及更好的激励，每个人能够更好地成长”。

在人才的引进方面，美团在“千团大战”中并不显眼，因为当时的行业很乱，各团购网站都在用“疯狂挖人”来做宣传，美团比较低调，一直被认为是在人才引进方面没有大的动作。

实际上，美团对人才引进与人才体系的搭建方面，一直都很重视。在人才引进方面，2011 年入职的 COO 干嘉伟、在线营销副总裁陈敏鸣，2013 年入职的市场副总裁吴茂林等高管都起到了立竿见影的效果。而且，在这个阶段，还入职了一些未来的高管，像 2013 年入职的夏华夏，2014 年入职的郭庆。后来，夏华夏担任了美团首席科学家、智慧交通部总经理职务，郭庆为负责酒店及旅游业务的副总裁，还进入了美团的最高管理决策机构。

在“千团大战”期间，美团是最早做校园招聘的公司，而且美团对校园招聘非常重视，王兴、穆荣均、王慧文都会去各大高校现场宣讲。

当时，我负责校园招聘的对外媒体宣传工作，明显感觉到美团对校园招聘的重视。

在参加校园招聘时，王兴经常提及“人是美团最重要的产品，也是美团最大的资产”这句话，也经常提及另外一个词“耐心”。

以 2012—2013 年度的校园招聘为例，美团此次校园招聘共在北京、天津、西安、武汉的 8 所高校举办了宣讲会，招聘主题为“你 + 美团网 = 飞速成长”，招聘的职位为产品和技术类岗位，包括产品经理、后台开发工程师、Java 开发工程师、移动后台开发工程师等职位。

美团此次招聘受到了在校大学生的热烈关注，大家参与热情很高。作为清华大学的校友，王兴参加了清华大学的宣讲会，并着重与现场大学生分享了美团的人才观。

王兴在宣讲会上强调，互联网是轻资产行业，公司最有价值的就是人才，美团从“千团大战”脱颖而出的历程，也是公司吸引优质人才加入的过程。“我始终认为人是最重要的。有足够好的团队，你才会有正确的战略，才会有强执行力，所以归根到底都是人的作用。”

现场的同学问美团需要怎样的人才，王兴表示：“我认为最靠谱的事情还是得有耐心，我们得找有耐心的人，没有经验不要紧，他只要相信这个行业，愿意学习，愿意花工夫，我们可以给他时间，给他成长的机会，或者尽我们所能去培养他。”

王兴在校招交流环节，提到了“我们得找有耐心的人”，“耐心”这个词在美团会经常被提及，也影响到了后来几年的美团企业文化。

第二版价值观

说到企业文化，从 2013 年开始，美团有了成体系的价值观。

王兴对价值观的事情一直很重视，但他并没有强行按创始人自己的思路来规定一个公司的价值观。前面提过，在早期，美团有个固定的 CEO 交流会，每周五举行一次，任何员工可以就任何问题来与王兴交流。2012—2013 年，在美团成体系的价值观推出之前，王兴很认真地听取员工对公司的看法，并多次鼓励员工谈一些他们内心认可的理念。

我完整参加了所有的 CEO 交流会，确实感受到，2013 年年底美团的第二版价值观，和同事们普遍认可的理念基本相同。

前面我们提过美团最初的价值观，我刚入职时，就听到过这组非常好记的价值观：

“消费者第一，商家第二，员工第三，股东第四，王兴第五。”

这组价值观，是为了在处理公司内外的各种问题时，作为达成共识的原则，节省沟通成本。

后来，美团的团队规模越来越大，业务越来越复杂，王兴和整个美团理顺了公司认可的一些理念。比如，像前面提到的美团承诺数据不造假，这在全公司都达成了共识，但没有在价值观中表述出来，在 2013 年第二版的价值观中，“诚信”这条价值观被正式加入进来。

美团第二版的价值观，一共 7 条：以客户为中心、团队合作、拥抱变化、诚信、敬业、勤俭、学习成长。

以客户为中心，企业的价值在于为客户创造价值，美团的客户既有消费者，也有商家。在很早的时期，美团就有了消费者第一、商家第二、美团第三的价值排序，这一价值排序在“千团大战”时期，从根本上保证了美团这个平台的策略倾向，也保证了这个平台的稳固。

团队合作是由美团的业务特征决定的。美团在全国各地都有团队，线上团队和线下团队的做事风格并不一样，面对的又是一个全新的市场，团队整体很年轻，所以，团队合作非常重要。

拥抱变化，这是由美团的发展趋势决定的。美团发展得很快，业务也很复杂，不仅有团购，还探索了猫眼电影、美团酒店、美团外卖等业务。业务的发展、市场环境的变化需要全体员工积极拥抱变化。

诚信，这和创始团队的风格密切相关。在“千团大战”时，行业各种数据都有浮夸风，美团承诺数据不造假，这在全公司都达成共识，所以在公司价值观中加入了“诚信”这条。

敬业，是每个员工都应该做到的基本要求。

勤俭，在美团的这版7条价值观里，是受到内部质疑较多的一条，但是一直执行得比较好。王兴起到了带头作用，他曾经在饭否上发过这样一条消息：“住在汉庭，和人谈事情约在朗廷。”汉庭一晚的价格差不多是100多元，而朗廷一晚的价格差不多是2000元。王兴认为100多元的汉庭完全可以解决自己出差时住的问题，能省则省。干嘉伟也曾讲过一个类似的故事，王兴去杭州请他入伙的时候，也住在一个经济型酒店里，他当时还想，既然来挖我，总应该住在一个差不多的地方，显示下公司的实力吧，可是王兴并没有这样做。

学习成长，在美团内部的氛围一直很浓厚，写入价值观自然顺理成章。王兴在2011年发过一条微博：开会时一个年轻同事的一句话至今回荡在我耳边，当时大概是晚上12点，讨论接近尾声，需要有人整理会议纪要，涉及流程图的部分用visio画比较好。我问她会用visio吗，她毫不犹豫地说“我可以学”。这四个简单的字里有无穷的力量。

这个时期，阿里巴巴是美团重要的财务投资方，在业务层面并没有太多的交集。在阿里巴巴所有的业务中，只有做外卖的淘点点与美团外卖有一定的冲突。不过，在当时，外卖并不是阿里巴巴的重点业务。

不过很快，外卖就成了当时的一个主战场。

外卖战局

2013年11月，饿了么获得红杉资本中国基金领投的C轮2500万美元融资。同月，美团外卖上线，这一年的12月，阿里巴巴旗下的淘点点上线。这是一个极度需要资金的战场，所以，到家美食会等中小玩家很快出局。2014年5月，百度外卖入场，准备从高端白领市场切入，重金投向O2O领域。

外卖战局，就此拉开。

饿了么已经在外卖市场经营多年，有一定的经验。饿了么联合创始人兼COO康嘉曾经向媒体透露，王慧文在做外卖业务之前，两个人有过接触。

王慧文确实喜欢广泛交流，以前每次开季度总结会，他都会跟我们讲他又见了哪些行业的人，自己的认知有哪些变化，等等。他学习的方法，是跨行业交流与看书。后来在研究零售行业时，他一周要看好几本关于零售的书。

2014年年初，饿了么已经在12个城市开站，日单数10万单。美团外卖刚起步，王慧文定下了一个看起来很大的目标，希望在2014年能够做到一天60万个订单，如果哪天实现了，他个人拿出一部分股票奖励给大家。这件事我记得很清楚，因为他还笑着对大家说，得对他做好监督，如果哪天他不小心触犯了高压线，被公司开除了，那么这些股票就无效了。

60万单，这个目标在今天看来是太少了，但在2014年，很少有人认为一天60万个订单可以轻易实现。当然，美团外卖后来实现了这个目标，王慧文也给团队兑现了股票奖励承诺。

2014 年的夏天对于美团来说非常重要。

真正的 O2O 大战，是从 2014 年开始的，这一年，互联网巨头全部加入了战场。我想了想，感觉应该是 2014 年夏天的两个细节决定了 O2O 未来几年的走向。

第一个细节，美团外卖浩浩荡荡地培训了好几批城市业务管理人员（7 月，美团外卖在吉利学院租下两层宿舍楼和大礼堂，对新招进的 1500 人分为 5 期进行了培训）。规模庞大的新员工穿着统一的培训 T 恤时不时前来总部参观。人才体系的搭建，让美团外卖开的城市数量从一开始就领先于饿了么。

第二个细节，美团总部（当时在望京国际研发园）一楼食堂的宣传栏上赫然写着“团购业务再招 10000 人”。当时，公司的总人数是七八千人，我还问了相关同事，是招到 10000 人，还是再招 10000 人？得到的答复是后者。美团的团购业务，在 2014 年也加大了攻坚力度，特别是在三、四线城市的优势，基本上已经坚不可摧。美团与主要对手的竞争，主要围绕着北京、上海几个大城市进行。但是，美团有众多三、四线城市创造的利润为基础，获得最后的胜利只是时间的问题。

团购是美团的基本盘，外卖代表着美团未来的营收主力。2014 年，对于美团来说，是个非常好的年份。

2013 年 11 月，刚上线的美团外卖日订单量只有几单。2014 年 9 月，日订单量峰值才到 10 万单。但两个月后，美团外卖日订单量峰值突破 100 万单。当美团外卖业务发展负责人沈鹏告诉我这个消息时，我有点儿不敢相信，跳到桌上，仔细盯着他的电脑屏幕看。

现在看来，100 万单是一个非常小的数字了，但当时非常令人震撼。

如王慧文所说，当时美团外卖团队所做的事情，还存在着很多不足，在这种情况下，还能取得非常好的业绩，这说明这个行业非常值得做。

外卖业务把美团消费者的场景由到店延伸至到家，这是一个非常大的变化。服务链的延伸需要做好配送业务，这需要高额投入。

在这个背景下，美团完成了 D 轮融资。

遗憾与不足

2015 年 1 月 18 日，美团在望京 798 艺术区举办了媒体沟通会，王兴宣布，美团完成新一轮总额 7 亿美元的融资，估值达到 70 亿美元。同时，王兴表示美团两年内不上市。

那次媒体沟通会现场的暖气不足，我对这点印象很深刻，因为那天穿的外套比较薄。不过，由于这条融资消息太过劲爆，现场的气氛非常热烈，我甚至感觉身上有点热。7 亿美元的融资，估值达到 70 亿美元，这是生活服务电商领域有史以来金额最大的一笔融资。凭借此轮融资和 70 亿美元的估值，美团成为当时中国 O2O 领域估值最高的公司。

2014 年，美团全年交易额突破 460 亿元，服务覆盖全国 1000 个城市，合作商户超过 80 万家，在团购市场占据了超过 60% 的份额。美团还是国内最大的电影 O2O 平台、第二大酒店分销平台

（仅次于携程）和最大的在线外卖平台。

对于融资的用途，王兴表示将会继续加大对美团的投入，“因为在互联网上高频带动低频是一件比较自然的事情，所以我们会优先把大众高频的事情做好。我们的目标是解决几亿人的吃喝玩乐需求。互联网对服务业的改造速度和程度，会远远超过互联网对商品零售的改造。我们始终相信美团面对的市场——服务业的互联网平台，是个至少几万亿元规模的市场。我们现在才做到了几百亿元，只是一个很小的比率，这个比率还将急剧提升。”

最后，王兴、干嘉伟、穆荣均与媒体进行了交流。

他们遇到了一个有挑战的问题：2014年的遗憾与不足是什么？一般来说，在台上讲自己的光辉业绩容易，讲自己的不足却不太好回答。且看看他们的回答。

王兴：我们虽然在这一年取得很大的进展，但回头来看，最大的遗憾还是低估了市场的发展，这一点非常重要。其实不光是去年，包括再早几年也是，我通常是非常激进的。记得我们在2011年的时候，美团就说100亿元、1000亿元的目标，而且我们在很早就做了移动互联网这件事情，但是回头来看，我还是低估了这个市场的成长速度。智能手机的普及程度以及智能手机带来的翻天覆地的变化，使我们回头看2014年有这样的遗憾。如果我们有更早的判断，可能我们会做更大的积极投入。

第二个遗憾，还是跟人才管理相关。在过去一年里，我们的队伍有了进一步扩大。我们认为我们做了很多的努力，总体的结果是好的，但由于个人原因，我觉得我在管理方面还是进步得有点儿慢。这个事情可能很难解释，我只是回头看有些事情是有可能做得更好的，这只是我在逐步蜕变成长过程的感想。

穆荣均：因为我一直偏技术，所以我讲讲偏技术的事情。遗憾跟刚才王兴讲的也有关系，业务的增长远超我们自己的预期，或者说我们自己低估了业务的增长。与此相关的是，我们研发团队的成长、扩张速度，我觉得是不够的。我们非常期望优秀的工程师加入我们的团队，同时市场对人才的需求也很强，所以整个招聘的难度就非常大。我觉得今天是一个很好的机会，我们有一些消息去公布，也有一些媒体报道，我希望报道也能够帮助我们吸引更多的工程师，也欢迎其他领域的人才加入我们。

干嘉伟：从我的角度，2014 年的遗憾是，可能美团整个业务的发展，可能确实超过了我们团队成长的速度，甚至超过了我们核心高管的成长速度。我们没有意识到美团现在对中国的社会，以及对我们的消费者、我们的商家、我们的一万多员工，包括 O2O 整个产业环境的影响和负起的责任。这一点，年终来看的话是一种遗憾。如果在这方面我们更早意识到，做的更多一点，会更好一点。另外，我们在对外的沟通交流方面也可以做得更好一点。不管是我们的一万多名员工和他们的家属，还是我们的商家、我们的消费者，包括我们的同行，我们都需要与他们进行更好的沟通。我还是这个观点，我认为在这个行业里大多数公司跟美团是合作的关系。当然我们也看到外界对美团有一些担忧，甚至发出了一些黑稿，如果我们在这方面沟通交流做得更好一点，可能会更好一点。

从三位高管的发言来看，站在遗憾与不足的角度，他们都认为自己低估了行业的发展，在团队建设方面存在不足。

这场媒体沟通会的问答实录，是我审核后发给媒体的。干嘉伟的发言里面有“黑稿”两个字，我最开始是想把这部分删除的，但仔细考虑后还是保留了。

因为，2014 年至 2015 年的美团，深受黑稿之害。

黑稿的攻击

从“千团大战”开始，美团就一直被一些黑稿攻击。

黑稿一般指针对竞争对手的黑公关，在法律层面一般称为“商业诋毁”，即一方为了战胜竞争对手，以捏造、散布虚假消息为手段，贬低、诋毁对方，从而提升自己在竞争中的优势。

评判一篇文章是否为黑稿的首要依据是素材是否真实。有些“有图有真相”的文章，材料也不一定属实。比如，2011 年 4 月底，美团搬到了新的办公区，预留了一些工位给新入职的员工，但竞争对手想办法搞到工位区的图片后，直接把空白工位描述成“美团总部已跑路，办公区人去楼空”。

还有一些黑操作，就是直接造谣，比如美团裁员、商家集体抵制美团等等。

美团在 2011—2013 年虽然遇到了一些黑稿，但总体来说影响面不大。这和大环境有关系，因为当时的媒体传播方式相对正规。传统的纸质媒体正常情况下都有严格的采访流程，正规的门户网站、科技媒体也有流程制度，那个时期的黑稿主要是在天涯社区以及各地的论坛上出现，只有一些小网站会转载。这期间黑稿一方面是影响力有限，另一方面我们可以与网络平台沟通，按流程说明问题后，一般可以删除黑稿。

从2014年开始，以微信公众号、今日头条号为代表的自媒体开始崛起，而且处于自媒体的野蛮成长期，网络平台也没有太规范的治理流程。正规的媒体转型到自媒体平台后，还是坚持了原有的流程与制度，信息源丰富而且可信。但有一些个人作者什么题材都可以写，当然价格也很高，这为黑稿的一度盛行提供了条件。面对黑稿这一隐蔽却泛滥的行业潜流，那些没有采取得当的防黑术的人或企业，就成了某一起事件中的受害者。那个时期，不仅仅是美团，很多大型互联网公司都深受其害。

针对美团的黑稿，集中出现的阶段是有规律可循的。在正式宣布2014年C轮融资、2015年D轮融资的前三个月左右，一直持续到宣布成功融资，这段时间是黑稿的密集期。黑稿的主要操作流程，主要是以传闻或者是网上断章取义的截图为素材，加上一些引向负面的逻辑，论证出“美团资金链断裂”“美团经营数据严重下降”“美团任人唯亲”等结论。

在2016年7月之前，针对美团的黑稿都是我经手处理的，为此我还自学了一段时间的法律。由于黑稿一般在微博、网络自媒体平台等领域发起，我还兼管了一段时间公共关系部的社会化媒体团队。

美团被黑稿攻击最猛烈的时间段，是2015年7月至9月，这也是美团与大众点评合并之前的几个月。美团历史上第一次与律师事务所联合发布声明也在这个时期。这个话题，留到以后继续展开。

比特与原子

美团做的业务很多，从团购开始，又重点发展出猫眼电影、美团酒店、美团外卖等业务。从2015年开始，外界把美团的业务布局理解为“T型战略”。

“T型战略”，意思是美团的团购是一个平台的横线，猫眼电影、美团酒店、美团外卖等业务可以理解为一条条深入垂直领域的竖线。因为形状像字母T，外界把美团这些不断拓展细分领域的行动，称为“T型战略”。

王兴认为，互联网能带来巨大的价值，“我始终相信互联网会改变一切，凡是没有被互联网改变的行业都即将被互联网改变，虽然这个改变是根本的、彻底的，但不一定是最底层的。例如互联网对农业的改变，对食品、对餐饮的改变，对汽车的改变，它并不改变你种的稻子，也不是改变菜的好坏、汽车的好坏”。

王兴把美团的业务，非常形象地用原子（物质单位）、比特（信息单位）的相互作用进行了描述。美团所做的一切事情，是移动比特辅助移动原子。

世界分成原子和信息两个部分，原子是物质单位，比特是信息单位。互联网的作用，一个是用移动比特代替移动原子，一个用移动比特辅助移动原子。以前印书需要伐木、造纸、印刷，把它输送到读者的手里去。电子商务一开始是在互联网上面卖书，亚马逊、当当是用移动比特辅助移动原子，读者不用跑到书店去买书，在网上点击几下，等着收书就行。如果读者直接用阅读器在网上看书，那就是移动比特代替移动原子。

这些年美团所从事的不是移动比特代替移动原子，我们做的是移动比特辅助移动原子的事情。因为不管互联网如何发达、网速如何快、屏幕如何好，都不能代替消费者咀嚼一块牛肉或者按摩时的感觉。但是，会有用移动比特辅助移动原子的机会，例如电影院已经建好了，已经投入了资源，美团让大家能省钱、省心地买到更便宜的票，但是要真正看电影，消费者还需要去电影院。在餐饮方面更是如此，如果电影的将来很有可能被网络视频部分替代的话，餐饮在很长时间是看不到的。因为每个人最终还是需要吃饭，这里面物质无法被取代。可以用移动比特辅助移动原子，让大家找到更好的餐馆，知道点什么菜更好，得到更好的折扣或者更好的服务。或者另一方面改变移动原子的方向，像美团一开始帮消费者找餐馆，后面，消费者不想出去，可以外卖送过来。

随着互联网对服务业改造的深入，美团在各领域的业绩也越来越好，移动比特辅助移动原子应该算是最基础的逻辑。也正因为如此，美团在战略布局上没有局限于只做团购，而是更深入地做了很多产业。对服务业的改造越深入，平台才越有价值。

这也是为什么美团一直要从团购切入 O2O 领域。

在 O2O 领域学习亚马逊

美团最早对外讲述 O2O，是 2012 年 10 月，王慧文在接受腾讯科技采访时首次对外阐述美团如何看待 O2O，还重点分析了亚马逊这家公司。这次采访如果列在美团所有媒体采访里面，肯定是非常平凡的一次，里面没有什么亮眼的金句被广泛传播，但这次采访又非常特别，这是美团首次对外阐释对O2O的见解，以及O2O与美团现有业务的关系。这篇新闻稿的正式发布时间是2012年10月29日，星期一，采访以及稿件的确认都是在周末完成的。

当时，外界对O2O题材很感兴趣。当然，这个概念在很长一段时间内都没有一个定论。一般认为，O2O是一种线上虚拟经济与线下实体店面经营相融合的新型商业模式。在国外，采用O2O模式的网上房屋短期租赁公司Airbnb是当时硅谷成长最快的公司之一。不过，当时国内的典型案例还是集中于团购领域。

王慧文认为，团购是O2O的子集，类似电子商务跟B2C、C2C的关系。王慧文还判断，O2O也会有很多模式，它的模式甚至可能会比电子商务的还多。后来，美团旗下众多的业务，也印证了这一点。

美团的扩张思路，是以团购为基础，让商家认可美团的品牌，跟消费者保持良好关系，同时成为现金流支柱业务，再向外扩张业务。王慧文做了一个类比，希望团购对美团的价值像阿里巴巴的B2B对于阿里价值，能提供一个现金流，为开展新业务打下良好的基础。

后来，美团外卖崛起，并取代团购业务成为美团营收的支柱业务，其实也印证了王慧文当年的判断。饿了么一直强调和美团外卖的竞争是“一楼攻二楼”，仰攻很难受，这从某种意义上来说也成立。团购业务为新业务的开展提供了很好的现金流，在获取商家时还有一定的品牌效应。

O2O是什么？我们认为O2O跟团购的关系类似电子商务跟B2C、C2C的关系。电子商务有很多模式，包括B2C、C2C等等。O2O也会有很多模式，它的模式甚至可能会比电子商务的还多，所以我们会以团购为基础，让商家认可我们的品牌，跟消费者保持良好关系，同时成为现金流支柱业务，再向外扩张业务。

做一个类比，我们希望团购对我们的价值像阿里的B2B对于阿里的价值。有一天阿里做C2C了，C2C跟B2B关系还不那么大，但阿里B2B能提供一个现金流。所以淘宝在出去砸市场时会有源源不断的资金补充，敢跟eBay死磕到底。不仅如此，因为阿里B2B做电子商务，所以他们团队在电子商务上更有经验，淘宝可以把阿里巴巴很多经验拿过来用。另外一点，阿里B2B做得很好，在做C2C这时，整个企业品牌更容易获得媒体和投资商及商家认可。

团购就像阿里的B2B一样，是很辛苦的业务，但只要我们最后胜出，这是可以产生现金流的业务，可以为将来在O2O领域扩张很好地指路。在O2O领域线下团队价值会更大，因为大部分O2O的事情都离不开线下工作，也让我们在O2O领域有更大的想象力。

美团在当时已经取得了比较领先的市场地位，那么，它怎样对工作进行优化呢？

在美团内部，一直比较重视向亚马逊学习，而且，在亚马逊还承受着很多质疑的 2012 年，美团就开始对亚马逊进行研究与学习了。

2012 年的亚马逊，还是一家亏损的公司。

亚马逊 2012 年全年亏损 3900 万美元。而且，这家公司似乎缺乏专注，除了电子商务，亚马逊当时力推硬件产品，还收购了图书出版公司、开设了自己的社交游戏工作室，外界也普遍无法衡量公司的估值，

王慧文在一次跟我们开季度会时，用过一个比喻：我们要做的事情，是搞高科技的事情，而不是搬箱子的事情，就像亚马逊，看起来他们是在搬箱子（给客户送货），但实际上是在用高科技搬箱子。

所以，王慧文对工作优化的回答是，用科技手段对工作进行优化。比如，原先美团跟商家结款时是财务人员人工结算，现在跟商家结款是系统自动结款，这方面例子很多。如果做一个类比的话，就是亚马逊，亚马逊不仅是电商企业，更是一家科技企业。亚马逊的经营流程大部分实现了电脑化、自动化，这使他们效率越来越高，成本越来越低。

原先我们跟商家结款时是财务人员自己算，现在跟商家结款是系统自动结款，人员不需要那么多，而且速度会更快。如用财务人员算，大概需要上百人，成本很高，且速度不快。这方面例子很多。我们能做的事情是一直做改进，把所有能系统化的事情，能用电脑自动处理的事情尽量让电脑自行处理，减少人工，既快效率又高，而且还不容易出错。

我们最近在大规模招技术人员，我们的定位是科技企业。像亚马逊做了电商后开始做云计算，因为它是一家科技企业，一直用科技方式来改造整个企业经营流程，企业经营流程大部分实现了电脑化、自动化，这使他们效率越来越高，成本越来越低。同时他们因为积累了很多经验，所以在云计算这种高科技领域里能做好，成一家云计算企业，我们也要朝着这个方向走。

虽然我们在经营一个人数非常庞大的行业，但我们相信行业需要如此多的人，才让我们能把机器用得好，大幅度提高效率，降低成本，并让我们在效率上胜出，花同样的钱我们可以办更多的事，或者做同样的事我们可以用更少的钱、更短时间做到，这才会成为我们真正的价值。

用科技手段来做业务，是美团与很多竞争对手的差别。美团在“千团大战”中能够成为最后的胜者，在电影、酒店、外卖等领域后来居上，科技是重要原因。

同时期的竞争对手，在综合能力上也许与美团有差距。但是，当互联网巨头们都纷纷进入战局的时候，美团遇到的挑战也会越来越大。

这一天，说来就来。

Chapter 06

合并之年

2015年，是O2O领域的“决战之年”，这一年，也是中国互联网行业的“合并之年”。

2月14日，滴滴与快的合并，此前，双方展开了疯狂的打车补贴大战，每天的资金投入以亿来计算。程维说：“打则惊天动地，和则恩爱到底。”4月17日，58同城与赶集网合并。在过去的几年当中，双方也是杀到刺刀见红，仅仅在2014年，这两家投放的广告总和就超过了15亿元。10月8日，美团与大众点评合并，而且整合工作非常顺利，这标志着O2O到店场景的战争基本结束。

平凡之路

2015年3月8日，王兴在美团年会上表示，这一年，将会是O2O的决战之年。事实上，这一年确实是决战之年，不仅仅是O2O领域的，其他很多领域也发生了多起大规模的合并事件，都是决战之后的结果。

这一年，美团年会的主题是“平凡之路”，王兴也在年会上回顾了美团的过去五年。虽然年会的主题是“平凡之路”，但美团的前五年非常不平凡。

今天，我感到大家都非常激动，但我想也许我是在座的人中心情最激动的那一个，因为这条“平凡之路”让我想到很多，想到我和很多同事一路走过来的一些事情。

2011 年，我们率先提出无条件退款。五年前，在美团正式上线之前，在北京海淀区清华东门的华清嘉园一个三居室，十几个人开了一个简单的座谈会，那时我们还面临很多困难，在那个会上，不少人落泪了，包括我。2011 年 3 月 4 日，我们在海淀剧院开了“纵情向前”的发布会。我们展望了市场，对消费者做了承诺，也率先提出了无条件退款，用实际行动践行“消费者第一”的价值观。这一举措树立了美团的品牌，帮助我们吸引了很多商户、消费者，并在 2011 年疯狂的“千团大战”中最后胜出。美团第一年，我们做了 14.5 亿元的交易额。

2012 年，我们每天前进 30 公里。2012 年的年会，我们是在北大的百年讲堂开的。那次年会上，大家一起回顾了那一年发生的事情以及遇到的艰难险阻。我给大家讲了南极探险的故事，提出了要每天前进 30 公里。在 2012 年，我们狂开站、狂上单、狂拜访。这一系列事情做下来，2012 年年底，美团已经初步确定了在团购行业的优势地位。我相信今天大家可以看到，我们之前坚持的每天前进 30 公里，三年累积下来我们取得了什么样的成绩。

2013 年的年会，我们提出了一个新的目标，2015 年要达到全年 1000 亿元的交易额，更远期的目标是，在 2020 年之前要达到

1 万亿元的交易额。我认为美团所在的生活服务业和互联网结合得非常紧密，是一个万亿元的市场。从那时候到现在，一直到将来，我对这个目标是深信不疑的。我相信在一个这么大的市场里面，一个这么好的时代里面，有这么多的商户，有这么多的用户，大家有这么旺盛的需求，而我们有如此给力的团队，有如此聪明、勤奋而且价值观非常非常好的团队，我们一定能实现这个目标。而现在，大家可以看到，在刚刚结束的 2014 年，我们实现了 460 亿元的交易额，比 2013 年增长了 180%，离 1000 亿元的目标，不再那么遥不可及。

2014 年，我们抓住了很多机遇。如果大家回头看过去一年发生的事情，会看到很多奇迹，那是因为过去一年我们一直面临很好很好的机会，并抓住了它们。

曾经疯狂地开站，如今，我们覆盖了全国 1000 多个城市，这包括全国几乎所有的地级市以及很多的县级市甚至更小的地方，美团已经基本覆盖了神州大地。我们的市场份额进一步提升，由 50% 提高到 60%，全年完成了 460 亿元交易额的目标。而且，我们不光在原有的优势业务上面逐渐跟对手拉开差距，在团购业务原来弱于对手的一些地方，在很多城市实现了反超。现在全国前 100 名城市我们有 93 个是第一名，只有几个城市还在对手手中。但是，我们在过去一年里已经找到持续有效的办法，只要坚持这些办法，并且坚持投入，我们能够在这些地方慢慢缩小差距，然后反超，最后扩大优势。

我希望，未来团购业务全国江山一片红，所有城市我们都是第一。

在过去的五年，美团取得了一系列的成绩，特别是2014年超预期完成了460亿元交易额（目标计划是450亿元）。按照增长速度，2015年完成千亿元交易额目标基本不成问题。

王兴还在年会上调高了2015年的目标，从1000亿元调到了1300亿元。

在发展过程中，美团也遇到了一些问题。王兴在年会上举了一个例子，就是系统不稳定的问题。2015年3月7日，美团交易额高达3.68亿元，再次创了一个单日新高，但是，傍晚的时候，因为系统故障，一些消费者付了钱但是刷不出美团券。

系统故障是2015年美团经常遇到的问题。这从某种意义上来说，也是“幸福的烦恼”，主要是美团的订单量增长过快，系统处理订单时出了一些故障，导致不能及时履约。

早晨我看了邮件，说我们昨天（2015年3月7日）整个平台各种应用的交易额合在一起是3.68亿元，我们再次创了一个单日的新高。但是，昨天也遇到了一个严重的问题。傍晚的时候，不少消费者付了钱但是刷不出美团券，可能是因为消费者太积极了，访问量太大了，也可能是由于其他原因，我们系统出了一些故障。如果没有这些故障，我们的成绩会更好，我们的消费者体验会更好。

王兴举这个例子时，还只是一个开始，并不是最严重的时候。美团外卖的订单量上来之后，才是系统故障高发期的开始。

因为像酒店、电影票、按摩等品类，消费者不会固定在某个时间段购买，即使是餐饮团购，消费者下订单的时间也并不是太集中。但是，外卖业务的特征是订单量大，而且消费者下订单时基本集中在午餐和晚餐两个时间段，特别是午餐时的外卖订单特别集中。订单量一大，就容易出现系统故障。

2015 年上半年，美团的系统故障比较多。当时我兼管美团的社会化媒体团队，如果遇到系统故障，微博上面的消费者投诉会非常多。因此，在订单高峰期，我们会密切关注有没有出现系统故障，如果消费者出现投诉，第一时间与技术部门的同事对接，当然，技术部门的同事也会及时反馈问题。在 2015 年上半年，特别是第二季度，系统故障发生的频率还比较高，但到下半年系统就比较稳定了。

鸵鸟原理

王兴在回顾美团过去几年取得的进展之后，又讲了“鸵鸟原理”。

鸵鸟原理，即只有比别人有非常明显的优势时才具有竞争优势。

很多年前有一个长辈告诉了我一个道理，我想跟大家分享一下。可能有些人听过鸵鸟原理，我给大家讲一下这个故事。火鸡比母鸡要大一些，如果从旁观者的角度来看，火鸡确实比母鸡要大一圈或者大两圈。但是，母鸡看火鸡，会觉得它们差不多，母鸡是不太服气火鸡比自己大的。但是，当一只鸵鸟过来的时候，不管是母鸡还是火鸡，不管它们再不服气，在一个强大的反差面前，它们都会认同鸵鸟确实比自己大。这个道理非常深刻，人和人对比，团队和团队对比，公司和公司对比，这个道理同样适用。

所以在早期，可能我们认为我们的价值观比对手更正，我们的团队比对手更好，我们的基础比别人更好，对手却不服。不要紧，这个时候争论是没有用的，我们要做的是什么？还是回到根本问题上——消费者第一、商户第二、团队第三、股东第四，我们有足够的资源，足够好的团队，我们去合作足够多、足够好的商户，然后和商户一起去把消费者服务好。

如今，美团在全国有两亿多用户，在手机上面美团是仅次于淘宝的最大的电商营销平台，比天猫大，比京东大。所以，只要我们能坚持往前走，坚持走得比对手更快，大家可以看到，曾经的对手，已经被我们远远地甩在身后。

这是我们需要理解的事情，需要面对的事情，而且是需要牢记在心、不断实践的事情。

确实，在当时的互联网行业，在竞争比较胶着的时候，都喜欢用自己的数据或第三方的数据，来证明自己比对手强。同理，对手也会拿出对自己有利的数据，来证明自己领先。

在竞争激烈的时期，我见过比较夸张的事情，是一个团购网站花了很大的市场推广费用和消费者补贴，做了一个消费节，然后用当天的数据，来说明自己已经成为行业的领先者。

如果没有占据太领先的市场地位，其他竞争者肯定是不会服气的。

到了 2015 年，美团的领先地位已经比较稳固，王兴认为，这是数年如一日持续服务好消费者的结果，只要坚持往前走，坚持走得比对手更快，曾经的对手就会被美团远远地甩在身后。

在“千团大战”早期，领先的团购网站获得的市场份额，基本上都在 20% 以内，所以，各团购网站彼此是不服气的。但是，时间证明一切，美团用实实在在的业绩，每年坚持前进，成为胜利者。

王兴还强调了长期思维。他引用了比尔·盖茨的话，“人们总是倾向于高估两年能发生的变化，但是低估十年能发生的变化”，鼓励全体员工进行长期思维。

在展望未来的时候，我认为 2015 年会是我们一个新的起点，会是我们一个重要的里程碑。我们前面做了很多准备，今年是大决战的一年，我们今年需要在建平台、建生态的事情上面有初步的进展。

因为我们的目标并不是在今年，我们还有 2020 年的目标，还有其他更多的事情。过去五年已经发生了很多，未来五年可以发生更多。当回顾变化的时候，我相信比尔·盖茨的话，他说得非常对，“人们总是倾向于高估两年能发生的变化，但是低估十年能发生的变化”，十年如此，五年也是如此。

特别是在这个时代，两年看起来是很长的时间，而五年后回头看，我相信所有人都会同意发生的变化比大家想象的更多。过去五年如此，我相信未来五年更是如此。

在王兴看来，从五年、十年的角度来看，变化是非常大的，特别是互联网行业变化更明显。但是，这些变化在短周期内是看不出来的。

所以，只要方向正确，每天坚持前进，用“长期有耐心”的思维来做事，用较长周期的视角来审视，谁是鸵鸟，谁是火鸡，就比较明显了。

打造千亿美元的公司

2015 年 5 月，王兴在“美团管理论坛”与管理层交流时，提出要将美团打造成一家超过 1000 亿美元市值的公司。

这不是王兴第一次做出大胆预测。前面提到过，在 2013 年的美团年会上，王兴提出了 2015 年实现千亿元、2020 年实现万亿元交易额的总体目标。在 2015 年的年会上，王兴表示这一目标继续保持不变，甚至认为美团的发展比原先预计的还要乐观，并将当年 1000 亿元交易额的目标提升至 1300 亿元。

1000 亿元交易额、1000 亿美元市值这些目标可能过于远大，因此，外界会有一些不太认同的评论，认为王兴好高骛远，以自我为中心，有“人有多大胆，地有多大产”的嫌疑。后来，王兴在内部沟通会上提到过“think big”，解释制定大的目标并不是以自我为中心的想法。

战略的核心是敢想，就必须 think big。但大家一定不要认为 think big 是非常以自我为中心的想法，好像说“人有多大胆、地有多大产"，我不是这个意思。我觉得很重要的是 think big picture。大家仔细体会一下这两点的区别。大家不要狭义地认为，我们就是要定一个大目标，我们的关键是 think big picture，是去看到大格局是什么样的，自己在什么位置，扮演什么角色。

王兴的解读是很明确的，战略的核心是敢想，要想一个大的目标，但是，想一个大的目标，并不是以自我为中心，自己提一个远大的目标就算了。大目标一定是看大格局是怎么样的，自己在大格局中处在什么位置，扮演什么样的角色。弄清楚了这些，才能更清晰地去一步一步实现目标。

那么，要将美团打造成一家超过 1000 亿美元市值的公司，要看到哪些大格局？

在这次"美团管理论坛"上，王兴开场就分析了时代背景。

人类社会经历了无数变革发展到今天，仍在不断经受着各种新浪潮的激荡。新旧事物代谢如此之快，以至于需要非常敏锐的感知才能够判断何去何从。互联网从诞生到现在，其变化之快、影响之广已远超出当初人们的预想。现在，处在风口浪尖上的我们又迎来了互联网商业大革命这样一个新的挑战。

竞争激烈，变化莫测，机遇与挑战同在，正是互联网商业大革命时代的特质。它的到来预示着很多传统行业都会被卷入互联网商业中，与互联网商业产生越来越紧密的结合，最终进入混合稳定的状态。商业的往来不再局限于某一单一领域，越来越呈现出跨界、跨维度、跨行业、跨地域的趋势。

这为 O2O 行业带来了更加广阔的发展空间，是 O2O 行业发展的新契机。餐饮、酒店、电影等商业模式已经在互联网化的过程中发生了深刻的改变。在未来的 2~3 年里，以传统快递行业和传统线下商超零售产业为代表的很多行业都会与 O2O 进行剧烈的整合。在互联网商业大革命中，没有哪个行业能够置身事外。

在王兴看来，宏观上，美团迎来了互联网商业大革命这样一个新的挑战，商业跨界、跨维度、跨行业、跨地域的趋势，决定了美团未来会出现很多“无边界”业务。

那么，具体而言，美团在大格局中将处在什么位置，扮演什么样的角色呢？

这场正在发生的互联网商业大革命，对美团而言，可以说是“天时”一般的有利条件。我们从“百团”“千团”大战中一路过关斩将，即将面临的是一场更加全面、复杂、激烈的竞争。然而，我们有积累，也有准备。团购、电影、酒店和外卖事业都取得了令人瞩目的成绩。

我们已经有 O2O 行业最大的平台和最突出的优势，接下来要做的就是在已有的基础上，继续扩展交易人群，完善支付环节、履约服务。同时继续增加服务品类，在各个垂直领域有区分、有重点地精耕细作，使各领域相互拉动，达到整体大于部分之和的效果。

王兴认为，这场正在发生的互联网商业大革命，对美团而言，

可以说是“天时”一般的有利条件。在具备“天时”的基础上，美团的业务层面也有一定的优势。2015年上半年，美团交易额达到470亿元，超过2014年全年交易额，占据60%以上的市场份额。在全国团购交易额前100个城市中，美团网在96个城市中位列第一，其余4个城市暂列第二。

在用户和商家覆盖上，美团继续保持绝对领先。美团年度活跃买家数1.3亿，合作商户数160万，覆盖城市1100个以上。在移动端，美团的移动端交易额占比达到95%以上，比2014年年底提高了5个百分点。按流量计算，美团已经成为仅次于淘宝的第二大移动电商平台。

在交易平台的基础上，美团也积累了大量宝贵的用户评价。仅2015年第二季度就新增了7000多万条评论，覆盖美食、酒店、KTV等多个品类。美团的评价均为用户消费后的真实评价，并经过严格审核，因而具有更高的参考价值，不仅能为消费者提供高效快捷的消费决策参考信息，也有利于商家有针对性地改进服务质量。

因此，在业务层面，美团已经成为O2O行业最大的平台，占据领先优势。

接下来，应该怎么做，才能成为一家超过1000亿美元市值的公司？

王兴认为，接下来重点要做的就是在已有的基础上，继续扩展交易人群，完善支付环节、履约服务，同时继续增加服务品类，在各个垂直领域有区分、有重点地精耕细作，使各领域相互拉动，达到整体大于部分之和的效果。

在王兴提出“打造一家超过1000亿美元市值的公司”的时候，美团正处在快速扩张之中。美团在团购业务方面稳住了三、四线城市的领先优势之后，这一时期加快了对重点城市的投入，力争在北京、上海等重点城市实现反超。外卖业务更是这一时期最重点的投入方向，在校园业务基本稳定之后，又重点开拓白领市场，后来的事实证明，拿下了白领市场，并开展了配送服务，是美团后来获得成功的关键。酒店旅游、猫眼电影的精耕细作也在持续进行。业务的投入、发展与人才招聘的速度是一致的。我记得很清楚，也就是从这个阶段开始，美团一楼的面试区基本上就是满负荷运行了，在工作时间段，基本上看不到空闲的面试室。

2015年，美团的办公工位紧缺，公司招聘的速度非常考验行政部寻找办公地点的能力。一些部门临时调整到了望京SOHO，我所在的部门是2015年3月至9月在那里办公，酒店旅游业务的同事在那里办公的时间可能更长一些。夏天的某个中午，我在望京SOHO的电梯里，碰到了美团高级副总裁、酒旅事业群总裁陈亮。在内部，他被称为“亮哥”。

望京SOHO的中午，电梯里一般情况下是人比较多，但那次刚好就我和亮哥两个人，为避免尴尬，我开玩笑说：“兴哥提出的千亿美元市值，得靠亮哥了。”亮哥笑了笑说：“主要还是得看老王（王慧文），他的业务规模更大。”

王慧文也迎来了新的助手。应该是2015年4月某天中午，我和同事去摩托罗拉的餐厅吃饭，遇到了王来，他是美团最早的产品经理。王来给我们介绍了一个新同事王莆中（时任外卖配送高级产品总监，后来晋升为美团高级副总裁、到家事业群总裁）。莆中的亲和力很强，但没想到做业务那么稳准狠。2015 年下半年，在完成美团外卖换 LOGO 后，莆中还请我和外卖公关团队吃了一次饭。那次美团外卖换 LOGO，从一碗饭变成了一只萌萌的袋鼠，“美团外卖、送啥都快”这个口号，为越来越多的人所熟知。

当时的美团，既要着眼长期，也要兼顾短期，因为，O2O 领域太热闹了，互联网巨头们纷纷入场。

百度投入 200 亿元

2014 年 1 月，百度宣布全资收购原人人旗下的糯米网，并更名为百度糯米。当时的糯米网在团购市场份额占比 5% 左右，排在美团、大众点评、拉手网之后。4 月，百度外卖也上线运营。

如果复盘来看，百度对 O2O 领域的看好是没有问题的，后来美团的成功也说明了这一点。只是从时间窗口来看，进入得稍微有点晚。

不过，百度愿意投入巨额资金来做这件事情。

2015 年 7 月 1 日，百度董事长兼 CEO 李彦宏宣布，未来三年，百度将向糯米业务增加投入 200 亿元。

李彦宏表示，移动时代，百度正通过技术产品和生态布局实现索引真实世界，连接人和服务。而百度糯米作为连接本地生活服务的重要平台，近一年来取得了高速发展。O2O 现在并非是个新市场，但是当前的 O2O 是个没有技术含量的市场，百度糯米则不同。他们会利用百度搜索、外卖、大数据、深度学习等资源，把糯米做好。

李彦宏用开玩笑的语气说："昨晚看了一下百度账面的资金，还有 500 多亿元，因此决定投资 200 亿元给百度糯米，进一步扩展糯米用户，完善商户生态建设，全面提升用户体验，使糯米业务在短期内实现突破性增长。"

那段时间的百度，确实在 O2O 领域的动作很大。

百度糯米推出"会员 +"战略，以构建商家、平台和用户的生态体系。

在炙手可热的出行领域，百度投资了优步。2015 年 5 月，百度地图的更新版本中开放优步提供支持的叫车功能，随后，百度钱包也接入了优步，由此百度将自己的资源和优步进行了整合对接。不仅如此，百度还切入了拼车的细分领域，投资了 51 用车和天天用车，通过百度地图实现直接叫顺风车。

在高频的外卖领域，百度也高歌猛进，从百度地图、百度外卖、手机百度到直达号，几乎所有的百度系应用都提供了外卖服务的入口。2015 年，也是百度外卖形势最好的一年。美团与饿了么在兼顾校园市场与白领市场，但百度外卖只做白领市场。作为后入场者，百度外卖在白领市场的市场份额并不输给美团与饿了么，而且，志在打造同城物流的百度外卖，在配送速度上很有优势，2015 年，百度外卖在北京地区每一单的平均配送时长已低至 30 分钟左右。

此外，百度还投资 2 亿元入股星美影城，百度地图、百度移动支付、在线众筹等百度产品都将与星美影城对接。

百度的 O2O 战略很清晰，就是通过"自营 + 生态共赢"的方式连接线下服务业，打通生活服务、外卖、电影等高频 O2O 服务应用，然后将自己旗下的资源进行无缝整合，并通过百度地图、手机百度、百度手机助手三大入口形成流量供应，以百度钱包形成移动支付场景，从而形成完整的O2O生态布局。

不过，一年多以后，百度终止了对O2O的投入。2017年1月17日，前微软集团全球执行副总裁陆奇正式入职百度，担任百度集团总裁兼首席运营官，百度重新梳理了战略，调整方向为人工智能和自动驾驶等领域，这是后话。

当时，百度对O2O的重金投入，还是产生了一定的行业影响力。特别是在李彦宏宣布向糯米业务增加投入200亿元之后，百度糯米加大了补贴力度，取得了一定的业绩。

在百度糯米的冲击下，美团却并没有受到太大的影响。因为，本地生活服务业的线上化壁垒很强，这是个要在全国各地建立线下能力的产业。美团销售副总裁杨俊曾经有过一个比喻，如果美团在一个城市站住了脚跟，那么，对手至少要投入5倍以上的资源，才可能在这个城市站住脚。

百度糯米的冲击，来得也快，去得也快。百度在7月份宣布将重金投入糯米，而到了10月份糯米基本就不再是重点了。具体的原因，我们会在后文揭晓答案。

当百度糯米宣布投入200亿元时，是希望2015年能够“坐二望一”。当时团购主要是三家在竞争，美团占据60%左右的市场份额，大众点评占20%多，百度糯米占百分之十几。百度糯米是希望在2015年先追上大众点评，坐上第二名的位置，然后再追上美团。接下来，我们看看大众点评的情况。

大众点评的策略

2015 年 4 月，大众点评获得 8.5 亿美元投资，估值达到了 40.5 亿美元。在此之前的 2015 年 1 月，美团刚完成了 7 亿美元投资，估值 70 亿美元。

2015 年，美团的目标是 1300 亿元交易额，大众点评的目标是 700 亿元交易额。

有点“决战之年”的气氛了。

大众点评成立的时间比较早，2003 年 4 月成立于上海，是全球最早建立的独立第三方消费点评网站。

不过，大众点评做团购，也就是从信息层面切入交易层面，时间有点晚。2011 年上半年，“千团大战”已经打响了，大众点评才开始做团购，而且，开通的城市只有二三十个，基本上都在大城市。

在“千团大战”时期，大众点评也比较克制，没有在行业造出太大的声势。但是，在一次内部交流会上，有员工问王兴一个问题，美团将来的竞争对手是谁。王兴回答，大众点评将会是一个值得尊敬的竞争对手。

大众点评真正开始发力，是在 2014 年。这一年 2 月 19 日，腾讯投资大众点评，占股 20%，大众点评的商户信息、消费点评、团购、餐厅在线预订等本地生活服务，将与 QQ、微信等腾讯产品合作。

大众点评有两个方向：一是从信息服务平台到 O2O 交易平台的商业模式升级；二是从一、二线城市向三、四线城市渗透。有了腾讯的支持，大众点评可以增加用户量，腾讯纵深的用户层级可以给大众点评在三、四线城市的增长带来帮助。

线上的这一部分，腾讯的支持可能会体现出效果。线下的部分，大众点评 CEO 张涛找到了阿里巴巴前副总裁吕广渝出任大众点评 COO，负责大众点评交易平台业务及公司整体销售运营体系建设。张涛表示：“吕广渝对本地生活领域有着深刻的理解和经验，相信他的加盟能够帮助大众点评更好地服务平台用户以及线下商户，提升团队战斗力。”

这并不是吕广渝第一次与本地生活领域产生交集。在“千团大战”时期，吕广渝于 2011 年加入了窝窝团，担任 COO。不过窝窝团冲击上市失败后，管理人员陆续离开，吕广渝短暂任职窝窝团之后，加入安居客担任 COO，后来还创办亲子教育 O2O 平台“孩子学”。在吕广渝加盟的同时，大众点评全资收购了他创立的“孩子学”，可见大众点评对他的看重与厚望。

吕广渝与干嘉伟在进入本地生活领域之前，有着相似的经历，两人都是从阿里销售一线成长起来的高管。

在吕广渝担任大众点评 COO 之后，增强平台的交易性成为最重点。

当时，大众点评有超过十年的历史沉淀，已经积累了超过 6000 万条点评，月活跃用户数超过 1.9 亿。在张涛看来，淘宝广告做得好的原因就是因为有交易，交易最关键的是能够实现闭环。交易中获得的海量数据，让广告效果可以测量，之后可以利用大数据做精准分析和推送。

2015 年，大众点评提出了当年实现 700 亿元交易额的目标，在加强交易平台建设的基础上，力争在2017年成为全球第一大O2O交易平台。

阿里巴巴重启O2O

看中O2O领域的，还有阿里巴巴。

作为美团的投资者，阿里巴巴也一直很重视O2O领域。

2015年上半年，阿里巴巴“复活”了口碑网，并发布新版支付宝版本9.0（第一条特色就是“新增商家服务，买单打折尽享优惠”），希望在本地生活O2O上获得一席之地。

阿里巴巴宣布和蚂蚁金服共同投资60亿元，成立本地生活服务平台口碑网，专注该业务的转型与升级。在新公司中，双方各占50%股权，且后续还将进一步追加投资金额。而新的口碑网，注入了阿里系餐饮O2O平台淘点点以及蚂蚁金服的线下资源和团队。

新推出的支付宝9.0版本增加了“朋友”和“商家”两大一级入口，强化了社交功能，成为O2O生活服务平台和支付平台的目标就很明显了。新支付宝中的“朋友”很像微信，支持分享和沟通的真实生活场景。“商家”则包括美食、电影、酒店等品类，由口碑平台进行运营，希望实现口碑平台和支付宝的资源整合，最终化为胜势。

这已经是阿里巴巴在生活服务O2O上的第三次发力。

第一次是在O2O风口未起时投资了口碑网。口碑网成立于2004年，是一家为用户提供本地生活服务信息与评论的网站，由阿里巴巴第46号员工李治国创办。2006年，阿里巴巴投资口碑网，并与雅虎进行了整合。但是，口碑网没能坚持下去，倒是大众点评一直坚持在做本地生活服务信息与评论，并做出了成绩。

第二次是在2013年12月，阿里巴巴成立餐饮O2O平台淘点点。淘点点定位“移动餐饮服务平台”，希望将餐饮行业做成“淘宝+天猫”的模式，即每个菜品都是一个SKU（库存量单位），一些热销的菜品相当于淘宝中的热销款，将餐饮服务变成商品，让买卖双方直接交易。

淘点点主要提供外卖和点菜两大功能，通过外卖送货上门和到店消费来实现。2014年1月9日，阿里巴巴还与高德地图合作，将淘点点与高德地图对接，旨在进一步打通阿里巴巴的本地生活业务与高德地图之间的数据资源。这是阿里巴巴投资高德以来，旗下产品首次与高德地图进行整合。

不过，整体来说，淘点点的业务进展不是很顺利，在2014年开展过几次高额补贴之后，效果并不明显，业务也慢慢收紧，最终退出市场。

对于像阿里巴巴这样的互联网巨头而言，如果一件事情的重要性足够高，能提供的线上流量是不会缺少的，而且还是宝贵的交易流量。但是，如果线下的服务能力跟不上的话，很可能根本没有办法接住这些流量，反而会因为用户量过大，导致服务更加恶化，形成不良口碑，这对于平台的发展是十分不利的。毕竟O2O不是单纯做好互联网部分就可以，线下的服务能力也决定了企业能否长期生存。

第三次，阿里巴巴和蚂蚁金服投入巨资要“复活”口碑网，结合阿里巴巴的流量资源以及支付宝的支付优势，再补齐短板，争取成为 O2O 领域的赢家。

重金“复活”口碑网，体现了阿里巴巴做 O2O 的决心。此外，为了增强线下能力，阿里巴巴也进行了其他一些投资。

美团在这个时候，体现的更多是耐心，为了深度连接线下产业，美团进行了非常大的全面组织架构升级。

不再单纯是团购了

2015 年 7 月，美团完成对旗下主体业务的全面组织架构升级。此前，美团内部也进行过一些组织架构调整，但这一次组织架构调整的意义非凡。团购业务一直是美团的主要业务，其他的都算探索性的创新业务。此次调整，团购业务成为独立的到店事业群，与外卖配送事业群、酒店旅游事业群以及猫眼公司是并列关系。

这既标志着美团的几个创新业务已经逐步走向成熟，也标志着美团成为综合性的 O2O 平台。

7 月 1 日，美团发布内部公告，宣布设立外卖配送事业群和酒店旅游事业群。王兴在内部邮件中写道：“为了给消费者和商户提供更多、更好的服务，为了让每一位同事在美团这个激动人心的事业中有更好的成长空间，我们的组织建设也需要自我升级，持续创新。公司决定从 7 月 1 日起调整部分部门的组织结构。”

整合之后的整体框架是：设立外卖配送事业群，负责外卖平台和配送平台的建设，进一步完善外卖服务体系，更好地服务消费者和商户。晋升副总裁王慧文为公司高级副总裁兼外卖配送事业群总裁。

设立酒店旅游事业群，负责出行度假平台的建设，与产业上下游广泛合作，更好地满足消费者出行、度假等场景的消费需求。晋升副总裁陈亮为公司高级副总裁兼酒店旅游事业群总裁。

同时，晋升联合创始人及副总裁穆荣均为公司高级副总裁兼首席人力官，负责公司整体人才战略和组织文化，领导人力资源、行政、IT、采购、法务、政府事务等职能部门。

在上述组织架构调整的基础上，7 月 27 日，美团继续完善到店消费和猫眼电影业务板块的组织结构。王兴在内部邮件中写道："今年 7 月 1 日公司设立了外卖配送和酒店旅游两大事业群，增强了到家和出行消费场景的服务能力建设。为了进一步适应用户和商户需求的快速变化，在上一次调整的基础上，我们继续完善到店消费和猫眼电影业务板块的组织结构。"

设立到店事业群，聚焦于更好地满足消费者在餐饮等各领域的到店消费需求，更好地帮助本地商户提升营销及经营管理能力，同时将加强平台及生态建设，更开放地与行业伙伴合作共赢。公司 COO 干嘉伟兼任到店事业群总裁，公司高级副总裁陈亮兼任到店事业群 CTO（首席技术官）。

设立全资子公司猫眼文化传媒有限公司（简称猫眼公司），增强电影综合服务平台的建设与发展，和电影文化产业上下游合作伙伴共建生态，为消费者及所有合作伙伴提供更好的电影票务和文化内容的产品与服务。公司高级副总裁沈丽任猫眼公司 CEO。

通过到店事业群、外卖配送事业群、酒店旅游事业群以及猫眼公司的设立，美团进一步完善了本地生活综合服务平台的组织建设，也为未来各品类的探索提供了组织保障。

这一次的组织架构升级，在美团历史上是有标志性意义的事件。

王兴在2015年的年会上，对几个新业务的整体评价是："在很多细分品类上面，我们也在逐步开花结果，美团要成为大家吃喝玩乐的好帮手。"

在2015年上半年结束时，美团也对外晒了各场景、各品类的成绩单。

7月13日，美团在总部召开了媒体沟通会，王兴介绍2015年上半年的整体业绩，各个高管分别介绍了各自业务业绩。

整体业绩方面，2015年上半年交易额470亿元，超过2014年全年的交易额460亿元。美团团购市场份额占比超62%，移动端交易占比95%，年度活跃买家数1.3亿，用户评价数5亿条，2015年第二季度新增0.7亿条评价。团购覆盖城市数超1100个。

猫眼电影方面，美团高级副总裁沈丽介绍，猫眼电影选座已经成为主流业务模式，占比76%；猫眼电影已经成为用户观影决策的首选平台。2015年上半年新增评价条数为4000万条。最近一年参与出品和发行的电影票房超过40亿元。目前，猫眼票房分析已成为最主要的行业数据查询平台。

酒店旅游方面，美团酒店旅游事业群总裁陈亮介绍，美团酒店旅游事业群整体交易71亿元，其中酒店业务交易额53亿元，度假业务18亿元。消费者通过美团消费的酒店间夜量3356万，美团已成为中国第二大酒店在线交易平台。在这个业务领域，消费者通过手机交易占比96.6%，消费者从购买到消费的时间为30分钟；美团酒店商户覆盖率超过 95%，成为地域覆盖最广的酒店在线交易平台。通过美团买度假产品的人数超过 1000 万，主要满足消费者假日休闲场景中的周边游需求。

外卖配送方面，美团外卖配送事业群总裁王慧文介绍，2015 年上半年美团外卖交易额达 42.5 亿元，达到 2014 年的 2 倍以上（2014 年为 17.2 亿元），6 月单月交易额达到 12.44 亿元，累计用户数 1998 万，合作商家超过 22 万。2014 年，美团外卖主要是在校园开展业务，2015 年则重点开拓白领市场，这一领域目前的日订单量达到 61 万。2015 年第二季度，美团外卖配送覆盖城市 140 个，有 380 个订单配送站。

除了各业务介绍，美团还提及了投资策略。美团战略与投资副总裁陈少晖介绍说，美团开放合作和投资，主要关注用户端以及商户端方面。

战略投资的起步

陈少晖毕业于北京大学经济学院，后来又去哈佛大学商学院读了 MBA。他是在 2014 年 11 月入职美团的，在加入美团之前，曾任腾讯产业共赢基金执行董事，拥有超过 10 年的金融投资和战略管理经验，投资经验包括电子商务、社交、游戏与创新型服务业。

陈少晖入职时，美团在战略投资方面还是一片空白。

在 2015 年的年会上，王兴表示，这一年是美团重点“建平台、建生态”的一年，因为美团需要越来越多的产品服务去满足用户的需求，去满足商户的需求，而且不同的产品、不同的业务需要平台。美团还需要跟外部各种各样的合作伙伴有各种各样的合作方式。所以，今年不管是内部的发展还是外部的发展都需要我们有建平台、建生态的意识。

陈少晖入职后，美团在战略投资方面开始有些动作。

2015 年 8 月，美团整体收购酷讯，与自身的酒店、旅游业务相结合，形成更强的竞争优势。这个消息正式发布前，我与战略投资部的同事沟通了很久，因为当时竞争对手在各种渠道散布“美团烧钱过度，资金链断裂”的黑稿，美团收购酷讯这条信息刚好可以证明当时美团的资金状况良好。

2015 年 9 月，美团投资了位于上海的校园 O2O 服务平台“宅米”B 轮融资。当时投资宅米是为布局外卖生态。如果说收购酷讯属于补充自身的业务，那么对宅米的投资，算是美团真正开始对外投资。

2015 年 9 月，美团投资了餐厅食材 B2B 电商美菜网 C 轮。外界有一些说法，美团投资美菜是为了学习食材 B2B 经验。但当时美团与大众点评还没有合并，资金量并不足以支撑再开拓一个食材 B2B 业务，所以美团投资美菜网的出发点是投资，而不是准备自己做。毕竟，当时的团购和外卖都还处于亏损阶段。

陈少晖入职后，美团在较短的时间里做了一些投资方面的探索，但真正在投资上开始发力，要到与大众点评合并之后了。

带血的 O2O

2014—2015 年，行业格局未定，这是远比当年的“千团大战”

更为错综复杂的局势，处处都体现着“决战时刻”的气氛。

美团的团购与外卖两个线下团队庞大的业务，不可避免会与竞争对手有线下交集。美团与竞争对手在线下的纠纷也越来越多。

这段时间的外卖行业被媒体形容为“带血的O2O”。

2014年9月，一段关于饿了么联合创始人康嘉的视频在网上广为流传。在视频中，康嘉在做内部培训，谈到与美团的线下冲突场景时称：“鼓励大家随意一点。你要是把人打了，包你没事儿。但要是被人打了的话，你知道的。”

虽然康嘉在说这段话时用了开玩笑的语气，但是当时的线下冲突确实很多。

2014年6月7日，饿了么员工在西安殴打美团外卖员工马停尚，经过警方的调解，饿了么员工徐梦乔赔偿美团外卖员工马停尚1000元；9月21日，饿了么员工在西南大学殴打美团外卖员工方强、肖稀歌，导致两人受伤；9月25日，美团外卖员工董小平正在大学校区里发放传单，被两名饿了么员工用木棍殴打，导致董小平头部受伤，有两处6厘米长的伤口。

外界猜测“一个巴掌拍不响”，而且，饿了么也对外提供了一些饿了么员工被美团员工殴打的材料。

实际上，美团一直在认真做业务，一直明文规定不能主动与竞争对手动手斗殴。

为什么那段时间的线下纠纷那么多？大部分地推人员都在相同的商圈、校区发传单拓展业务，而且相对来说，地推人员的来源比较复杂，有些公司为了追求规模，相应的员工培训工作几乎没有开展，核心目标只有追求利益。

2014年9月25日，王慧文神色严峻地来找我，说遇到了一件非常麻烦的事情。

美团外卖进入外卖市场的时间本来就比饿了么晚了几年，在大部分城市的业务都处于落后状态。当时，重庆的业务开展得算是比较优秀的，在市场份额上处于领先，这非常不容易。但是，饿了么的员工多次在线下进行阻挠，发生了几起打架事件。9月25日这天，一名重庆分公司的员工被两名饿了么员工手持木棍殴打，导致头部受伤。

王慧文对我说，要马上去重庆看看，首先是让当地的同事们感受到总部的关怀与支持，另外，一定要想办法解决这个问题。不然，员工的安全得不到保障，业务就没法开展。

我9月26日到达重庆，和法务部的同事温悦一起，和重庆分公司的同事们开会协商处理意见。我们一方面与公安机关进行沟通，一定要让这件事得到公正的处理；另一方面，我们根据多起案例，也制定了一个与竞争对手线下出现纠纷时的注意事项，避免自己受伤。

最终，这起事件处理得比较好，饿了么涉事员工被警方行政拘留，饿了么西南区域的负责人承诺不再发生线下冲突。处理完重庆的这起纠纷之后，美团外卖与竞争对手线下出现纠纷的注意事项由各区域负责人落实各层宣导与培训。饿了么的线下团队此后也加强了管理。2014年的最后几个月，外卖线下团队的打架斗殴事件基本消失。

当外卖的线下冲突基本停止时，团购业务的线下纠纷开始多了起来。从2014年下半年到2015年上半年，美团与大众点评在线下也发生了几起冲突，主要发生在几个三、四线城市。

由于在处理外卖业务的线下纠纷时，我们积累了一些经验，并形成了流程规范，所以，当团购业务再出现线下纠纷时，应对起来压力相对小了很多。随着美团与大众点评的合并，各种线下冲突基本停止了。

2015年确实是“决战之年”，在线下冲突持续发生的时期，竞争对手针对“美团融资失败”的舆论攻击也非常猛烈。虽然经历过“千团大战”，但是，当时竞争对手针对“美团融资失败”的舆论攻击力度是空前的。

对于这件事，王兴也拿出了态度：没事不惹事，有事不怕事。

不惹事、不怕事

前文提过，2015年是美团历史上遭受黑稿攻击最猛烈的时期，特别是7—10月，针对“美团融资失败”的稿件特别多。刚开始是一些各种来历不明的小网站和自媒体发出的稿件，之后一些正规媒体慢慢也开始跟进这个话题。

黑稿多到什么程度？在最疯狂的时候，公共关系部整理出的黑稿（主要是小型网站和自媒体），一天就有1000多个链接。

这些针对“美团融资失败”的稿件，基本上都是造谣者以网络社区匿名发布的帖子为基础，编造“美团融资失败”等谣言，然后再开展各个维度的分析，最终指出“美团没有前途”。

比如，有些黑稿造谣投资人对美团失去信心：最新消息显示，美团8月在华尔街进行了一场规模盛大的路演，以此来解决资金吃紧这个迫在眉睫的问题。然而，美团重业绩轻生态的发展模式已慢慢暴露出缺陷，建立不起未来可见的盈利模式，投资人已经对美团失去信心，美团最终无功而返。

有些黑稿指责美团数据造假：美团的几大业务群在亏损逐步扩大之时，为了获得一份漂亮的数据报表，刷单已经蔚然成风。从“千团大战”脱颖而出，美团此前一直被奉为深耕产品和服务的互联网企业典范，然而，进入 2014 年，美团开始转变其精耕细作的战略，在各领域高举高打，烧钱堆砌数据，甚至不惜使用破坏市场秩序的手段，刷单等丑闻层出不穷，有的还是高层授意而为。

有些黑稿分析美团斗不过竞争对手：目前，百度大举向生活服务 O2O 进军，李彦宏宣布未来向百度糯米投入 200 亿元，针对美团网的意图十分明显。而与美团网有股权关系的阿里巴巴在 2013 年 11 月上线淘点点发力外卖 O2O 后，近期又把淘点点整合到蚂蚁金服，并上线新口碑网。在细分领域，猫眼电影、美团酒店、美团外卖的竞争对手们也都在用价格战的方式与美团网正面贴身肉搏。微影与格瓦拉、携程与艺龙、饿了么与到家美食会等 O2O 玩家正在竭尽全力，阻挡美团网在这些细分领域一家独大。前有狼、后有虎，资金近乎耗尽的美团，能否再融到资金，融到资金又能再烧多久，值得投资者深思。

为了阻挠美团融资，有些稿件攻击的矛头甚至指向了投资机构。有篇稿件直接把投资美团定性为“即将在高位接盘该公司”，并举了拉手网获得高额融资但最后上市失败的例子。

9 月 15 日上午，我接到通知去开一个重要的会议，参加会议的有美团的两位联合创始人王兴、穆荣均，战略投资副总裁陈少晖和公共关系副总裁吴茂林。当时的气氛非常凝重，主要是竞争对手的操作太过无底线，美团决定采取法律手段。

当天中午，北京华泰律师事务所的三名律师到达公司，我和法务部的负责人宋哲一起接待，并沟通了对外声明的相关事宜。

下午，美团与北京华泰律师事务所联合发布声明，指出最近受到了持续、大规模的谣言攻击。造谣者以网络社区匿名发帖为基础，编造“美团融资失败”等谣言，给美团造成了恶劣的社会影响。声明表示，美团已经查清造谣者身份信息，同时掌握涉案相关证据，将立即启动民事诉讼，并向公安机关报案追究造谣者的刑事责任。

声明全文如下：

近期，网络上出现大量关于美团网“融资失败”的谣言。对此，北京市华泰律师事务所作为北京三快科技有限公司（“美团网”ICP 持有者）的常年法律顾问，指派刘中校律师、张禹律师，与北京三快科技有限公司严正声明：

一、造谣者伪装成投行人士在某知名网络社区匿名发帖，捏造“美团融资失败”等谣言，并以此为基础，通过多重媒体渠道进行传播。在该网站以“不符合法律”为由删除了上述匿名言论之后，造谣者仍然以此为基础持续、大规模传播谣言，进而发布《融资窗口关闭　全球团购网站生存成谜》《国有资金洗钱式接盘　“股奸”疑似蔓延互联网投资》等文章进一步抹黑中伤。上述文章纯属凭空捏造。

二、造谣者通过自媒体、论坛、微博、博客等多种渠道对美团网进行恶意攻击的行为已经给美团网造成了恶劣的社会影响。对此，美团网已经查清造谣者身份信息，同时掌握了涉案相关证据，将立即启动民事诉讼，并向公安机关报案追究造谣者的刑事责任。

声明发出后，起到了立竿见影的效果。王兴在社交媒体上也发布了声明的截图，并且拿出了态度：没事不惹事，有事不怕事。之后，针对美团的黑稿就越来越少了。

半个月之后的国庆假期，我哪里都没去，一直在家里关注近期的舆情走势。10月7日上午，我收到通知，中午两点开会，主要是美团和大众点评即将宣布合并，要做一些准备工作。当时，美团方面的总对接人是王慧文，那天的准备工作会议，是他主持召开的。

美团与大众点评的合并

2015年是中国互联网的“合并之年”，滴滴和快的、58同城和赶集都是这一年合并的。为什么2015年会出现这么多合并？

在开会时，我问过王慧文这个问题。他的回答是，如果不合并，错失的可能并不仅仅是当时的机会，还包括以后的机会。在高速增长的新市场，资金不是最稀缺的，组织力也不是最稀缺的，最稀缺的是时间，错过了就不会再来了。

实事求是地说，当时王慧文的这个回答，我听得不是太懂，不过通过后来几年的发展态势，我倒是看懂了。美团与大众点评合并之后，消费者到店消费这个场景的需求得到基本解决，接下来应该集中精力发展外卖、交通等新型业务。这些新业务的订单量远远超过了到店消费场景。

2015 年 10 月 8 日，美团点评成立。美团和大众点评联合发布声明，正式宣布达成战略合作，双方共同成立一家新公司——美团点评。新公司将实施联席 CEO 制度，美团 CEO 王兴和大众点评 CEO 张涛将同时担任联席 CEO 和联席董事长，重大决策将在联席 CEO 和董事会层面完成。两家公司在人员架构上保持不变，并将保留各自的品牌和业务独立运营，包括高频到店业务，同时将加强优势互补和战略协同，推动行业升级。本次交易得到双方股东的大力支持，华兴资本担任本次交易双方的独家财务顾问。

王兴在内部邮件中说，从相杀到相爱转变只需一个长假，从爱情到婚姻事业必须长期经营。O2O 仍然刚刚开始。公司需要保持谦卑心态，为消费者和商家提供越来越好的服务。

张涛在公司内部邮件中则表示，与美团的合作带来了全新的大格局，让我们可以投入更多的精力和资源，去创新产品、深化服务、加速新业务布局。

在合并一个月后，美团点评正式宣布新公司组织架构及人事安排。新公司 CEO 由美团网 CEO 王兴担任，负责管理和运营，大众点评 CEO 张涛则担任新公司董事长，未来主攻新公司的战略制定、组织文化和人才发展等，这意味着新公司成立之初实施的联席 CEO 制度就此废止。

红杉资本中国基金创始人沈南鹏后来回忆：

战略合作之后的一个月里实行的是联席 CEO 制，对于刚刚战略合作的两个巨头，这一特殊制度显然是合适的安排。但不久后，张涛就做出了一个非常了不起的决定：让王兴独自操盘。这是一个艰难的抉择，但张涛和红杉一样，把这么重大的责任托付给王兴。未来有人写到中国互联网的这一章时，一定会被张涛和他的抉择折服。

在战略合作初期，面临着管理整合、人事调配、发展策略等诸多问题和挑战。那几个月里董事会几乎一周一开，会议都长达五六个小时，董事们和管理层共同度过了一段难忘的“特殊期”。

除了对联席CEO和联席董事长机制的调整，新公司还对业务结构进行了重新布局。

王兴在内部邮件对公司组织架构进行了详解，新公司将设立平台事业群、到店餐饮事业群、到店综合事业群、外卖配送事业群、酒店旅游事业群、猫眼电影全资子公司、广告平台部等业务板块，以上各平台事业群负责人分别是大众点评总裁郑志昊、美团COO兼到店事业群总裁干嘉伟、大众点评COO吕广渝、美团高级副总裁兼外卖配送事业群总裁王慧文、美团高级副总裁兼酒店旅游事业群总裁陈亮、猫眼公司CEO沈丽、大众点评副总裁陈烨。

此外，公司还设立客服平台部、技术工程及基础数据平台、战略及企业发展平台、财务平台、人力资源及服务保障平台等支撑板块，分别由陈亮、大众点评CTO罗道锋、美团战略投资副总裁陈少晖、大众点评公司董事兼CEO高级顾问叶树蕻、大众点评首席战略官兼高级副总裁姜跃平和美团联合创始人及高级副总裁兼首席人力官穆荣均负责。

美团和大众点评合并后，只花了一个月的时间就完成了整合，组织架构和相应的负责人都非常清晰，业务板块的划分也非常合理。

这样的整合速度非常罕见。参照以往的互联网大型并购案：合并从公布消息到对外公布构架，优酷、土豆用了近6个月时间；58同城和赶集网合并，则用了4个月，而在宣布合并之前，因大量构架和股权争议，两家花费一年多的时间进行谈判磨合；滴滴、快的在2015年2月14日宣布合并，到了4月28日，柳青在接受采访时表示，还没有确定是否会撤掉一些业务重合部门，其他业务部门仍在对接之中。

相比之下，美团和大众点评的合并显得非常高效，这也表明美团和大众点评在股权分配、组织构架调整、管理团队、公司前景、发展战略等多方面并无太多分歧，这也为新公司今后的发展奠定了良好的基础。

Chapter

07

无边界战争

2016 年 1 月，美团与大众点评召开了合并后的首次战略沟通会。在战略沟通会上，王兴首先肯定了美团与大众点评的顺利融合，并取得了很好的业绩，从年度活跃买家来看，美团已经成为国内第二大电商平台，交易额超过 1700 亿元。

在战略沟通会上，王兴强调，要回到“以客户为中心”的价值观上面来，“判断我们的服务是否足够好的标准是，我们是否愿意、放心地把它推荐给我们的家人”。王兴提出的这个标准，也是基于长期的思考。如果美团希望成为一个长远有价值、令人尊敬、员工也乐于在此工作的公司，必须解决好这个问题。

2016 年，行业的竞争格局也发生了一些变化。饿了么完成了一轮 12.5 亿美元的融资，阿里巴巴成为饿了么的第一大股东。携程与百度达成一项股权置换交易，去哪儿由携程控股，百度开始淡出 O2O 大战。

美团外卖品牌升级

在美团与大众点评整合基本完成的时候，美团外卖也进行了品牌升级。当时我在负责美团外卖的品牌传播，这次品牌升级是美团外卖的标志性事件。

品牌升级首先是美团外卖的品类扩张，从“送餐很快”扩展到“送啥都快”。更多的品类承载了消费者的更多需求。

如果把时间线往后延伸，可以发现，美团外卖的这次品牌升级，实际上影响到了美团整体的品牌升级。

2015 年 11 月 11 日，美团外卖的官方微博发了一张海报，表示要迎来一位新伙伴。这张海报引起了很多猜测，最劲爆的传说是美团外卖要和饿了么合并。其实，美团外卖只是迎来了一只袋鼠。

之前，美团外卖的 LOGO 是一碗饭，因为消费者点外卖的基础需求是餐饮，但是，随着消费者需求的增多，在美团外卖上面点水果、甜点饮品、鲜花、药品的消费者也越来越多，一碗饭已经承载不了美团外卖的全部功能。

11 月 18 日，美团外卖正式宣布，即日起美团外卖将进行全面品牌升级。全新的产品形象方案已经在最新版的产品端展现，美团外卖的主题也更新为“美团外卖，送啥都快！”。

袋鼠“袋子大、囊括物品多、跑得快”的特点，与美团外卖品类丰富、配送速度快的定位一致，能够为消费者提供全面的选择、优质的体验。

进行品牌升级之后，美团外卖原来的橙色改为黄色，大街小巷美团外卖骑手的制服颜色也改成了这个色调。

2019 年 6 月 15 日，美团宣布，标准色由原来的蓝绿色改为黄色，与美团外卖实现了统一。也就是说，2015 年美团外卖的这次品牌升级，影响的既是当下，也是长远。

写到这里时，我的脑海里又回想起了当年和外卖的业务团队讨论品牌升级方案时的情景，也很庆幸当年确定的“美团外卖，送啥都快！”这个口号，被穿梭在全国各地的数百万外卖小哥实现了，每年让数亿消费者的生活变得更加便利。

在美团外卖品牌升级之时，王慧文也感叹美团外卖的创业期非常不容易，“两年来，我们是从零开始把这件事情做出来了。产品最开始上线的时候，我们很多产品经理，包括我，都经常去送外卖，去体验产品、收集意见，这样才能知道消费者在订餐过程中真正的需求是什么样的，才能从当时每天个位数的订单量，发展到现在我们的日订单量几百万单。做事的态度很重要，你在一件事上花了多少时间、多少精力，决定了能不能做成它。”

在王慧文看来，做事的态度很重要，消费者在订餐过程中真正的需求是什么，这是需要充分挖掘的，也需要投入很多时间的。

判断服务好坏的标准

在 1 月份的这次战略沟通会上，王兴强调，美团的服务要回到“以客户为中心”的价值观上来。

美团提供的服务，能不能让员工很放心地推荐给家人？王兴提出的这个标准，也是基于长期的思考。

融合之后，我们的业务覆盖了全国1200多个城市，2015年全年服务超过2亿人。从年度活跃买家来看，我们已经是国内第二大的电商平台。在过去的一年里，美团点评共创造了超过1700亿元的交易额。我们背后有300万合作商户，他们真正为这两亿人提供了服务。而这300万商户又是通过我们分布在全国各地的同事去连接的。最终我们形成这样一个服务体系：通过“互联网+”的方式连接300万商户，为2亿消费者提供更好的服务。

过去一年里，到店餐饮、外卖、电影、酒店、旅游等业务都取得了比较好的成绩。KTV、亲子、家装等其他领域也都有不错的尝试。现在我们已经完成了超过33亿美元的新一轮融资。这些融资来自顶级的投资者，有国内最好的战略投资人腾讯，也有国际上最大牌的投资人DST。这一笔融资是一份沉甸甸的信任。在这样一个大环境下，投资人选择把这些钱交给我们，是看好我们这个公司，看好我们这个行业，看好我们这个团队。好的团队基础、业务基础，加上非常必要的资金储备，这为我们接下来的业务开展提供了很好的条件。

在展望未来的时候，我们最应该考虑的还是要回到根本，回到以客户为中心，回到消费者第一、商户第二的原则上来。

我认为最简单的判断标准就是：你觉得某个服务够好吗？你觉得你可以把它推荐给你的家人和朋友吗？如果我们期望真正做好这件事情，成为一个长远有价值、令人尊敬、大家也乐于在此工作的公司，我们必须解决好这个问题，回答好这个问题，确保我们提供的服务，自己是自豪的，我们是有信心推荐给家人、朋友使用的。各行各业如此，对我们这个行业尤其如此。因为我们提供的不再是一个简单的信息服务，而是实际涉及他们生活方方面面的服务，所以这个问题的答案就尤其重要。

王兴认为，纯互联网创业的黄金时代已经过去，“互联网+”这个更大的机会正在到来。互联网依然会对人们的生活产生广泛剧烈的影响，但它提供的将是“互联网+各个行业”的服务模式。对我们而言，就是“互联网+吃喝玩乐”。美团想要在这一领域做出成绩，就要少谈一点儿颠覆，多谈一点儿创新。如果要谈颠覆的话，最需要担心的是“我们自己会不会被一个更新的模式颠覆”。

美团要为服务业创造价值，就需要保持核心业务的稳固地位，推动核心产品升级，用新技术、新模式结合各个产业的上下游，为客户提供更为优质的服务。

当时，美团已经在餐饮外卖、酒店旅游、电影选座等领域做了一些深度连接，但整体来看，团购还是美团的主要业务。虽然团购经历了几年的蓬勃发展，但产品形态并没有发生太大的变化。所以，如何将产业做得更深，让消费者、商家有更紧密的联系，这是需要解决的问题。

我们应该多谈一点创新，创新的最终目标是创造价值，降低行业运作成本，提高行业运作效率，提升用户体验。我们需要通过创新，用新技术、新模式去跟各个产业的上下游结合，帮助他们或者和他们一起来降低运作成本，提升运作效率，改进整体的用户体验。只有做到这一点，我们提供的服务才是有价值的，才是真正可持续的。

2016年，我们要有拥抱变化的态度，真正看清我们现在所处的行业环境以及面对的机遇和挑战，积极主动地去拥抱和驱动这个变化。我们要多谈一点合作：一方面我们要让自己的平台更加稳固，能够拿出来更多开放的、值得合作的东西；另一方面要开始构建开放合作的能力。只有这样，才能使我们的整个体系更加稳定，为商户提供更加全面的服务，为消费者提供更加优质的服务。

当大家的消费开始逐渐升级的时候，我们的服务能否跟上、能否继续满足大家的需求，决定了我们接下来的发展，决定了我们接下来的生死存亡。一旦做好这些，我们则很有希望通过努力成为第一个真正的"互联网+"公司。

最后，王兴再度强调了重点中的重点还是服务的问题，"判断我们的服务是否足够好的标准是，我们是否愿意、放心地把它推荐给我们的家人"。

多次强调这一点，跟当时的背景有关。当时中国互联网公司提供的不少服务，受到了不少质疑。

比如，在网上查找信息时，有人点击到了虚假的医院广告，导致没能接受正规的治疗；在购买机票时，有人会遇到"大数据杀熟"，即同样的商品或服务，老客户看到的价格反而比新客户要贵出许多；等等。这些乱象，既伤害了用户，也导致中国互联网公司的形象受损。

所以，王兴认为，如果期望真正成为一个长远有价值、令人尊敬，员工也乐于在此工作的公司，必须解决好这个问题，回答好这个问题。要确保提供的服务，自己是自豪的，有信心推荐给家人、朋友使用。

美团与大众点评合并后，整合的速度很快，而且，新公司也很快完成了融资，2016 年 1 月，完成 33 亿美元融资，估值超过 180 亿美元，由腾讯、DST、挚信资本领投，国开开元、今日资本等跟投，创下未上市公司融资金额的新高。

在美团完成 33 亿美元融资之前，饿了么也完成了一轮 12.5 亿美元的融资。

饿了么的投资方，是阿里巴巴。

阿里巴巴投资饿了么

阿里巴巴本来是美团的投资者，2011 年领投了美团 B 轮 5000 万美元的投资，在之后美团的 C 轮、D 轮融资中，阿里巴巴也都跟投了。

在美团与大众点评合并后，王兴专门去拜访了阿里巴巴董事长马云和 CEO 张勇。当时，王兴向他们表示，希望能够同时得到阿里巴巴和腾讯的支持，“我认为前面有滴滴、快的这个成功的例子——原来两家（阿里巴巴、腾讯）打得不共戴天，后面握手言和，都成为滴滴的股东，所以我跟阿里说，美团非常希望可以同时得到腾讯和阿里的支持”。

但是，马云和张勇的回答是：“你完全搞错了，我们认为滴滴合并快的对阿里巴巴来说是一个失败的例子，我们不会让这种错误再次发生。”

王兴决定接受腾讯的投资。“我说腾讯已经答应进一步投资美团点评。但是阿里说，‘我们可以投钱给你，你要10亿美元可以，20亿美元也可以，我们都可以投，但是你不能再要腾讯的钱’。可是，腾讯也是我们很重要的股东，而且是一个比较友好的朋友，所以我不觉得应该如此。”

阿里巴巴和美团两家公司的关系从此就不那么友好了。王兴透露，阿里巴巴还干扰了美团的新一轮融资，“之所以兜售我们的老股，是为了干扰我们融资。如果你不看好这家公司，那干脆卖光好了，我们已经帮他们找好了买家。但他们却不肯卖光，一定要留一点儿，或许是为了将来能继续给我们制造点儿麻烦”。

之后，阿里巴巴投资了饿了么。

2015年12月17日，阿里巴巴和饿了么签署投资框架性协议，阿里巴巴投资饿了么12.5亿美元。获此次投资后，饿了么估值超过45亿美元，继续独立运作。以此计算，本轮投资后，阿里在饿了么的占股比例为27.7%，成为其第一大股东。

阿里巴巴此前曾经做过外卖业务淘点点，但一直未能获得很好发展。2015年6月，阿里巴巴重启此前收购却被雪藏的口碑网，和蚂蚁金服共同注资60亿元人民币，再次高调杀入O2O行业，淘点点业务亦被并入口碑。但是，此后口碑网的业务推广重点，却从外卖转向了到店业务。

而阿里投资饿了么成为其第一大股东后，在O2O领域就有了外卖业务。

当时，美团外卖与饿了么在市场份额方面交替领先，有些月份是美团外卖领先，有些月份是饿了么领先，日订单量都在 300 万左右。

百度与携程联手

2015 年 10 月 26 日，携程与百度达成一项股权置换交易。交易完成后，百度将拥有 25% 的携程总投票权，携程将拥有约 45% 的去哪儿总投票权。

这个交易让人有点意外。仅仅半年前，去哪儿还正式书面拒绝了携程的收购，准备独立发展。2015 年 6 月，去哪儿还以 47.5 美元的发行价完成 8 亿美元融资计划，准备持续投入酒店旅游业的烧钱大战。

2015 年 9 月，去哪儿宣布了组织架构调整，作为控股股东，百度还把百度糯米总经理曾良拉入去哪儿董事会，外界都以为百度和去哪儿会在地图及 O2O 领域深入合作。

同一时间，携程控股了老对手艺龙。在被去哪儿“打脸”后，携程表示，基于去哪儿最近的业绩表现和公司行为，携程不再保留与去哪儿继续探讨可能的投资机会的兴趣。

而此前，携程和去哪儿的合作谈判，已进行过多次，每次都无疾而终。

为什么这次携程能成为去哪儿大股东？

这次合作有个大背景，就是美团与大众点评合并后，百度在 O2O 领域的态势不容乐观。

从时间线来看，2015 年 10 月 8 日美团与大众点评合并。美团与大众点评合并后，再加上腾讯流量的支持，携程在酒店旅游业务方面的压力会更大。而对于百度来说，全力押宝 O2O 的策略也许没错，但是，在财务数据方面，百度有很大的压力。过去两年，百度的运营利润率从 45% 下降到 21%，很重要的原因是三大业务拖累：O2O、在线旅游和视频业务，分别对应的是百度糯米、百度外卖，去哪儿，爱奇艺。其中，去哪儿自 2014 年第三季度到 2015 年第二季度，一年时间亏损 27.6 亿元，这使得百度必须尽快减负。

因此，半个月后，2015 年 10 月 26 日，携程成为去哪儿大股东。紧接着，从 2015 年 12 月 31 日起，携程开始合并去哪儿的财务报表，携程董事会主席兼首席执行官梁建章等四位高管被任命为去哪儿网的董事会董事，去哪儿原执行副总裁谌振宇接棒成为新掌门人，创始人庄辰超则离开。

做时间的朋友

同行都在加大投入。美团的酒店旅游业务一直在稳步前进，并保持着很好的盈利能力。

在接受《财经》采访时，王兴谈到了美团在酒店旅游业务方面的成功，是因为用户从 PC 向手机迁移时，美团的酒店旅游业务提供了更好的使用方式，而且有足够的耐心。

《财经》：有人评论美团在“千团大战”以及最早进入酒店旅游时，都是别人在打仗、在烧钱的时候美团在等待，美团是靠等待成功的。

王兴：一位参加过对越自卫反击战的投资人跟我说，多数人对战争的理解是错的，战争不是由拼搏和牺牲组成的，而是由忍耐和煎熬组成的。《孙子兵法》说过："不可胜在己，可胜在敌。"确实，团购不是我们打赢的，不是我们打倒了对手，是他们把自己绊倒的。

《财经》：除了等待，在几场关键战役上，美团还做了什么？

王兴：我们有足够的耐心。比如酒旅，在我们入场之前，携程只有小几万家酒店，还有几十万家没去签，我们去了。用户从PC向手机迁移时，我们提供了更好的用户使用方式。同时我们一开始就IT化了，每一个订单的服务成本是比携程低很多的。所以，理解以客户为中心就是理解业务的本质和关键。《孙子兵法》还有一句话："胜可知，而不可为。"你做得足够好，使自己立于不败之地，但这不代表你能胜，只有当你的对手做了愚蠢的事情，你才能胜。比如，你觉得去哪儿是怎么输掉的？是因为他们不够有耐心。

王兴引用了两句《孙子兵法》里面的话："不可胜在己，可胜在敌。""胜可知，而不可为。"美团在酒店旅游业务的胜利，就是长期有耐心，坚持做正确的事情，等待对手犯错误。

同样，美团高级副总裁、酒店旅游事业群总裁陈亮也认为，"我们最优的竞争策略是在边缘观看，时间是我们的朋友，我们要有耐心，随着时间的成熟往前走"。

这一点，在美团的酒店战略上表现得就很明显。

美团刚开始做酒店业务的时候，还不是太知名的互联网公司。

但是，从2015年下半年开始，美团就是比较大型的互联网公司了。前面提到过，2016年1月，美团完成了33亿美元融资，估值超过180亿美元，体量已经很大了。

虽然公司的体量变大，但美团酒店旅游的策略是不变的，没有因为公司变得有钱了而盲目加大投入。

2015年6月，去哪儿增发融资8亿美元，大规模补贴促销，全场五折，在高星酒店与携程竞争，同时在中低端酒店也和美团酒店业务比拼。去哪儿还采取了全国“切客”的招数，雇用了10000名兼职大学生或者员工，到各地酒店前台站着，看到客户来了就要客户退掉订单，从去哪儿下订单，每一单给客户50元，同时给前台10元。

当时，我负责处理全公司的线下危机事件，“切客”这个招数曾经引起过几次比较严重的线下冲突，所以印象非常深刻。

这种“切客”招数的拦截率在初期很有效，美团酒店业务增速放缓。

陈亮认为，去哪儿不计成本地烧钱肯定不对，但也不能任由它把市场给烧了。

郭庆是酒店业务的具体负责人，他觉得，去哪儿这个竞争对手可能在步入深渊，也可能在迈向巅峰，“是对还是错，我们没有看透。虽然我们认为是不正确、不可持续的，但缺乏数据调研”。

采用“切客”的方式，如果消费者只消费这一次，对于平台来说，肯定是不划算的。但是，如果消费者此后进行多次消费，那么，这就是一个有效的营销手段了。

怎么办呢？美团也试一下。

于是，美团准备了几百万元的“切客”预算，在几个城市做小规模试验，但花了几十万元就叫停了试验，因为试验数据很差。郭庆认为，同样的消费者，同样的酒店，如果在美团这里不能产生很好的复购，在对手那里也产生不了。这件事对郭庆的触动很大，“你急于拿结果不见得是正确的，还要冷静地全面思考长期回报是怎样的”。

去哪儿的“切客”高峰期是 2015 年第二和第三季度，2016 年春节后就全面叫停了。主要原因和美团测试的差不多：“切客”带来的消费者不能产生很好的复购。

本地化策略助力酒店业务

美团将酒店业务分成长尾战区、经济连锁战区、核心战区、高星战区等，根据每个战区的实际情况，采取相应的策略。

相对来说，高星级酒店是美团的弱项，因为美团酒店的发展路径是从三、四线城市的同城住宿开始的，相对来说价位不高。一开始，高星级酒店也惯性地认为美团是低价团购，携程也在用各种手段逼高星级酒店站队，比如，如果高星级酒店在美团上线，就在携程平台降级。酒店如果从金牌商家降级为银牌，排名下降，销量也会下降。

美团采取了侧面进攻的方式。既然高星级酒店客房业务比较难进入，那就先帮高星级酒店的健身、餐饮周边业务提升营收。餐饮也是高星级酒店的重要业务，像洲际酒店的餐饮收入占比 50%，客房只占 40%。美团的优势在于更为综合全面的服务。携程相对单一，主要是客房预订服务，需求刚性但不能产生更多增量。美团更强调的是协同效应，酒店用户里 32% 通过美团产生美食消费，17% 产生游乐消费。

通过差异化做增量，不与竞争对手正面对抗，而从侧面挖掘新战场，美团的高星级酒店业务也慢慢有了起色。从 2016 年 5 月开始，美团大规模推广高星级酒店，10 月就突破了 100 万间夜（间夜，是酒店在某个时间段内，房间出租率的计算单位。间夜量的计算，是入住房间数乘以入住天数）。

美团的酒店业务，从本地消费做起，从携程、去哪儿等忽略的三、四线城市酒店做起，遵循“差异化竞争、侧面进攻”的策略，在投入远低于竞争对手的情况下，扩大了酒店的市场份额。根据第三方移动互联网大数据监测平台 Trustdata 发布的《2018 年 Q1 中国在线酒店预订行业发展分析报告》，在移动端用户规模快速增长及用户年轻化等因素共同作用下，2018 年第一季度的在线酒店预订行业迎来新的变化：2018 年 3 月，美团酒店以 2270 万的单月间夜量首次超过携程、去哪儿、同程、艺龙的总和。

采用本地化策略切入市场的，还有门票业务。

门票业务，美团是从周边游场景做起的，满足本城市用户群在本地及周边地区的旅游产品门票需求。在度假业务里，门票是标配。2015 年，美团的 2 亿多活跃用户中，有 2000 多万人买过门票。对平台已有用户的精准营销和转化，是低成本获客的最好方式。

在抢占本地消费市场的同时，美团也顺势加强了异地酒店、异地门票的销售引导。美团还专门推出了“美团旅行”的品牌，并签约杨颖（Angelababy）为美团旅行的品牌形象代言人。

在“千团大战”时期，美团是出了名的不做广告。但是，2016—2018年，美团外卖、美团旅行两大品牌做了很多线下广告。不仅“美团旅行”签约了代言人，“美团外卖”也签约了代言人，而且，“美团外卖”签约了代言人的时间还更靠前一些。

这是为什么呢？

营销大战

2015年5月4日，饿了么正式发布王祖蓝代言的广告。5月9日，饿了么CEO张旭豪在接受采访时宣布，广告上线不到一周的时间，饿了么各项数据都有30%~40%的增长。

国内互联网公司聘请明星担任形象代言人也有一些案例。比如，携程的代言人是邓超，58同城的代言人是杨幂。

饿了么邀请王祖蓝代言，并发布其品牌口号（Slogan）“‘饿了么’，和你一起拼”，希望由此将自身打造成高校学生和白领人群都有共鸣的品牌。

在饿了么签约代言人的时候，美团外卖一直在观察事件后续进展。饿了么投放广告，对于美团外卖来说，有点儿像当时美团在酒店业务方面遇到了去哪儿的“切客”营销。

当然，这个事情与“切客”相比，还有一个麻烦，就是“切客”的效果可以测试，只需要在一定的区域投入少量费用即可，但是广告的投放需要一笔非常大的投入，才可能看到效果。

美团外卖选择了冷静观察，观察饿了么投放广告之后市场份额的变化情况。

结果让人有些意外。在美团外卖没有投放广告，饿了么签约代言人并大量投放广告的情况下，美团外卖的市场份额的增长趋势反倒略微领先。

因此，在2015年，美团外卖的主要推广方式，还是线上买流量，线下各商圈发放广告传单。这些，都可以监测到实际产生的销售数据。

当时，我是坚定支持不投放广告的。一方面是市场份额的增速比竞争对手快。另一方面，由于当时我还兼管着美团的社会化媒体团队，可以看到很多用户在网上的反馈。其中不少用户的反馈与美团外卖的推广方式有关，比如，美团外卖在地铁站附近的推广音乐声太大，发放传单的人太过于密集，导致收到了多份传单。甚至有用户拍了一张在餐厅吃饭时的餐桌桌面，美团外卖的宣传物把桌面贴得密密麻麻。

从用户反馈来看，线下推广的实际触达率远比广告投放更有效果。

2016年7月，继签约王祖蓝之后，饿了么还签约了NBA球星科比·布莱恩特。7月12日，“王牌CP海内无双——科比祖蓝代言&饿了么品牌升级发布会”在北京举行。饿了么正式宣布，科比·布莱恩特和王祖蓝同时成为公司品牌代言人。

当时，科比·布莱恩特在中国的人气非常高，他签约饿了么的消息正式发布之前，市场上已经有了一些传闻。为此，美团外卖在内部展开了讨论，当时有一些担忧，如果饿了么借助科比·布莱恩特的人气，市场份额迅速增长怎么办？

美团外卖市场营销负责人舒逸平却认为不用太担心这件事。

舒逸平 2015 年 12 月加入美团，负责美团外卖的市场营销工作。在加入美团之前，他在玛氏中国工作了十年，先后负责过玛氏旗下全球品牌（包括德芙、玛氏、士力架等）在中国的市场营销工作，并成长为玛氏最年轻的中国区市场营销负责人。2017 年初，舒逸平开始担任美团平台首席营销官，全面负责美团、美团旅行、美团外卖等各条核心业务线的市场营销工作。

舒逸平认为，科比的人气虽然很高，但对于真正经常点外卖的白领群体的影响力有限。而且，他还打听到，饿了么与科比合作的量级并不是特别大，不足以让科比重度参与，而对于代言人来说，是否重度参与非常重要。而且，他还比较肯定地表示，到了正式宣布的那一天，科比不会来到现场。

果然，饿了么正式宣布科比·布莱恩特成为代言人的品牌发布会上，科比并没有到场，只是拍了一段视频在现场播放。

在饿了么投入重金进行广告投放的时候，百度外卖也投入了营销大战。

2016 年 5 月 20 日，在百度外卖两周年庆典上，百度外卖宣布正式启用全新品牌 slogan，即“品质生活、安全送达”，并宣布刘诗诗担任品牌代言人。

百度副总裁兼百度外卖董事长刘骏表示，百度外卖主打白领市场，目前已经在该市场占据领先份额。而刘诗诗在城市白领人群中具有很高的知名度，其干净、清新的气质比较契合百度外卖“品质生活、安全送达”的企业形象。

如果复盘来看，百度外卖的品牌定位、聘请代言人都还做得比较到位。作为最后入场的选手，百度外卖选择了专注于白领市场，也吸引了众多品牌商家的加入。

刘骏当时表示，百度外卖是百度在O2O领域最大、最重要的投资，一定会长期持续下去，是百度重要的战略组成部分，未来百度还会深耕白领市场。百度多年积累的人工智能，特别是深度学习方面的技术，正逐步在外卖领域发挥无可替代的作用。百度外卖CEO巩振兵透露，在物流领域，百度外卖设计开发了全自动智能调度系统，申请了30多项物流相关专利。采用专职配送的模式，以保证餐品可以准时送达。

如果百度外卖一直坚持做下去，我认为还是很有前景的。无论是纵向做餐饮外卖，还是横向做同城物流配送，都是很有潜力的业务，而且，在2015年和2016年的上半年，百度外卖在白领市场都占据了一定的优势。

在饿了么、百度外卖都在签约代言人，并投了大量广告的时候，美团外卖还是一边观察，一边算账。

边算账，边投广告

算清楚账之后，美团外卖才投了一些广告。

美团在“千团大战”期间有一条成功经验，就是“边算账，边开城”，哪些城市适合开站，哪些城市不适合立即开站，都有充分的数据来支撑。

美团外卖在投放广告的时候，采取的策略，也是边算账，边投广告。

舒逸平先是在一、二、三线城市分别选择了几个城市进行广告投放的试点，美团外卖在这些城市的市场份额都不太相同，就是为了测试广告的投放对于哪些城市最有效果，再根据这些城市在美团外卖的占比情况进行综合分析。

此外，美团外卖也与品牌 IP 联合进行了一些推广活动。比如，美团外卖与上海美术电影制片厂联合推出了《葫芦兄弟番外篇》视频，一个老故事，一个新 IP，美团外卖透过潮流的外表，抓住了年轻人喜欢看的内容。视频虽短，却形象生动地表现出美团外卖“精选食材—品质烹饪—极速送达”的产品特点。而视频结束的尾页，又通过赠送红包，将用户精准地导流到美团外卖 App，完成销售转化，实现了闭环营销。

美团外卖在配送业务做起来之后，才开始大规模投放广告。

2016 年 8 月 1 日，美团外卖开始进行大规模的广告投放，此次广告投放在南京、武汉、天津、拉萨等全国主要城市同步开启，主打“唯快不破”理念。这次广告，除了主要在楼宇广告屏幕、地铁、电梯海报及视频网站等渠道播出，也在相关城市的卫视频道等重点平台播出。此外，美团、大众点评、美团外卖三大平台也对相关广告进行联合推广。

外卖订餐过程中，速度和效率是消费者的第一需求。本轮广告投放中，美团外卖把“快”作为核心信息，展现了对送餐速度的高度重视。美团外卖将专送、加盟、众包多种配送方式结合起来，形成了高效配送体系，根据不同的商户需求匹配最优的配送方式，从而提高配送效率、缩短配送时间。为用户提供贴心服务的同时，形成与其他品牌的体验差异，打造出美团外卖的产品特色。

同时，2016 年，美团外卖小哥的衣服，也从黄色与黑色搭配，改成了纯黄色，让他们的衣服、配送箱都成为非常好的广告资源。2016 年是外卖的营销大战之年。后来，上市招股书显示，美团在推广及广告开支方面，2016 年共花费 17 亿元，比 2015 年增加了 66.9%，主要是营销及品牌推广活动增加所致。

2017 年，美团外卖第一次签约了形象代言人。

2017 年 7 月，美团外卖宣布累计用户数量已经突破 2 亿，并选择在此时间点公布了首次签约的两位形象代言人："明星骑手"杨洋和"明星品味官"赵丽颖。7 月 2 日，北京、上海、广州等 8 座城市的标志性建筑大屏幕上，也同步晒出了"美团外卖累计用户数量突破 2 亿"及"明星骑手"杨洋和"明星品味官"赵丽颖的代言人信息。

代言消息公布后，很多网友感叹两人和美团外卖之间"缘分不浅"：杨洋在网剧版《盗墓笔记》中出演"张起灵"一角，在剧中便被称作"小哥"，出任美团外卖的"明星骑手"（骑手也称外卖小哥），也算是"小哥"身份的复现。赵丽颖更是与美食有着不解之缘，她曾在电视剧《杉杉来了》中扮演吃相超萌的杉杉，担任"明星品味官"最为合适。在用户量突破 2 亿之际，美团外卖的庞大用户基础与杨洋和赵丽颖年轻健康、积极向上的荧幕形象高度吻合。而在 2017 年这个夏日，赵丽颖主演的《楚乔传》始终占据黄金档影视剧收视率头名，而杨洋主演的电影版《三生三世十里桃花》也在全国院线上映。

杨洋、赵丽颖为美团外卖拍摄的电视广告分为"夏日版""暴雨版"两个版本。"夏日版"中，酷热难耐的赵丽颖被老板安排了买咖啡的任务，她灵机一动，使用美团外卖下单，外卖小哥杨洋迅速出场，及时送达。而在“暴雨版”中，同样是极端天气，赵丽颖想买姜照顾隔壁生病的帅哥，却被大雨挡在屋内，依旧是“明星骑手”杨洋及时把货品送到用户手中。两支电视广告把美团外卖在夏季极端天气中的实用价值体现得非常明显。

在美团外卖进行广告投放的同时，市场份额也在逐步上升。2017年7月，美团外卖的日完成订单量超过1300万单，累计用户数超2亿，覆盖城市数量已超过1300座，活跃配送骑手数超30万，合作商户数超过100万，占市场份额接近六成。

美团外卖在市场份额方面慢慢拉开了与饿了么的距离。舒逸平在负责了一段时间美团外卖的市场营销工作之后，在2017年年初开始担任美团平台首席营销官，全面负责美团、美团旅行、美团外卖等各条核心业务线的市场营销工作。

成立餐饮平台

2016年7月30日，王兴发布了全员邮件，宣布成立“餐饮平台”和“互联网+大学”。

关于“餐饮平台”，全员邮件是这样描述的：

为了把餐饮业务做深做透，从营销、配送、IT系统、供应链、金融等多角度全方位服务餐饮行业，在这个过程中与产业链上下游企业合作共赢，共建生态，公司决定，在原到店餐饮事业群、外卖配送事业群和餐饮生态平台的基础上设立“餐饮平台”，任命王慧文（老王）为餐饮平台总裁，全面负责餐饮平台工作。同时，原到店餐饮事业群、外卖配送事业群和餐饮生态平台的组织层级取消，各所属相关事业部和部门汇入餐饮平台。

相信餐饮平台将充分发挥我们在评价、优惠、外卖三位一体的综合服务能力，通过建设开放平台，将我们不断积累的用户触达能力和商户服务能力赋予餐饮产业上下游企业，从而加速推动餐饮行业的迭代升级，为消费者和餐饮商户创造更大价值。此外，我们还将发起成立餐饮生态基金，用多样化的资本和资源支持餐饮生态链上的合作伙伴加速成长，用更加开放的心态孵化和分享餐饮行业的创新机会。

2016年8月，美团的到店餐饮、外卖两个平台合并，再加上新成立不久的餐饮生态平台，合并成为餐饮平台，而且还成立了人才培养平台“互联网+大学”。

原外卖配送事业群及餐饮生态平台总裁王慧文担任新成立的餐饮平台总裁。“互联网+大学”由原到店餐饮事业群总裁干嘉伟担任首任校长，这也是全球首家“互联网+大学”。

对于美团来说，餐饮平台的成立，就是希望能够把业务更加聚焦，把餐饮业务做透。

在餐饮平台成立后的内部沟通交流会上，有个同事向王慧文问了一个问题：接下来，肯定要面对阿里巴巴的竞争，从资金和组织能力上，美团都没有优势，那么，拿什么来赢得竞争？

王慧文的回答是——专注！专注得像一根针，能够扎得深、扎得透。

如果比资金实力，美团远不如阿里巴巴，而且，阿里巴巴有淘宝和天猫等盈利业务来支持像本地生活等创新业务，再加上阿里巴巴多年来建立起的组织力，如果从账面来看，美团要想赢得本地生活之战，非常困难。

所以，王慧文在回答这个同事的问题时，用的是“专注”这个词，做得比竞争对手更深更透，建立起竞争壁垒。

外界对美团有个印象，叫“无边界扩张”，认为美团做了很多业务，是做多而不做深。这其实是一种误解，只有能够做深的业务，美团才会持续做下去。

关于“互联网＋大学”，全员邮件是这样描述的：

一直以来，我们都相信人是公司最重要的资产。我们作为一家“互联网＋”公司，能不能培养一支既懂互联网又懂生活服务垂直行业的队伍，将是我们打赢“下半场”的根本保证。

为此，公司决定设立人才培养平台“互联网＋大学”（Internet Plus University），简称 IPU。“互联网＋大学”将与目前公司及各部门层面的培训体系衔接，设立各专门学院，统筹推进公司人才培养工作，并希望在不远的将来向我们的生态合作企业及各行各业的合作商户输出我们的知识积累，和产业链上下游一起共学共进，服务社会。

为了把中国可能也是世界上第一所“互联网＋大学”办好，干嘉伟（阿干）将出任 IPU 首任校长。阿干在互联网领域有超过 16 年的工作资历，他在商品电商和服务电商两次浪潮中的卓越表现有目共睹。同时，阿干一直以来都非常重视培养人，用他的话说，要打造一条“人才流水线”。我想，阿干出任IPU首任校长，实至名归，也让我们对公司人才平台建设充满了期待。

从负责美团的主要业务，到成为“互联网+大学”的校长，干嘉伟说自己像从足球场上的前锋转向了后卫，职责不同，但作用都是相同的。

在美团负责业务的这些年，干嘉伟起到的作用有目共睹。用竞争对手的话来证明可能更有说服力。拉手网投资人、金沙江创业投资基金董事总经理朱啸虎曾经总结，干嘉伟入职美团后，让“千团大战”的走向朝有利于美团的方向发展。

干嘉伟担任“互联网+大学”校长之后，为大学的相关工作打下一定基础后，就慢慢淡出了美团。

2020年3月，干嘉伟在参加美团离职员工访谈时，也提到了后来他离开美团的原因，主要是家庭方面的：“其实大概在2014年我就跟王兴提过离职，他说你再顶一顶。所以美团点评合并之后我第一反应就是太好了，有接盘侠了（指时任大众点评COO吕广渝），但出于团队平稳过渡的角度，还是让我负责到店餐饮。所谓人在江湖，身不由己。有的时候你也不仅仅是为你干，为家人、同事、朋友干都很正常。2016年又干了大半年，我跟王兴说大概8月或者11月到餐就可以盈利。王兴还不太相信，说阿干你太乐观了吧。最后确实是8月份就月度盈利了。这就是一个多陪陪家人很好的时点了。”

我和阿干的最后一次见面，是2016年的6月。那时，他从恒电大厦（美团总部）北面的那条小路，正走向望京研发园，我当时正从望京研发园那边回来。在那条小路上，我们相互打了个招呼。

言归正传。美团成立餐饮平台，在核心业务上聚焦餐饮，希望用营销推广、外卖配送、金融服务、IT系统等全方位服务，在餐饮业做深做透，做成壁垒。只有做深做透，才能在激烈的竞争中成为胜者。

那时，美团的酒店旅游、到店综合等业务，都是采用这种模式来开展业务的，都力争做深做透。

猫眼电影的独立运营

如同美团打造餐饮平台时的逻辑一样，美团让猫眼电影独立运营，也是希望能够在文化娱乐产业的下游做深、做透。

2016年4月11日，王兴通过内部邮件宣布，正式拆分猫眼电影业务，让“新猫眼”成为一家完全独立运营的公司。原平台事业群总裁郑志昊将接替因病休假的原猫眼电影CEO沈丽，成为新猫眼电影CEO。

王兴在内部邮件中写道：

在过去三年里，猫眼团队通过有效的市场运营策略，迅速建立、巩固和扩大了猫眼的市场领导者地位。在很长一段时间里猫眼是美团App全新客仅次于到店餐饮的渠道贡献者，是美团App日活跃用户数量和新客快速增长的重要驱动引擎之一。去年下半年至今，猫眼实行差异化竞争战略，通过精细化运营持续优化运营效率，使得补贴率远低于所有同行，并一直保持在线票房市场第一的领导者地位。在刚刚过去的3月，猫眼已经成功实现了BG（事业群）层面的盈利！同时，猫眼团队积极探索“大数据+发行”，有效结合电影人的专业洞见和平台的大数据分析，参与投资、发行了30多部影片，其中包括《心花路放》《港囧》《美人鱼》等票房冠军，为猫眼积累了领先的品牌知名度和市场影响力。

从去年开始，猫眼团队积极和潜在的战略合作伙伴沟通，深入了解文化娱乐行业，为猫眼的下一步发展摸清了方向：依托领先的电影票务平台和用户社区，成为中国最具影响的综合电影公司之一；重点加强发展电影上游业务，打造猫眼娱乐媒体平台。为实现这个战略目标，猫眼需要全面拥抱文化娱乐产业上下游，与行业资源深度对接；需要更快的决策机制，更灵活的激励机制。猫眼的独立，是猫眼实现未来宏伟目标的必经之路，是公司为了在电影和文化产业实现更好客户价值的重要决策，也是公司践行“互联网+”理念的一次自我创新。

在猫眼电影独立运营之时，从整体上看，美团是希望猫眼电影能够“全面拥抱文化娱乐产业上下游，与行业资源深度对接”。

不过，猫眼电影在正式独立运营后不久，就合并到了光线传媒。

2016年5月27日，北京光线传媒股份有限公司发布公告，宣布拟以换股、支付现金等方式，获得猫眼电影合计57.4%的股权，光线将通过旗下上海光线投资控股有限公司入股猫眼电影，而猫眼电影的估值也达到83亿元左右。本次交易完成后，光线传媒将与美团交叉持股，光线传媒董事长王长田将进入猫眼电影董事会，而美团 CEO 王兴也将进入光线传媒董事会。2017 年 8 月，光线传媒再次增持，以 17.76 亿元的价格从美团手中购买了 19.73% 的猫眼电影的股权，总持股 77.13%，成为控股方。

在光线传媒控股后，猫眼电影后来与微影时代合并，并于 2019 年 1 月在香港联交所上市。

美团为什么没有继续做电影？当时，外界有很多疑问，美团内部员工也有一些疑问。

在一次内部沟通会上，我提了这个问题，姜跃平（原大众点评高级副总裁、美团与大众点评合并后担任集团高级副总裁）回答了这个问题："公司是希望每个产业链都能做深，这样才能形成更高的价值。有些产业，凭我们现有的能力就能做好。有些产业，在一些关键环节上，我们不具备能力，需要通过招聘专业人才的方式来做专做深。但是，电影这个行业，我们欠缺的环节太多，只能交给更专业的公司来做了。"

从猫眼电影后来发展的轨迹来看，确实是在更专业的光线传媒控股后，发展成为一家独立的上市公司。

时代变了，传统产业对互联网的需求也变了。

用王兴的话来说，美团进入了"下半场"，中国互联网也进入了"下半场"。

那么，"下半场"有什么样的特点？美团用的是什么样的打法？

Chapter

08

下半场

2017年1月9日，美团进行了一次组织架构调整，形成了餐饮生态平台、美团平台及酒旅事业群、点评平台及综合事业群“三驾马车”并驾齐驱的态势。王兴在内部邮件中强调：我们的下半场，就是“互联网+”，就是要通过互联网和生活服务各垂直行业的深度融合，服务于我国现代服务业的升级，以满足人们不断升级的消费需求。

深度融合，成为这次组织架构调整的关键词。虽然说面临着很大的竞争压力和创新压力，但是，美团的核心业务进一步聚焦，集中精力，对产业进行深度连接与改造，创造更大的价值。因此，在“三驾马车”的格局下，主要的业务都得到了非常好的发展，对产业的连接更深，初步奠定了胜局。

美团一直都在理性评估各项业务。有些业务，美团没有核心能力做得更深，像猫眼电影，就让更专业的光线传媒控股，后来也独立上市，可以算是独立发展的成功案例。云计算业务，虽然看起来有很大的潜力，但是，美团与竞争对手的差距太过明显，也会慢慢淡化。商品团购业务，经历了开启、关闭、再度重启的过程，在不同的历史阶段有不同的定位。

进入“下半场”的美团，并非一路坦途，有收获，也有挫折。不过，即使有一些挫折，美团还是在不断推出新业务，特别是在零售和交通方面做了很多探索。王慧文对新业务的成败进行了复盘，认为美团要坚持用正确的方法论和心态来面对业务、面对机会，既不能盲目立项、随意立项，也不能因为害怕失败而止步不前、停止探索，这样才能确保不断前进，再上台阶。

进入“下半场”

2016 年 7 月，王兴在管理层战略沟通会上提出，美团已经进入“下半场”，如果从更宏观的视角来看，中国互联网也进入了“下半场”。

为什么是美团的“下半场”？

王兴认为，美团与大众点评合并之后，经过三个季度的努力，终于到了一个新的起点。

新起点是什么？首先是业务的基本成型。2016 年 7 月份，美团除了需要大力投入的外卖业务之外，其他业务已经实现整体盈利。唯一还没有盈利的外卖业务，正以每个月 20% 的速度增长，给越来越多的消费者带来便利。基本面稳定，又有高速增长的外卖业务，所以，对于美团来说，正处在下半场的开始。

为什么是中国互联网的“下半场”？

王兴认为，中国互联网“下半场”的重要特征，是人口红利和移动互联网红利的消失。一方面，此时互联网人数渗透超过国内人口的一半，用户指标再也无法翻倍增长。所以，最激动人心的人口红利已经过去了。另一方面，智能手机的红利也已经过去，从小米手机创办的2010年开始算起，智能手机的销售数量每年都在急剧增长，最开始是每年翻倍增长，但到了2016年，智能手机的出货量只有10%左右的增长。

因此，之前的互联网人口红利和移动互联网红利已经基本消失。

往后，中国互联网要发展，不能再依赖这两个红利，而需要依赖技术、依赖服务，同时需要新的增长模式。

所以，从这个角度来看，王兴认为现在也是整个中国互联网下半场的开始。

确实，中国互联网经过20年的发展，靠着人口红利和移动互联网用户的激增，中国互联网公司的业务也跟着水涨船高。在大背景有利的情况下，互联网公司哪怕产品粗糙一点儿、成本高一点儿都不要紧，因为用户在快速增长，业务也会相应地跟着快速增长。

但是，红利时代已经终结。

从宏观视角来看，美团当然处于中国互联网的大背景之下。在红利消失的情况之下，美团如何才能发展好业务？

从用户的角度来看，王兴认为，这个时候只有两条路：第一，去开拓海外市场，那里看起来似乎还有更多用户，但是，国际化是非常不容易的事情；第二，精耕细作，把现有的用户服务好，提升用户体验、增加用户黏性、提升ARPU值（每用户平均收入），让每个用户尽量创造更多的价值。

从产业的角度来看，就需要互联网对产业的连接更加深入。王兴认为，简单的连接并不能创造价值，深度的连接并对产业进行改造，才能创造更大的价值。

从服务业的电商平台角度看，“上半场”模式，就是猛抓用户、猛接商户，然后做“营销交易”比较薄的这一层，缺少完整的深入行业的能力。“下半场”到来的时候，在原有模式之外，（电商平台）需要有新的能力，这对我们是巨大的挑战。与此同时，这也是机遇。因为绝大部分互联网公司，尤其是一些互联网巨头，目前也缺乏这种能力，这给了许多创业者和创新者机会，特别是之前有意识较早积累这方面能力的企业。

实际上，互联网“下半场”和“互联网+”紧密相关。早期互联网做的都是纯线上的事情。逐渐地，纯线上不够了，就开始往线下走，比如“O2O”，逐渐形成了“互联网+”的形态。但真正的“互联网+”，要做的是各个行业从上游到下游的产业互联网化，不是仅仅停留在最末端做营销、做交易那一小段，而是真正能够靠互联网和IT技术为各行各业的各个环节提升体验、提高效率、降低成本。“少谈一些颠覆，多谈一些创新”，整天讲“颠覆”没有意义，“互联网+”在根本上还是要靠创新服务产业，这也是“互联网+”行动计划的真正内涵。

所以，美团在用户端加强了美团与大众点评两大平台的建设，在产业端呈现出餐饮平台、酒店旅游、到店综合三大业务并驾齐驱的态势，力图在重点产业做出深度的连接，为服务业创造更大的价值。在组织架构方面，餐饮平台继续作为核心业务保持不变，美团平台与酒店旅游业务合并，大众点评平台与到店综合业务合并，加强平台与业务之间的联系。

此前，美团平台与大众点评平台都有独立的负责人，美团平台由穆荣均负责，大众点评平台由姜跃平负责，那么，此次为什么选择与事业群合并？

穆荣均在一次内部交流会上回答过这个问题：一方面是业务发展的需要，平台可以为业务提供更多的资源支持。另一方面，从人才的角度来说，有些做平台的人会感觉做业务更有成就感，有些做业务的人会感觉做平台更有成就感，平台与事业群的合并，可以加强轮岗，让人才锻炼出更强的综合能力。

架构调整

经过 2017 年 1 月 9 日的组织架构调整之后，美团的“三驾马车”分别是餐饮生态平台、美团平台及酒旅事业群、点评平台及综合事业群。

深度融合是这次组织架构调整的关键词。王兴表示，这次调整是为了进一步做深业务，做强平台，让业务和平台之间有更好的协同联动，进一步打通“商户—平台—用户”的价值链，增强平台的运营能力，并不断积累通用灵活的中后台系统。

原平台事业群的点评平台与到店综合事业群合并为“点评平台及综合事业群”，原平台事业群的美团平台与酒店旅游事业群合并为“美团平台及酒旅事业群”，其他部门的组织架构和汇报关系不变。

而新成立的点评平台及到店综合事业群则更加聚焦品质生活，不断提升美团在重决策行业的垂直整合能力，帮助消费者发现更多、更美好的生活方式。美团平台及酒店旅游事业群则在覆盖本地吃喝玩乐消费场景的基础上，利用酒旅业务和美团平台的协同优势，加强“他乡是故乡”的异地生活方式场景，进而实现对用户在异地吃喝玩乐消费场景的全面价值提升。

调整之后的美团，会在餐饮、酒店旅游、到店综合三大业务上重点发力，进行精耕细作。在高管方面，王慧文继续负责餐饮这个核心业务，陈亮负责美团平台与酒店旅游业务，新入职的高级副总裁张川负责大众点评平台与到店综合业务。

张川是美团引进的重要核心高管，他接管的是到店综合事业群和大众点评平台。到店综合事业群此前是吕广渝负责。吕广渝原为大众点评 COO，在美团与大众点评合并之后，担任到店综合事业群负责人。这次调整后，吕广渝离开去创办了即时便利消费平台“猩便利”。

美团与大众点评两个平台在一定程度上有功能的重合，每隔一段时间，外界就会有一些“美团会关闭大众点评”的传闻。实际上，美团与大众点评合并后，大众点评平台就侧重于媒体属性，在产品上突出了短视频功能，并策划了“必吃榜”“黑珍珠”等品牌活动，扩大了影响力。这些都是张川加入美团后，对大众点评平台进行的调整。

在加入美团之前，张川曾担任 58 集团执行副总裁、百度联盟产品负责人，在互联网行业有丰富的经验。美团在商业运营上的

一个基本逻辑是高频打低频。不少高管都对高频打低频进行过解读，张川对这一逻辑的论述比较完整。

过去有一种说法——高频打低频。这是一个误解，高频其实挺难打到低频的。我觉得高频打低频全部是靠规模效应、靠资本力量，不是靠高频的用户慢慢迁移到了低频。

我的观察有几点：

第一，高频不能带动低频，或者说高频带动低频不太明显。如果是低频服务，用户一年使用一次，平台难以给到流量、品牌资源支持，所以靠自然流量的溢出很难形成绝对的优势。准确的做法是，高频带动中频，形成巨大的用户平台，然后优化低频体验。中频服务，例如酒店、KTV、电影票，可以被高频服务带动。3C 可以被高频服务中的服装带动。

第二，高频服务靠补贴，低频服务靠广告。之前的二手车广告大战，还在房产、招聘的领域出现过。外卖、单车、打车等高频服务都是靠补贴做起来的。低频的服务补贴起不到作用，以二手车举例，给了用户 3000 元补贴，用户买车可能是几年后，品牌认知已经完全遗忘了，所以在二手车行业做补贴的公司是最先倒下来的一家。

另外，低频服务靠广告建立起来的品牌壁垒，比大多数人认为的都要浅。因为低频服务一般的广告周期都在 3~5 年，也只影响了用户感觉，所以有时候另外一家新进入者在 5 年后做广告宣传，也是非常有力量的，甚至比第一家做广告的效果还要好。这是我自己的预言，也是一个个人认知。所以，我认为一个低频服务要进行至少 10 年的广告轰炸才管用。

第三，多个低频可以聚集成高频。平台很难从高频带动低频，但是可以将众多的低频业务聚合起来，形成用户认知。聚沙成塔，蚂蚁雄兵，这样也可以形成一个有效的平台。综合第一和第三的观点，就是有一个平台可以从高频开始带动中频，然后不断开拓低频，是可以不断形成更大的平台的。

多个低频聚成高频，另一个好处，就是平台能帮助用户和商家博弈。这里有一个认知，低频生意的商家不是做回头客生意的，所以从本质上而言就是要在一个用户身上赚到足够多的利润，同时一个低频用户对服务也是不太了解的，所以这里有很大的信息不对称。平台代表用户和商家博弈的好处就是，平台将多个低频用户转化为高频，可以更好地转变低频的服务和口碑。

在美团此次确定的这三大核心业务中，餐饮、酒店旅游的竞争压力非常大。在餐饮领域，口碑、饿了么、百度糯米、百度外卖的背后，都是大型互联网公司。在酒店旅游领域，更面临着携程系（2014 年以来，携程先后参股或收购了途牛、同程、艺龙、去哪儿等公司，在行业打造出携程系）的强大压力。

到店综合业务虽然面临的竞争压力不大，但需要更多的创新，因为到店综合的品类太多，如美容美发、按摩、教育、家庭服务等，每个品类的情况都不太一样。

虽然说面临着很大的竞争压力和创新压力，但是，美团的核心业务进一步聚焦，能够集中精力，对产业进行深度连接与改造，创造更大的价值。

为产业创造价值

餐饮是美团最重要的业务品类。在餐饮这个最核心的业务上完成升级改造，提升服务能力，进一步扩大合作商户和用户的数量，是美团在“下半场”深入发展的基础。

像美团这类平台型互联网公司，一般是从用户角度出发，看用户在这个场景下有什么需求，再联合商家为用户提供这样的服务，最终达成一个正向循环，让使用平台的用户和商家都越来越多。

当规模做到一定程度，美团要考虑的不仅仅是为消费者服务，为商家服务，还应该站在整个产业的角度来看问题。

在接手餐饮平台之后，王慧文说了一句大话：让餐饮产业率先完成中国经济转型中的供给侧改革。

站在从产业创造价值的方向看，所有的产业与互联网的结合，主要的价值有两个。

第一，为产业提供新的服务，带来更多的客户。像美团外卖的出现，就让餐饮商家增加了服务的范围，在不需要增加成本的情况下，让不出门的消费者也能享受到餐饮商家的服务。因为有新的服务，拉动了新的需求，导致产业有新的增长动力。

第二，为产业提高效率，降低成本。这里面，有非常大的改进空间。

那么，餐饮产业还存在哪些重点问题？

王慧文认为，首先，是餐饮商家的 IT 化普及率不够高。

美团做的都是连接用户和商家的生意，我们在产业里承担什么责任？打个比方，我们认为自己是一家运输公司，我们是把消费者带到商家去，把商家产生的东西带给消费者。从商家到消费者就是我们的外卖服务，消费者到商家就是到店服务。

我们用运输的维度思考业务，发现面对一个非常大的问题，运输的前提是路，而我们看路的话，在餐饮行业里和我们相关的路是什么路呢？就是信息的高速公路，也就是餐饮企业的IT化、互联网化。

餐饮产业的IT化一直在发展，也出现了一些专门为餐饮企业提供IT服务的软件厂商（主要功能是收银、点餐、排队叫号、餐位预订、会员管理等），但依然存在很大的问题。在整个软件行业里，餐饮软件这个分支一直生存得不太好，餐饮客户接受的程度非常低。

此外，餐饮软件的行业集中度不够高，带来的问题是不够标准化。

这样带来的问题非常大。像电影行业的软件，产业集中度高、标准化强。中国的电影院有几千个，主要的选票IT系统只有三家，所以，互联网平台对接起来就非常容易。当消费者在餐饮行业消费，还需要购买团购券来印证的时候，猫眼电影可以直接选好座位，到电影院直接取票观看，这样便利度会好很多，可以加速产业发展。这就是集中度高的好处。

如果餐饮软件企业能和互联网有更多的结合，餐饮商家的效率会有非常大的提高。但是，市场目前分散度太高了。市场分散度高，就带来了接口不标准的问题。

王慧文认为，如果产业因为没有标准而导致混乱，美团就需要建立一个标准。

如果我们要更好地推动这件事情发展，怎么办？我们成立了一个叫餐饮生态平台的部门，这个部门我负责，最重要的工作是做开放平台。我们需要通过开放平台，把互联网线上对于餐饮软件有什么样的接口需求提出来，我们来定个标准，或者说我们先把希望提出来，用具体的接口标准的方式提出来。

提出来以后，餐饮软件企业如果愿意和我们合作，可以对接起来，对接起来以后，我们和餐饮商家的很多合作效率就会大幅度提升。这件事情的速度不会很快，而且也不是单纯提供了标准的接口，事情就能迅速发展，后续还有很多的工作要做。

餐饮软件如果符合这个标准，商家与互联网对接会带来产品的改善，后续我们在用户端产品上，在信息评价、支付、外卖、团购等所有的用户端服务上，我们都会基于对接做进一步的改进，使得用户体验更好。

2016年5月18日，美团通过内部邮件宣布设立餐饮生态平台，将重点推进餐饮商家的IT系统建设、IT系统标准化和互联网化，王慧文兼任餐饮生态平台负责人。

美团建立的开放平台，可以让商家使用的餐饮软件符合这个标准，使得商家的经营效率更高。这是美团为餐饮产业提高效率、降低成本所做的重点工作。

除了餐饮产业的 IT 化，美团还在餐饮商家的食材采购方面进行了一些探索，希望通过美团的集中服务，让餐饮商家在食材方面降低成本。

中国餐饮行业市场规模达数万亿元，以 30% 的食材成本估算，餐饮食材供应链市场体量超过万亿元。

在美国，有个成功的案例是西斯科（Sysco），主要为餐厅、学校、政府、医院等提供餐食供应服务，产品类型包括鲜冻肉、海鲜、家禽、蔬菜、水果、零食及环保餐具、厨房用品等。自 1995 年进入《财富》杂志 500 强企业排行榜以来，西斯科连续 20 多年入榜，2019 年排名第 172 位。2018 财年，西斯科销售额达到 580 亿美元，净利润达 14.21 亿美元，市值超过 380 亿美元。

2016 年，美团推出了“快驴进货”，主要为餐饮商家提供进货服务，产品包括米、面、粮油、餐具、纸巾、一次性用品、打印机、酒水饮料等，且以比市面更低的价格提供。

这一业务推出后，最开始进展不太顺利。首先是客户群体的确定，花了一定的时间来摸索。最开始是谈一些连锁餐饮商家，后来重点转向了中小型餐饮商家，这类商家在采购方面的痛点更强。其次也更重要的是能力方面的建设，此前美团并没有设立过采销类和仓储类的岗位，一切都需要从零开始。

“快驴进货”探索了两年多才慢慢走上正轨，这也是“长期有耐心”的体现。

在服务餐饮商家方面，美团还设立了餐饮学院。餐饮学院是面向全国餐饮人的在线餐饮教育平台，旨在为餐饮从业者提供专业化、体系化、在线化的餐饮管理及经营知识学习平台。

餐饮学院以线上视频课程、图文内容为主要的在线学习形式，为餐饮人提供丰富的关于经营、管理、营销、外卖、财务等方面的餐饮类业务知识。餐饮人可以随时随地利用碎片化时间学习、应用并解决实际问题。

外界虽然质疑美团的业务没有边界，感觉什么业务都在做，甚至有点乱，但美团在餐饮产业的各种布局，都是希望能够更好地促进产业的发展，为餐饮产业的发展创造更大的价值。美团在餐饮产业“下半场”的发展路径明显是聚焦核心，把产业做深、把业务做强。

而在酒店旅游、到店综合业务的各品类方面，美团采用的也是与餐饮业相同的策略，从 IT 化、供应链等方面入手，既为产业带来更多的客流，也为产业降低成本、提升效率。

商品团购的沉浮

在“下半场”，美团一直都在理性评估各项业务。如猫眼电影就是让更专业的光线传媒控股，独立发展。而有些业务虽然是盈利的，但如果只能做得比较浅，也会被关闭，比如，美团早先的商品团购业务。

外界对美团的商品团购业务有些错误的认知，以为是 2013 年 7 月美团收购猛买网后才正式切入电商购物板块，其实美团在成立第一年就上线了商品团购。

商品团购的特点是全国用户都可以购买，比如食品、图书、小家电等，这些标准品都可以全国包邮。美团在很长一段时间只在100个左右城市开展线下业务，还有很多城市并没有开通餐饮、酒店、休闲娱乐等品类。但是，美团早期在互联网上做了很多推广，在很多没有开通本地服务的城市，也有很多网民成为美团的用户，这些用户点开美团之后，看到的就是可以全国购买的团购商品。

因此，商品团购作为美团的边缘业务，发挥着相应的作用，而且一直是盈利的。

最开始，商品团购的组织架构只是一个小组。在2013年7月美团收购猛买网后，成立了商品团购部，并任命猛买网创始人张智勇为商品团购部总监，向COO干嘉伟汇报。后来，美团还引入了电商领域的资深人士简超来操盘商品团购，希望能够做大。不过，美团的商品团购，在总交易额中的占比一直非常小，最开始是10%以内，后来慢慢下降到不到1%的比例。

干嘉伟回顾说，做实物团购是一件既轻松又赚钱的事情，但是，在资源和能力都有限的情况下，坚持做本地生活才是对的。一个企业最核心、最稀缺的资源不是钱，而是创始人的注意力。

做平台就是要横向整合，但是早期不具备条件时，可能就需要先纵向整合，从一个业务出发。比如美团外卖，我们先解决吃的问题，把这个业务做起来之后，再把配送养起来，等组织能力溢出之后才能成为一个送水果、药品等所有物品的平台。

最开始，美团做实物团购的收益很可观，一下子就能卖掉几十万条牛仔裤，但是美团就是坚持只做本地生活，因为资源能力都很有限。

一个企业最核心、最稀缺的资源不是钱，而是创始人的注意力。钱可以融，但是时间是不能融的。

2016年8月1日，美团正式宣布，为更好地服务消费者及商家，继续专注和深耕生活服务O2O领域，美团将对原商品交易业务做出相应调整，终止电商团购业务，并关闭商品团购的入口。

美团的商品团购团队调整至外卖配送事业群孵化新业务，这个新业务，就是零售业务。

在“下半场”，美团在聚焦核心业务的同时，也没有放弃对新业务的探索。只要能为消费者提供便利，能为产业创造价值，美团都会做尝试。

如果说，美团新推出的零售业务，与之前的商品团购有什么本质的区别，那就是更聚焦于与外卖业务的结合。之前的商品团购，只是做了流量的转化，消费者在点外卖或者订酒店的时候，翻一下美团，发现还能买货，消费者下了订单之后，是快递公司负责发货。美团新推出的零售业务，是希望距离消费者更近一些，把消费者周边的商场、超市搬到网上，让美团外卖的配送服务把消费者与周边的零售供应商连接起来。

对于新的零售业务，美团很重视，王慧文还专门把到店餐饮事业群运营负责人文秦调岗到外卖配送事业群，专门负责新的零售业务。文秦2010年就加入了美团，历任大区经理、高级运营总监等职。在美团工作期间，我与文秦一起处理过多起团购业务的危机事件，他的话不多，但是非常重视关键信息和数据。

2016年7月，美团获得华润旗下华润创业联和基金的战略投资，双方建立全面战略合作。合作后，双方首先会在外卖平台探索“互联网＋零售”的新业态，华润旗下的华润万家、苏果超市、乐购、Ole、VanGo便利店以及太平洋咖啡、华润堂等上万家线下零售门店都将集体“搬入”美团外卖。消费者通过美团、美团外卖与大众点评的App入口，均可享受到半小时生活圈带来的零售新体验。

从理论上来说，美团接入了线下的商场和超市，消费者购买后由美团外卖的配送服务直接送货上门，这是一个完整的闭环。

不过，理论上是一回事，实际上又是另一回事。

如果从增加销售额的角度，商场超市当然是愿意接入美团外卖的，因为对业绩有帮助。不过，整个环节有一个非常大的痛点，就是商场超市的人员配置、IT系统并不是为外卖业务专门配置的。除非订单量大得惊人，商场超市才会把外卖平台当回事儿，才愿意在人员配置方面给予更多的倾斜，才愿意在IT系统方面做调整。

所以，对于接入外卖平台，大型商场和连锁超市的实际情况是，高层非常乐意（可以增加业绩），中层面露难色（实际落地很难），基层不置可否（能做多少做多少）。

文秦于2017年5月从美团离职，加入教育领域的创业公司“一起作业”，担任COO一职。不过，美团对于新零售的探索并没有停止，后来，还探索开设实体商超，比如小象生鲜、美团买菜等，还结合社区团购的模式，推出了社区团购品牌“美团优选”。

一度关闭的商品团购也进行了重启，但重新做了定位。美团在“帮大家吃得更好”的使命下，于2020年8月重新推出了“团好货”频道，主打食品类商品团购，比如水果、零食、粮油等，可以全国包邮。食品是高频消费，“团好货”频道推出后，食品类的销售量也非常大。

美团在创新业务方面的探索，王慧文参与得比较多。在新零售方面，他通过学习、观察和实践，也得出了很多的经验教训。

新零售的坑

王慧文是个很爱学习的人，他的学习方式，一是看书，二是与专业人士交流。在零售方面，他把能找到的关于零售的书都看了一遍，同时也与传统的商场、超市行业的专业人士进行了大量的交流，形成了一定的认知。

在王慧文看来，中国“新零售”最开始的探索者还是阿里巴巴，“据我观察，天猫超市在一定程度上和新零售的很多做法比较像，2014年左右阿里巴巴开始进入新零售领域，2015年、2016年进行大规模推广”。

2016年10月13日，阿里巴巴创始人马云在杭州云栖大会上提出未来五大新趋势：新零售、新制造、新金融、新技术与新能源，并称未来这“五个新”的发展将会深刻地影响到中国、世界以及未来的所有人。其中第一个新就是“新零售”，马云认为，纯电商时代已经过去，未来十年、二十年没有电子商务这一说，只有新零售这一说。互联网时代，传统零售行业受到了电商互联网的冲击。未来，线下与线上零售将深度结合，再加现代物流，服务商利用大数据、云计算等创新技术，构成未来新零售的概念。纯电商的时代很快将结束，纯零售的形式也将被打破，新零售将引领未来全新的商业模式。

从马云的讲话来看，阿里巴巴是把“新零售”放在了非常重要的位置。

美团进入“新零售”的时机也比较巧，是在美团的外卖业务做起来之后。2016年，美团外卖每天的订单量达到了数百万单，峰值接近千万单。王慧文在一次内部交流会上说：“外卖就像是餐饮与零售的十字路口，那我们可以都走走看。”

在这个领域，当时美国有一家叫Instacart的公司非常受关注。Instacart是一个给居民运送日常食品杂货的平台，主要服务美国几个大城市。主要流程是：买家在网上下单，买家附近的采购者接单，并将商品送至买家处。最快时，买家可以在1小时之内收到商品。所以，国内出现了一些复制Instacart模式的公司，美团也推出了类似的业务。

但是，“新零售”看起来很美，实际上需要解决的问题却很多。此外，由于天然的基因差异，互联网公司在与商场超市合作的时候，相互之间的理解、磨合都存在一些问题。

传统的零售，线下的商场超市与消费者进行交易的时候，是当面服务，所以消费者体验如果不好，可以当面抱怨。这时候，商家的营业员压力比较大，会赶紧处理。但是，线上交易的时候，消费者是互联网下单，商家看不到消费者，如果服务体验不好，商家可能觉得无所谓，反正互相见不到，消费者不满意，很可能是对互联网平台不满意。所以，商家对消费者会有差异化对待，使消费者觉得没有得到去实体店的服务体验，由此进一步影响消费者的消费意愿。

对于连锁商场超市来说，总部和门店的态度也不一致，总部比较有战略意识，高瞻远瞩，觉得互联网化是大势所趋，愿意投入精力和资源来做这件事。但是，门店有日常的经营指标，如果互联网平台带来的订单量不大，配合度就会很低。所以，总部希望能够跟上趋势，但是门店又没有配合好，实际落地会比较困难。

一般来说，对于一个稍微大一点儿的连锁商场超市，一个战略性会议做了一个决定，就对产出速度有很高的要求。但事实上，消费者在互联网平台的消费习惯需要一个培养过程，发展速度不会特别快。虽然互联网行业变化速度快，但是线上零售的业务流程、消费者认知变化速度没有那么快。

在2019年5月21日举行的腾讯全球数字生态大会上，王慧文分析了一些与Instacart类似模式的创业公司遇到的问题。

在中国与Instacart模式类似的参与者遇到的问题，Instacart要么没有遇到，要么已经解决掉了，所以它今天的发展，在我看来还算健康。但中国参与者在这里面遇到几个比较大的问题。

第一，货品标准化。线下超市里面卖的菜或者是水果其实是不标准的，比如线上看到的照片和线下实际拿到的货品可能是不匹配的。消费者因为买到的东西跟他预期不一致，消费体验常常不会很好。

第二，利润率和配送成本之间的问题，还包括分拣、打包的成本。我们跟超市讨论成本结构的时候发现，双方面临一个痛苦的问题：线下超市的利润（净利）只有2%，如果要算上打包成本、配送成本、分拣成本，这2%的利润率根本覆盖不了。这就带来一个问题：对线下超市来说这个成本谁来承担？是让平台承担，还是让商家承担，还是让消费者承担？事实上，据我们观察，每一方承担压力都比较大。

第三，吞吐能力。电商这个行业经常做大促，最著名的是“双11”和“6 · 18”，这种大促是从仓库里面把东西运出来，所以仓库的设计是为了快进快出。但是超市的设计是快进慢出，所以超市的吞吐能力成为一个非常大的问题。做了大促推广、用户运营，但是想把量拉起来的时候，发现超市的能力根本承载不了，就崩盘了，消费者体验非常差，可能中午下一单水果，下午才能送到。所以吞吐问题比较大。

第四，IT系统。过去超市商家做的IT是为他们内部的ERP、财务管控、仓储管控、周转率设计的，并不是为线上交易设计的，所以导致整个IT体系跟线上对接会出现承载能力不够、接口有问题等等，这就跟整个互联网之间的接口化设计、高负载之间形成很大的矛盾。但是，改又很难改，它们没有IT能力，是找外包做的，外包的成本又很高，所以超市的IT能力也有非常大的问题。

这四个比较大的坑，导致这个业务在中国的发展速度不是很快，但是我们仍然能够看到消费者的需求比较清晰。在遇到这么大挫折之后，我们能够看到美团闪购保持着比较可观的年增长率。消费者需求还是比较旺盛的，但是整个行业的基础建设问题非常大。

如王慧文所言，“新零售”需要填的坑非常多，但这个业务美团一直都很重视。

美团2016年开始探索“新零售”，经过两年多时间的实践之后，2018年7月美团的闪购事业部正式成立，归属到家事业群，同时推出独立品牌“美团闪购”。

美团能有更多资源大力发展“新零售”业务，还有一个背景，就是在餐饮外卖这个市场，美团已经取得了决定性的胜利。

取得决定性的胜利的一个标志性的事件，是饿了么与百度外卖的合并。即使两家合并之后，其市场份额之和也只相当于美团外卖一家的。

外卖的“下半场”

2017年8月24日，饿了么宣布合并百度外卖。阿里巴巴为此次交易向饿了么提供了融资支持，百度通过换股方式也成为饿了么的股东。这样一来，饿了么同时得到了阿里巴巴、百度外卖两家巨头的支持。阿里巴巴和百度承诺，将给予新平台在流量入口、智能技术、金融保险等领域的全方位和更大力度的支持。

合并完成后，百度外卖成为饿了么的全资子公司，仍以“百度外卖”的品牌和运营体系发展了一段时间。曾经一度在白领市场占据领先地位的百度外卖，此后慢慢淡出大众视线。2018年10月15日，饿了么与百度外卖整合完毕，百度外卖正式更名为“饿了么星选”，定位为饿了么旗下的高端外卖品牌。

在饿了么宣布合并百度外卖时，美团外卖的市场份额已经相当于两家公司之和，市场份额各占50%左右。而饿了么与百度外卖整合完毕之后，美团外卖的市场份额已经达到了60%。在饿了么获得大量资源投入之后，美团外卖也越做越强。

美团外卖由美团的一个创新业务慢慢成为主力业务。2017 年美团整体交易额为 3600 亿元，美团外卖交易额为 1710 亿元，美团外卖在美团整体交易额中的占比接近一半。

2018 年 1 月 18 日，美团外卖在京举办外卖产业大会，“广覆盖、全场景、新物种、强配套”，美团外卖负责人王莆中表示，外卖整体发展依托于餐饮业主业的发展，已经成长为一个产业，与世界上其他国家的外卖平台相比，中国的外卖行业发展速度已经居于领先地位。王莆中总结外卖行业的变革时说：“外卖的出现让很多商家的营业时间变长，消费者在早餐、下午茶、夜宵等更多场景下的需求都能得到满足。”

针对外卖产业的“下半场”如何发展，王莆中认为，外卖未来发展空间需要在供给、需求、配送三端发力。

供给方面，主要是四点。

第一，加强三、四线城市的覆盖，渠道进一步下沉。目前，三、四线城市的外卖订单同比增速远高于一、二线城市，已经成为外卖发展的重要增长极，餐饮外卖行业的经营应进一步向低线城市下沉。另一个提升外卖经营空间的重要途径是通过提高服务质量，提升用户消费频次，增加外卖单均价。数据显示，美团外卖用户的消费频次和单均价在近三年来均出现显著增长。从城市级别来看，三、四线城市外卖订单占比高达 40%，同比增加 5 个点。要在供给侧发力，外卖平台需要进一步加强线下业务覆盖，注重培养三、四线城市用户外卖消费习惯。

第二，加强品类扩张，由单一餐饮品类扩展到全品类。虽然目前外卖依然以餐饮为主，但是甜点饮品、生活超市等类目的订单量和配送需求正在快速增长，后续将爆发更大的市场活力和市场空间。

第三，发展品质外卖。随着众多知名品牌餐饮商家与外卖平台达成合作，品牌餐饮商家的话语权进一步增强，订单比例增加明显，而且深受消费者的欢迎，也提升了外卖平台的形象。

第四，拓展跑腿业务。消费升级使得用户需求差异化、个性化，美团外卖的跑腿服务主要使用场景为“忙、急、懒、难”。跑腿业务的盛行，为丰富即时配送品类提供了空间，促使外卖从餐饮向其他品类扩展。

需求的拓展方面，除了办公室、大学校园、住宅区等外卖常规消费场景外，积极探索新的消费场景，如酒店、商铺、医院等消费场景。从数据来看，酒店的订单比例已经高达8%，随着用户点外卖习惯的养成，异地差旅人士成为外卖的重要开拓人群。

配送方面，通过智能调度系统提高外卖订单的配送效率。并且，未来随着外卖品类的进一步扩张和用户需求的进一步挖掘，外卖的物流将向更多同城配送和到家服务转型。

在这次产业大会上，传统餐饮商家也受邀进行了一些交流。

和合谷创始人、董事长赵申介绍，以往餐饮经营特点是食材成本高、房租成本高、人工成本高、能耗成本高、利润额低，“借助外卖平台的业务模式，在几大重要成本几乎不需要增加的情况下，可获得更多营收利润”。

汉堡王中国区外送总经理安金则认为，“外卖平台的线上流量资源为餐饮商户提供了线上打造品牌形象的窗口，线上线下的互动营销模式也变得多元化”。

中国烹饪协会会长姜俊贤表示，2017年全国餐饮收入超过3.9万亿元，其中外卖市场规模突破3000亿元。外卖在整体餐饮规模中的占比，还有很大增长空间。姜俊贤认为，“餐饮品牌化发展”“主力消费人群年轻化”“重视承担社会责任”是未来餐饮外卖领域的几大重要趋势，餐饮商户要紧紧抓住餐饮业“线上+线下”融合发展的机遇。

进入“下半场”的美团外卖，在人口红利和移动互联网红利消失的背景下，主要策略是立足于产业，优化供给侧质量，满足消费者的更多品类需求，提升配送效率。

美团外卖“后来居上”式的成功，为美团开展交通、零售等新业务的探索，开了一个好头。

不过，并不是所有的创新业务都能随随便便成功。在互联网行业，非常“高大上”的云计算业务，美团在进行了长时间的探索与实践之后，决定不再进行投入。

“美团云”的淡化

早在2013年5月，美团就推出了“美团云”业务。从布局的时间来看，美团在云计算这块并不算晚，当然也不算早，阿里巴巴是2009年就开始的云计算业务，且一直是重金投入。

“美团云”推出之后，主要是通过技术团队的努力，优化产品，提高用户操作体验，提供优质的底层架构以及稳定的网络服务。到2014年上半年，“美团云”发展了一些企业客户，包括互联网初创团队、在线教育企业、电商网站以及一些有影响力的科技媒体等。在中国排名前五的电商网站中，美团是第一家将服务器完全迁移到云上的。“美团云”在虚拟化、自动化运维、服务器稳定性方面积累了重要的一手经验。

早期的“美团云”业务一直在低调运营中，与其他互联网巨头相比，投入不大，产出也谈不上惊艳。2015年5月，“美团云”正式独立运营。当时我跟“美团云”团队一起开过一次会，印象很深刻的是，“美团云”是一支谦虚谨慎的团队，主要的策略就是低调做业务，争取拓展一些重点客户，尤其是与生活服务业相关的客户，在这个特定的领域打造“美团云”最懂生活服务业的品牌。

“美团云”正式独立运营后，接连发布了一系列公有云产品，聚焦云主机、云数据库和云存储等领域，同时凭借在自己优势科目——团购、外卖、酒旅上的积累，于2016年推出了餐饮云、酒店云、旅游云三个行业解决方案。

我记得，当时在全国各地出差、与美团当地的城市经理交流时，发现他们的名片上都印着“美团云”的相关服务，不过，他们也并没有将这个业务作为重点，如果客户有需求，就顺便提一下。

2017年5月，“美团云”以更换徽标的方式，高调宣布进入云计算赛道，推出“技术突破边界，服务传递价值”的品牌口号。这是“美团云”自正式独立运营并开放服务以来，首次对外展示品牌形象，同时还透露“美团云”的客户数量已经超过4万家，涵盖O2O生活服务提供商、在线教育、电商、互联网金融、智能硬件、新媒体、汽车等领域。“美团云”总经理李爽当时表示：一方面，“美团云”将通过成熟的技术架构、创新的技术理念帮助传统企业实现云上转型；另一方面，“美团云”将为广大成长型企业提供全面、专业的云计算服务，助力成长型企业探索成功发展路径。

在技术层面，“美团云”通过内部技术孵化、外部生态伙伴技术融合，打造了从底层高性能计算资源到上层智能应用的全方位人工智能云平台，并在2017年10月策划组织了首届AI峰会，邀请信通院、科大讯飞、清华大学、英伟达、搜狗、地平线等合作伙伴，首次展现出开辟新战场、拉拢人心的架势。

此外,“美团云”当时已获得工信部颁发的CDN牌照和云牌照，在经营业务层已具备基本政策条件，还立下了打造“最开放的人工智能平台”的目标。

这一切动作，让“美团云”看起来已是万事俱备，正在努力冲击云计算市场更靠前的位置。

不过，在探索与实践了一段时间之后，“美团云”这个业务慢慢淡化了下来。

根据国际数据公司（IDC）发布《中国公有云服务市场（2019上半年）跟踪》报告，阿里巴巴、腾讯、AWS（亚马逊提供的专业云计算服务）、中国电信、华为共同占据公有云市场74%的份额，“美团云”没能进入前十。

2020年3月12日，“美团云”发布公告，宣布美团公有云将于2020年5月31日零点起，停止对用户的服务与支持，并回收资源。资源回收后将无法找回数据，建议用户尽快进行数据备份或系统迁移，也可通过工单，提交退款申请。

“美团云”的退出还是有点出乎外界的预料。外界有些观点认为，美团十分推崇亚马逊，把对标公司定为亚马逊，亚马逊的AWS在云计算领域分量颇重，所以美团也要有美团云。同理，亚马逊的市值很高，如果美团的业务尽可能跟亚马逊看齐，可以提高自身的估值。

美团确实对亚马逊的经营理念十分推崇，但是，美团并不是学习亚马逊的外形层面，而是学亚马逊的精神层面。王慧文在接受采访时表示：“我们在精神层面上确实在学习亚马逊，但是在具体形态上跟亚马逊不见得像。我们学习亚马逊的企业治理思想、经营理念、管理方法，但是在具体的产品形态上是两回事。我们学他们的神，不打算学他们的形。”

在创新业务的探索方面，美团有很多成功案例，比如猫眼电影、美团外卖、美团旅行等新业务都实现了“后来居上”。有些业务没有做成，但还是产生了一定的反响，像美团的云计算业务。事实上，美团还有更多的业务，因为探索不成功被关掉了，这些业务从开始到关闭，都没有产生过大的反响。

王慧文认为，要以客观的心态来看待新业务的成败。

理性接受失败

2017年11月4日，王慧文面向餐饮平台全员发布了一封内部邮件，宣布停止“松鼠便利店”和“共享充电宝”两个项目的试点运营。“松鼠便利店”从2016年年底开始试点运营，充电宝项目则从2017年上半年开始试点运营。

经管理团队讨论决定，我们将结束餐饮平台“松鼠便利店”和“共享充电宝”两个项目的试点运营，对这两个项目组组织及人员做出以下调整：

一、取消外卖事业部松鼠便利组组织设置，相关11名同事全部转岗到外卖事业部商超KA组及商家运营组。

二、取消餐饮生态平台充电宝项目组组织设置，相关14名同事全部转岗到餐饮平台Z项目组。

感谢相关同事在业务探索期间做出的努力，期待他们在新的岗位上做出新的贡献。

从王慧文发的内部邮件来看，“松鼠便利店”和“共享充电宝”两个项目的试点运营，投入的人力并不多，每个组十几个员工。美团内部的创新业务，都是以小型团队开始试点，在实践中探索出对新业务的认知，再通过业务数据来衡量是否值得持续投入。

美团以团购起步，经过多年的奋斗与探索，成为一家覆盖多个行业、不同业态、不同产业环节的多业务公司，每一个成功业务的起步，都是小型团队的探索。此前，美团曾先后试点猫眼电影、美团外卖、美团旅行等新业务，并后来居上取得行业领先地位，每年的交易额高达数千亿元。在这些成功业务的背后，是大量失败业务的退场。

过去一段时间，在外界看来，我们是一家有能力抓住新业务机会、不断拓展业务边界的公司，被认为是一家新业务成功率很高的公司，这或多或少也提高了很多同事对于新业务成功率的预期。

但是必须提及的另外一面是，与外界看到的成功发展起来的业务相比，其实我们还有更多业务探索不成功被关掉了，这其中包括早餐外卖、排队机、WiFi 等近 10 个业务。如果说得更远一点儿，在创办校内网之前还曾经有接近 10 个探索业务失败了，只不过那个时候我们比较小，失败的探索没有被行业关注曝光出来。我提及这么多探索失败，是希望同事们能客观看待新业务的探索。新业务探索对任何一家公司，不论是成功的大企业还是在努力生存的创业公司，都有可能是件充满挫折随时失败的事情。失败很痛苦，但是我们不能因噎废食，因为不尝试更没有机会。

王慧文还透露了一些“干货”，即如何判断一个新业务该投入多少资源来探索。

这个问题，其实是很多公司探索新业务时的痛点。

新业务值不值得做这类问题，相对是比较好回答的。此前的章节，也介绍过美团的“三层四面分析法”，可以比较客观地评估新业务的前景。

而判断一个新业务该投入多少资源来探索，王慧文认为，主要有两点。

第一，以业务探索需要多少资源判断，而不是以公司有多少资源判断，要避免因为公司资源变多之后，不基于业务本身特征配置资源，盲目扩大资源占用的情况。

第二，新业务探索的资源以满足最小测试单元为默认标准，另外一种可参考标准是以未来市场体量反过来评估探索成本。

这两点标准，很值得探索新业务的公司或者团队借鉴。

第一点是一个常见的问题，即新业务开始之前，很多人第一时间想到的是公司现有什么资源，希望占用更多的资源来促进业务的发展。但是，企业本身的资源始终是有限的，而希望得到资源的内部需求可能是无穷的。如果以资源来决定业务做不做，那很可能把内部创新变成资源争夺。因此，资源的投入需要客观评估。后来，美团在成立业务管理委员会之后，评估资源时一律以“零资源”来评估新业务，就是假定这项业务的各项资源都需要购买，在不占用美团任何资源的情况下，这个业务还能成立，才考虑做。

第二点，在探索资源方面，以满足最小测试单元为默认标准。一个新业务的测试范围可能是一个小区，也可能是一个商圈，甚至是一个城市，但是，在评估资源投入时，以“最小测试单元”为标准。如果不太好确定范围，也可以考虑以未来市场体量反过来评估探索成本，用“三层四面分析法”等手段来分析这个业务有多大，能做多大，再根据可能拿到的业绩来反推探索成本。

对于新业务的成功或失败，王慧文认为要保持客观的心态。

他表示，首先，要以客观的心态来评估业务的成败。新业务很容易失败，这是客观规律，不必回避这个规律。很多公司为了维护团队士气，逃避承认业务探索进展缓慢，逃避面对探索失败，甚至把失败粉饰为成功。导致的结果是，员工没有机会基于有效判断业务成败来沉淀正确的做事方法。持续地为死树浇水，把公司的战略资源浪费在非战略性的机会上。

其次，客观看待新业务机会。王慧文提到，过去一段时间，有两种不理性看待新业务机会的思潮在交替出现：一种是新业务有更好的发展空间，没有老业务的严格管控，容易晋升，可以负责更多的事情；另一种是新业务探索期被迷茫困扰，不容易出成绩，晋升评级很难讲出业绩。他希望同事们既要看到新业务的历练机会和可能的快速成长，也要接受新业务进展缓慢甚至失败带来的挫折和晋升困难。

再次，要客观看待探索业务的放弃。探索业务的放弃并不意味着试点失败，也不意味着试点团队的失败，放弃探索业务的原因有很多种，行业体量不够、行业时机不对、业务协同价值不足等等。

同时，他也重点指出，新业务立项、扩张、评估、关闭流程要正规化。之前，美团在新业务立项上存在立项随意、偷偷立项这类情况。后续美团将成立专门委员会，设立专门流程，未经委员会批准不能立项。任何一个业务在大规模经营之前，都需要经过委员会评估，避免出现未经委员会批准扩大经营规模的情况。每个探索业务都要定期评估进展，并决定是否继续探索还是关闭。

当然，对于新业务，美团并不是什么热门就做什么。而且，有些新业务即使已经开展，也会及时评估发展前景。

我印象最深的，是美团早餐这个业务的关闭。2014 年年底，美团推出了集中采购、集中配送的早餐业务。百度外卖、饿了么也在同期开通了早餐业务，同属于平台类的早餐 O2O 还有聚美优品旗下的美天早餐等。除了这些大平台，市场上还有早餐佳、趁早、汁味等创业公司。总体来说，“互联网 + 早餐”这个产业当时比较热闹，也满足了一些消费者的需求。

不过，2015 年 8 月，美团就关闭了集中采购、集中配送的早餐业务（不影响用户通过美团外卖点早餐）。在美团早餐正式关闭之前，王慧文通知我过来开个小会，我到达会议室时，他告诉我的第一句话就是："美团早餐要关了，这个生意不能继续做了，我算过账，永远不可能盈利。"

这表明，一切业务的基础，都是建立在基本的商业常识之上。

2017 年，美团已经发展成为年交易额高达 3600 亿元的大型互联网公司，面对的是数十万亿元的 O2O 市场，并占据了非常好的战略位置。王慧文认为，现阶段不是机会太少，而是太多。美团要坚持用正确的方法论和心态来面对业务、面对机会，既不能盲目立项、随意立项，也不能因为害怕失败而止步不前、停止探索，这样才能确保不断前进，再上台阶。

进入"下半场"的美团，并非一路坦途，有收获，也有挫折。不过，即使有一些挫折，美团还是在不断推出新业务，特别是在零售和交通方面做了很多探索，也被外界称为"无边界扩张"。

关于"无边界扩张"，王兴的态度是，太多人关注边界，而不关注核心。

面对一些困难与挫折，王兴的态度是，最重要的不是向上或向下，而是持续向前。

Chapter

09

美团的“两心”

美团的边界是什么？王兴的观点非常明确：不关注边界，只关注核心。

什么是核心？

客户的需求就是核心。

在美团多元化的时候，在被外界质疑“什么都做”的时候，王兴的回复是：很多人在关注边界，而不关注核心。看起来美团是什么都做，但实际上只做一件事情，就是服务客户，点外卖的、看电影的、旅游的、租车的，基本上是同一个群体。

实际上，美团在早期只有团购业务的时候，王兴被问及在移动互联网红利逐渐减少的情况下，美团应该怎么办的问题时，也是这样回复的：“在移动红利可能逐渐消失的情况下，我们还是回到核心：用户的需求到底是什么？在想各种办法之前还是要抓住核心，给用户提供他想要的东西，这是我们的重中之重。”

“以客户为中心”，一直深深地融在美团的企业文化之中。

王兴一直都很推崇亚马逊的经营战略。创立于 1995 年的亚马逊从网络书店不断迭代，拓展边界，发展成为一家全球性的网络电子商务公司，是全球商品品种最多的网上零售商和全球第二大互联网企业。2005年，王兴看过一篇写亚马逊的文章，文章开篇就说："这家公司已经十几年了，依然像一架跌跌撞撞的飞机，最后是拉起来还是坠下去，没有人知道。"亚马逊是一家"长期有耐心"的公司，所以，也长期承受着外界的误解。

王兴认为，"长期有耐心"，是"道"的层面上的竞争战略，而不是"术"层面上的。时间越长，基本上竞争的对手就越少。这句话虽然很容易听懂，也容易认同，却很难做到。因为，长期有耐心的代价，基本上意味着要承受长期被误解，这很不容易。

长期思考

2017年2月18日，在美团的内部沟通会上，王兴摆了一把空椅子，但他并没有坐在上面，他用这把空椅子象征一个参会的客户，提了一个值得深思的问题：如果这个客户一直看着我们的工作，我们会做哪些事情？

从这个角度出发，王兴提出"以客户为中心"。他认为，"以客户为中心"是任何一个成功或者希望长期成功的公司都应该共享的文化价值观。在理念上，需要反反复复时时刻刻提醒自己：客户需要什么？对美团提供的服务还有哪些不满意的地方？"以客户为中心"这件事情永远不能忘，永远摆在最中心。

此外，王兴还提到了"长期有耐心"。王兴强调，长期思考是非常重要的，这是美团极其核心的一项竞争战略。

亚马逊是"长期思考"的典范。1997年贝佐斯的第一封致股东的信，主题就是“一切都是为了长期”。与短期财务回报相比，亚马逊将客户视为第一，看重长期市场领先地位，20年坚持长期思考，给亚马逊带来了巨额回报。贝佐斯还投资建设了一座“万年钟”，秒针每年走一格，世纪指针每百年走一格，报时工具每千年报时一次，鼓励人们进行更多的长远思考。

“以客户为中心”“长期有耐心”被称为美团的“两心”。

第一个是以客户为中心，这一点非常重要。有几亿人在我们的平台上面花钱，凡是花钱的就是我们的客户，这是跟用户之间最简单的区别。以客户为中心，到底他们是什么样的人？他们在哪里？他们需要什么？他们对我们什么地方满意，对我们什么地方不够满意？还需要我们做什么，做哪些更多的事情？我觉得这些问题极其重要，是我们做所有事情都需要反反复复考虑的事情。坦率地讲，我觉得比较惭愧，至少我还不是足够清楚。我相信多数的同事也不是足够清楚，我们到底在服务哪些人？到底服务什么样的人？所以，我想来想去，觉得“以客户为中心”是一个公司唯一最重要的，这其实是所有公司都需要共享的文化价值。

第二点是长期有耐心。这句话听起来有点绕，有耐心就是时间要长。我之所以愿意讲这么重复累赘，甚至有点不通顺的话——长期有耐心，是因为我要反反复复强调长期和耐心的重要性就是时间维度的重要性。长期有耐心，这是我在看亚马逊的例子的时候，特别吸引我注意的一点，后来我逐渐理解了。为什么长期有耐心如此困难？早几年，我也反复给大家讲“你对未来越有信心，你对现在就越有耐心”。为什么这么难？因为那样通常意味着你要承受长期被误解。一件事情慢不要紧，如果每一步都有足够的正向反馈，那么多数人是不难坚持下去的。难的是你做的事情回报、反馈的时间非常长，在这期间你是被误解的。多数人可能可以承受短期被误解，但是承受长期被误解真的要有足够的信念，这真的是很难很难的事情。所以怎样做到长期有耐心，我认为是一个极其核心的竞争战略。

“以客户为中心”“长期有耐心”理解容易，落实起来都很困难。

“以客户为中心”，需要反复地、深度地思考，王兴连续用了十个问句来追问关于客户的问题，如果继续追问，问题还会更多。王兴认为，以客户为中心，是一个理念层面的问题，“需要反反复复时时刻刻提醒自己，提醒你们的团队，提醒我们公司的每一个人，‘以客户为中心’这件事情永远不能忘，永远摆在最中心”。

有些事情之所以大家都同意，却很少有人或组织能够做到，是因为它有它的成本和代价。长期有耐心，基本上意味着你要承受长期被误解的代价，这是不容易的。一两天、一两周、一两个月，甚至一两年相对不那么难做到，但是如果能持续五年甚至超过十年的时间，坚持做一件不那么被外界认可的事情，那么，在最后事情逐渐做成，水落石出的时候，你就会发现你已经一骑绝尘了，或者行业发现你已经一骑绝尘了。这就是发生在亚马逊身上的例子，但中间可能会极其困难。

对亚马逊，我非常尊敬，它就是一家从长远考虑的公司，极其简单明了，但极少公司能够做到。因为你真的需要用很长时间想问题，准备，然后行动。我以前也知道这家公司，但这些年随着对它的了解更加深刻，我对它的尊敬程度也更深了。亚马逊对我的影响，主要还是在看事情的时间维度上。以前我觉得一两年就很长了，现在觉得没有三五年甚至十年，你很难做出一点儿改变，如果你不是以终为始来考虑问题，很多事情可能都来不及开始。

亚马逊不仅在巨额亏损的时候坚持长远投资，在可以轻松赚钱的时候依然在为未来投资。在这种战略思想的主导下，亚马逊似乎成了一家没有边界的公司，在电商零售领域与易趣网（eBay）、沃尔玛等众多企业竞争，在物流领域与UPS、联邦快递（FedEx）等企业竞争，在云计算领域与谷歌、微软等企业竞争，在硬件领域与苹果等企业竞争。充分竞争之后的故事，我们大都耳熟能详，亚马逊成为市值超过万亿美元的高科技企业。

这种无边界综合来看，就是两个核心：一是增加客户的基数，一是增进与客户的联系。

亚马逊的成功，就是以客户为中心，从长远的角度来看问题，推出多种业务服务客户，让企业与客户高强度地聚合在一起。边界虽不好判断，核心却很清晰。

边界与核心

现代管理学之父彼得·德鲁克认为，企业的目的就是“创造顾客”。企业如果能够在顾客需要的领域做出独一无二或者数一数二的贡献，收获是随之而来的事情，企业的发展必然要通过对顾客的贡献来获得。

在早期，美团就明确了“消费者第一，商家第二，员工第三，股东第四，王兴第五”的价值观，消费者与商家都是美团的客户，客户的优先级排在最前面。如果从客户的角度再做一次划分，消费者无疑是最重要的；美团与商家是一种合作关系，双方一起为消费者服务，共同保证整个价值系统为消费者服务。

在一次内部交流会上，有同事提出一个问题：在移动互联网红利逐渐减少的情况下，美团应该怎么办？王兴的观点依然是关注最核心的问题，即消费者究竟需要什么，美团如何来满足，“在移动红利可能逐渐消失的情况下，我们还是回到核心，用户的需求到底是什么东西。在想各种办法之前还是要抓住核心，给用户提供他想要的东西，这是我们的重中之重”。

2010 年，美团上线时只有团购业务。到 2012 年，美团开始探索猫眼电影、美团旅行、美团外卖等新业务。到了 2016 年之后，进入“下半场”的美团，探索的领域更多，比如实体生鲜超市“掌鱼生鲜”、美团充电宝、榛果民宿、美团打车等等。这些业务的探索，有些是成功的，有些是失败的，给外界的感觉，是“美团什么业务都想做”。但王兴认为，美团实际上只做一件事情，就是服务好客户，点外卖的、看电影的、旅游的、租车的，基本上是同一个群体。

以客户为中心，一直深深地融入美团的企业文化之中。

美团的第一版价值观，明确了“消费者第一”，整个公司最重要的事情，就是为消费者服务，在此基础上，推出了“团购无忧”

服务体系，是全球第一家推出过期包退、7天未消费无条件退款、消费不满意先行赔付的团购网站。对消费者的务实态度，是美团在“千团大战”中胜出的根本。

美团第二版和第三版的价值观，也都把“以客户为中心”放在了第一条。美团与大众点评合并后，公司的规模更大，业务更具多样性，员工的数量也越来越多，把“以客户为中心”放在首要的位置，可以让大家更加明确公司最重要的事情是什么。

在外界看来，美团的战线越拉越长，与阿里巴巴、滴滴、携程、京东等公司都成了竞争对手，在打车、酒旅、外卖、新零售等领域同时展开竞争。

在充分竞争的同时，美团的估值也越来越高。

2017年10月19日，美团宣布获得40亿美元新一轮融资，估值达到300亿美元。本轮融资由腾讯、红杉资本领投。此轮融资后，美团将在人工智能、无人配送等前沿技术研发上加大投入，让高科技接地气，进一步推动现代服务业升级。

在媒体沟通会上，王兴回应外界对美团“四处树敌”的评价。王兴认为，竞争分两种：一种是足球的竞争，目标是把球踢进门；一种是拳击的竞争，目的是将对方打倒。美团属于第一种。有些行业和媒体朋友认为美团是非常热衷于打仗也比较善于打仗的公司，这可能对美团有误解。

可能之前，有些行业和媒体朋友认为我们是非常热衷于打仗也比较善于打仗的公司，但我觉得这可能真的是对我们有误解。我们不是一个竞争驱动的公司，其实竞和争本身还不是一回事，同向为竞，相向为争，这两个事情有很大区别。比方说跑步，大家都是为了到达一个目的地，看谁跑得快，你不是为了把对方绊倒，这是同向为竞；相向为争，而且即使是争，也有两种，一种是拳击式的竞争，一种是足球式的竞争。

我们认为，就算是竞争，我们也是偏足球式的竞争，我们目的是把球踢进对方的门里面去，并不是为了把对方铲倒。为了把球踢进门里面，为得分，这过程需要过人、需要铲球、需要假动作，这些都是可以理解的，但目的是把球踢进门。而拳击竞争完全是另外一码事，你要取得胜利就意味着把对方打倒，打倒对方是整个竞争目的本身。我们认为我们从事的行业不是这样的，我们从事的行业是以竞为主，即使是争也是足球式的竞争，不是拳击式的竞争。

同时，王兴还透露，美团累计下来已投资了52家企业，这些企业与美团的整个生态相关。2017年2月，美团宣布成立产业基金，进行独立的市场化运作，基金目标规模30亿元，首期15亿元。基金专注于大消费领域C轮以前的项目投资，具体包括餐饮、零售及酒店旅游、休闲娱乐等本地生活服务领域。

在投资方面，美团不仅“拿进来”，而且还“送出去”。王兴举了猫眼电影的例子，猫眼电影是美团在2012年孵化的新项目，一步步发展成最大的电影票售票平台。猫眼电影要进一步往前发展，就不能只停留在票务商层面，还需要跟上游影视资源合作。美团就引入了光线传媒（后来，光线传媒成了猫眼电影最大的股东），猫眼在电影票务市场突破60%的市场份额。不光在卖票方面，猫眼电影在电影上游发行甚至一部分投资制作方面已经进入第一梯队。

如果说，2015年美团提出的“建生态”处于萌芽阶段，那么，2017年则初步见到成效了。

在此次媒体沟通会上，王兴还首次提出美团已经进入“社会企业”阶段，接下来，美团会是一家“社会企业”。

社会企业

社会企业，即旨在解决社会问题、增进公众福利，而非追求自身利润最大化的企业。

在2017年10月19日举办的媒体沟通会上，王兴表示，在餐饮平台完成整合之后，美团进入了一个全新的阶段——社会企业阶段。美团将秉承“帮大家吃得更好、生活更好”的企业使命，承担更多社会责任，带动就业发展，建设更加开放合作、与全社会协调发展的社会企业。

企业有很多驱动的核心，有需求驱动、竞争驱动、战略驱动等，但我们认为在新阶段，美团是一个使命驱动的公司。当我们围绕使命时，会涉及很多事情，例如我们有很多员工和合作伙伴，我们影响几亿人的日常生活，所以我们和社会有各种各样的关联。我们影响就业，影响产业合作，也对几亿人“吃得更好”承担责任，这是我们的社会责任。

我们的使命其实说起来非常通俗，并不抽象，并不高大上，就是“帮大家吃得更好，生活更好”，用英文表达就是“We help people eat better，live better”，这是一个我觉得所有人都能理解，也跟所有人都有关系的企业使命。“eat better”（吃得更好）是我们核心中的核心，这是一个最最大众的需求。

同其他长期性工作一样，在此之前，美团的使命也经历了两次迭代。

美团的第一版使命，是2013年和第二版价值观一起宣布的，当时提出的使命是“连接人与商户”。这与美团当时所做的事情是一致的，美团是通过团购等方式，做消费者与线下商家的连接器，让消费者找到更好的商家，享受到更优质的本地生活服务，同时也让线下商家找到更多的消费者，提升经营业绩。

美团的第二版使命，是2016年和第三版价值观一起宣布的，对第一版使命进行了迭代，是“连接人和服务，点亮美好生活”。当时的背景是美团与大众点评合并，加入了一些大众点评的元素。

王兴在2017年10月19日举办的媒体沟通会上宣布了美团的第三版使命是“让大家吃得更好、活得更好”，英文版为“We help people eat better，live better”。随后，中文版进行过两次微调，先是调整成“让大家吃得更好、生活更好”，后来又调整成“帮大家吃得更好、生活更好”。

王兴花了很长时间来思考美团的使命，在他看来，“使命”这个问题是非常难的，世界上只有少数公司正确制定了他们的使命。在确定美团的使命之后，王兴不仅对外宣布了使命的内容，还明确了今后美团将会是一个使命驱动的公司。

既然要做“社会企业”，那么，美团就要在行动上创造更多的社会价值。在媒体沟通会上，王兴也详细透露了美团的一些动作。

在消费者方面，美团一直为“让人民群众吃饭更方便”而努力。王兴表示，“我们认为‘吃得更好’有很多含义。例如大众点评作为最早的餐厅评价，帮助人们找到更好吃的产品；团购是使大家在吃好的时候能够更省钱；另外，我们还有其他很多方面的努力，例如大家关心的食品安全问题，除了安全以外，我们还希望大家能吃得健康，我们会逐步往这个方向努力”。

在食品安全方面，美团通过IT技术建立了两个信息系统：一个是“天网”，另一个是“天眼”。美团是互联网行业中首家设置首席食品安全官职位的公司，“天网”与“天眼”两大系统是首席食品安全官钟永健牵头开发的。

“天网”是美团将入网经营商户的信息进行数字化处理的电子档案系统，能将商户的证照资质与政府系统对接，方便国家监督管理部门了解商户的情况。“天眼”系统对食品安全有很大帮助，主要是用来收集消费者的评价、评分，形成一个餐饮业市民评价大数据系统，能够告诉美团和相关监管部门，哪些地方做得好、质量有什么问题、哪里有较大的隐患，以及应当如何解决。

配送安全也是社会责任的一个方面。美团研发的“小区安全守卫”可以解决更具体的配送安全问题，物业人员只要通过“小区安全守卫”小程序，就能完成对美团外卖骑手进行身份核实、轨迹追踪和出入管理，包括小区内骑手的数量、位置、进入时长等信息。同时，可扫码验证骑手身份，让物业管理人员判断信息真假，方便管控。

对于餐饮商户，美团大大提升了商户的经营水平，延伸了商户的服务半径、时间，扩大了经营规模，提升了整体的经营效率。此前，全国五六百万家的餐厅用的管理系统有2000多种，非常分散。在过去两年时间里，美团连通了1000多家餐饮ERP（企业资源计划）服务商里的619家，占比超过60%。王兴认为，“只有帮助餐饮商家打通这些ERP服务商，才能真正帮助他们简化线上线下的对账程序，大幅度提升效率，减少出错的可能性，给外卖用户提供更好的体验”。

从骑手规模来看，美团外卖50万名骑手中，有15.6万人曾经是传统产业工人，占比达31%；还有10%的骑手来自贫困地区。可以说美团外卖助力了脱贫攻坚，形成了新的就业群体。不仅如此，在志愿公益活动中，在抗震救灾现场，送餐骑手用实际行动集聚社会正能量。

美团十分重视交通安全，专门研发了智能耳机，美团外卖的送餐骑手戴上这种耳机就可以不用经常盯手机屏幕，可以更安全、高效地完成配送任务。同时，美团还与全国各地的公安机关合作，进行交通安全培训。

骑手是一个心理压力很大的工作，在高峰期的时候会很忙，而且送餐对时间的要求也比较高，可能会有心理压力，再加上骑手也可能面临日常生活中的一些精神压力，所以，美团与清华大学合作，共建骑手心理热线。骑手在日常工作中遇到心理压力或难解情绪时，可以拨打热线电话获得免费心理咨询。

除了在产业链各环节创造社会价值，美团还在用户隐私保护、环境保护方面也履行企业社会责任。

在用户隐私保护方面，王兴透露，“预计 2018 年美团将投入 1 亿元用于保护用户隐私，比如消费者订外卖，不想让外卖骑手知道你的电话号码，那么有选项可以保护你的隐私，满足你的需求。隐私保护是我们认为非常重要的一个社会责任”。

在环境保护方面，由于餐饮外卖业务飞速发展，外卖垃圾带来的环境污染问题引起了公众的关注。2017 年 6 月，美团外卖联合中国烹饪协会、中华环境保护基金会与百家餐饮品牌共同成立了“绿色环保外卖联盟”，启动“青山计划”，解决环保问题，推动外卖业绿色健康发展。美团在外卖 App 上增加“不需要一次性餐具”的选项，鼓励用户参与“自备餐具”活动，减少筷子、餐巾纸等一次性餐具的使用。

2019 年 10 月 15 日，美团还正式成立了美团大学，将长期致力于“提升职业技能、助力行业发展、促进产教融合、扩大社会就业”四方面的价值创造，让每一位生活服务从业者与数字时代同行。

美团大学由联合创始人穆荣均担任校长，在成立仪式上，他发表题为《让每一位生活服务从业者与数字时代同行》的主题演讲，指出中国生活服务业有近 2 亿从业者，其素质的提升和职业发展关乎中国经济的未来。穆荣均表示，美团大学将在未来十年与国内 1000 所院校达成合作，带动 1 亿名生活服务从业者数字化发展。

美团自成立后，近十年来一直致力于利用互联网、大数据和人工智能等创新技术，帮助生活服务业的商家进行数字化升级。

“互联网＋生活服务”这十年的变迁可谓天翻地覆，2010年，绝大部分商家没有网上经营的意识，2015年左右，大部分老板有意识少能力，知道互联网重要，一定要线上经营，但不知道怎么做；到现在，商家老板很大的困难是，员工普遍不具备数字化能力，招工用工难、相对成本高。

目前中国的生活服务业大概有近2亿从业者，他们是就业的主力军，是服务经济的坚强支撑，他们的素质提升和职业发展关乎中国经济的未来。只有帮助他们适应数字化变革，在各自原有的专业技术之上，叠加数字化技能，才能反哺整个生活服务业的数字化转型，从而助推新经济、激发新动能、释放新红利。

人们往往高估未来两年的变化，而低估未来十年的变化。我们在想，“互联网＋生活服务”的下一个十年会是什么样子？过去十年，我们在推动服务产品在线化，让行业连接互联网；未来十年，将转向培养数字化人才，让行业学会用科技来经营。过去十年，我们力求为外卖小哥提供更多就业机会，解决短期就业生存问题；而未来十年，我们需要为他们提供更多学习机会，解决长期职业发展问题。

此前，美团已经面向餐饮、外卖、美容、酒店旅游等多个生活服务品类设立了八大培训学院，但这些学院都属于各个业务事业群，没有统一的品牌，更没有形成合力。美团大学成立后，在输出培训课程、与职业院校开展合作等方面走的步子更大了。2020年10月15日，美团大学成立一周年时，对外公布了一些数据：输出课程3839门，累计培训超过1698万人，覆盖商户388万家，并与深圳职业技术学院共同建设了数字生活学院。

美团的企业社会责任，有个鲜明的特点，就是结合业务做企业社会责任，把解决社会问题与业务的发展融合在一起。

全场景业务

一个消费者会有哪些消费场景？从地理位置来说，一般是到店消费、在家消费以及交通消费。

在宣布进入社会企业阶段后，美团立即进行了新一轮的组织架构调整。这一次调整让美团的业务基本涵盖了消费者的全部消费场景。

2017 年 12 月 1 日，王兴给全体员工发了一封内部邮件《新阶段、新组织——全新出发、迎接未来》，公布了新的组织架构，未来美团将聚焦到店、到家、旅行及出行这四大 LBS（基于移动位置服务）场景，升级业务体系。

美团前一次的组织架构调整是 2017 年 1 月，当时美团平台与酒旅事业群合并，成立美团平台及酒旅事业群；将大众点评平台与到店综合事业群合并，成立点评平台及综合事业群；再加上餐饮平台，构成了美团点评核心业务“三驾马车”布局。

这一次调整，是从“三驾马车”到“四大 LBS 场景”。

王兴在内部信中表示，原到店餐饮、餐饮生态、到店综合及智能支付业务，重组为新到店事业群，线上线下全面协同、双向打通，增强全场景用户体验，深化全链条商户赋能。张川为新到店事业群总裁。

除了重组新到店事业群，美团还调整出了大零售事业群，新成立了出行事业部。大零售事业群统筹生鲜零售、外卖、配送、餐饮 B2B 等业务，强化外卖配送网络，建设生鲜零售等新能力，全面布局大零售生态，王慧文为大零售事业群总裁。新成立的出行事业部也由王慧文负责。

在“大零售”方面，美团此前一直在探索，比如，用美团外卖接入各种规模的商场、超市，开过实体生鲜超市“掌鱼生鲜”（后来改为“小象生鲜”），美团发起设立的产业基金龙珠资本还做了一些针对零售行业的投资，如对上海社区生鲜品牌“康品汇”的 A 轮融资领投等。

酒店旅游事业群没有太大的变化，由陈亮继续担任总裁，持续提升消费者旅行服务体验。

除了升级前台业务体系（到店、到家、旅行及出行这四大 LBS 场景），美团还提出，要强化中后台支撑和保障能力，升级公司综合管理体系。

中后台支撑和保障能力的强化包括：任命黄海为点评平台负责人、广告平台负责人，与张川搭档，美团平台继续由陈亮负责；金融服务平台继续由穆荣均负责；技术工程及基础数据平台更名为基础研发平台，由罗道锋负责；成立战略与投资平台，由陈少晖负责；成立公司事务平台，由穆荣均负责；服务体验平台部继续由罗道锋分管；财务平台仍由叶树蕻负责；刘琳继续负责人力资源平台，并分管行政服务部。

作为联合创始人，穆荣均在此次组织架构调整中负责金融服务平台与公司事务平台。

公司事务平台是美团新成立的一个平台，定位是“统筹公司对外、对内综合事务”。美团宣布进入社会企业阶段，与社会各界的合作与交流将会增多，成立公司事务平台，为的是让合作与交流更加顺畅，与外界合作伙伴一起创造更多的社会价值。

金融服务平台的定位是“开放合作，结合各场景为消费者、商户伙伴提供便捷创新的金融服务”。与阿里巴巴、京东商城等公司分拆金融业务并谋求独立上市不同，美团没有把金融定位为前台业务，而当成了服务前台业务的中后台支撑体系。

低调的金融业务

金融是个非常有前景的业务。2014 年，阿里巴巴分拆金融业务，以支付宝为基础成立了“蚂蚁金服”，每年的盈利非常可观。以 2015 年为例，蚂蚁金服营收为 249.94 亿元，净利润为 48.75 亿元。

在阿里巴巴分拆金融业务之后，百度、京东商城等大型互联网公司都成立了类似的金融服务公司。

虽然金融业务很有前景，但美团在这一领域却比较谨慎，一直在低调探索。

美团金融业务被外界关注，是因为收购了钱袋宝。

2016 年 9 月 26 日，美团宣布收购第三方支付公司钱袋宝，正式获得第三方支付牌照，可以介入互联网支付、银行卡以及预付卡受理等业务。

钱袋宝是国内首批获得由央行颁发的第三方支付牌照的企业

之一，专注于支付领域，2008 年成立以来，已经成为很多商业银行的重要合作伙伴。2016 年 2 月，钱袋宝的母公司北京国通宝股份有限公司正式提交了新三板上市的资料。公告显示，北京国通宝股份有限公司 2014 年度、2015 年 1—10 月营业收入分别为 1.90 亿元、1.57 亿元，净利润分别为 4764.48 万元、4206.80 万元。从财务数据来看，钱袋宝的经营状态比较健康。

当时外界有误解，认为钱袋宝是有支付牌照的，美团收购钱袋宝，是要自己做支付业务，而不再跟腾讯、阿里合作，其实完全不是这样的。钱袋宝对于美团的意义不光在支付牌照，更大的价值是商家的收单，这对美团是更有意义的事情。因为美团不光要接受消费者支付，还要整体跟商家合作，商家整体的收单业务和美团的合作是非常重要的，所以美团有了钱袋宝，就有了商家自己收单的机制。而且，王兴表示后面美团还做了硬件的 POS 机，帮助商家整体完成收单的功能。

在王兴看来，支付是个“已经结束”的战场，微信支付和支付宝已经占据了绝大部分市场份额。在 2020 年 9 月 12 日，王兴在“全球创业者峰会”上发表演讲时，还特意强调过“不要去做人家已经做完的事情，不要去做那些已经数字化的事情”。

创业和其他事情一样，需要天时，而且天时永远都有。要相信不管在哪个阶段，不管已有的技术发展到什么程度，总有更新的技术，总有一个无尽的前沿，不断往前探索。每一代人都是在前人的基础上，并且数字化技术在不断更新。所以，不要去做人家已经做完的事情，不要去做那些已经数字化的事情，应该找一个还没有被数字化的领域，去把它数字化。

在收购钱袋宝获得第三方支付牌照后，美团在金融方面持续有些大动作。2016 年 11 月，美团出资成立了重庆三快小贷公司，拿下了小贷牌照；同年 12 月，吉林亿联银行成立，美团是主要投资方之一；2018 年 2 月，美团全资控股的重庆金诚互诺保险经纪有限公司，被中国保监会批准开展保险经纪业务。

至此，美团的金融业务集齐了网络小贷、第三方支付、保险经纪三张牌照，并在各项业务上都进行了一些探索。

面向消费者的金融业务主要是“美团生活费”，可以实现“本月买、下月还”，而且是零费用。“美团生活费”每月 1 日出账单，每月 8 日还款。

面向商家的金融业务，主要是“美团小贷”，目标客户主要是美团合作商家，采用无抵押信用贷款模式，有两种产品模式：极速贷和经营贷。其中，极速贷无须客户申请金额，即可获得 5 万元以内的小额贷款；而经营贷需客户在线申请和审核，可获得 50 万元以内的较大额度贷款。

此外，美团还结合业务优势与区域优势，与青岛银行、上海银行、江苏银行等银行合作发出“美团联名信用卡”，从 2018 年 9 月发行第一张联名信用卡，至 2020 年 10 月时累计发卡量突破 1000 万张，增速明显。

美团的金融业务，主要还是服务美团的消费者与商家，算是“借船出海”，一直比较低调。

有些业务，美团却想低调也不能低调。

不能低调的交通业务

当美团还在“千团大战”中激战时，2012 年 7 月 10 日，“滴滴打车”成立，经过 3 个月的准备与司机端的推广，9 月 9 日在北京上线。

滴滴打车的创始人是程维，2011 年他就职于支付宝，担任 B2C 事业部副总经理，负责与美团对接。在创办滴滴后，程维请外包团队做了第一版滴滴 App，还发给王兴看过。王兴反馈，用户体验可以有很多改进的地方，例如，不应该有复杂的注册流程。据说程维很虚心地接受了反馈，并进行了调整。

在经历了初创期的摸索之后，滴滴打车在资本的加持下，在打车领域与快的、优步中国等竞争对手进行了“烧钱补贴大战”，并合并了这两个主要竞争对手。到 2016 年，滴滴已经占据了互联网打车的绝大部分市场份额。

2017 年 2 月 14 日，美团在江苏省南京市试点上线运行打车业务。

关于为什么要进入打车这个领域，王兴表示，这是基于从用户需求的角度出发，而且只是小团队在尝试。

一方面现有网约车不能完全满足用户的需求。另一方面，美团的业务很多是和位置相关的，要么是服务提供者的位置，要么是服务需求者的位置。基于这个逻辑，优步也既做了打车又做了外卖，优步全球有超过 20% 的订单是外卖。所以美团也开始探索基于位置的服务（LBS），但只派了一个小团队在南京这一个城市尝试。

在之前的竞争中，打车行业被普遍认为需要大规模烧钱补贴用户才可能获得成功。但王兴认为，不能靠烧钱烧赢，当年打车行业烧钱是为了拉动乘客、司机以及普及手机支付，现在这个事情都完成了。现在应该是提供更好的产品与服务，让消费者做选择。

面对美团这个新入局者，程维认为，滴滴可能是有史以来经历过世界上竞争最惨烈的公司之一，从竞争对手的角度，美团肯定不是最弱的，但也未必是最强的。

交通这个行业，王慧文其实关注了很久。2015 年 10 月 7 日，美团与大众点评宣布合并的前一天，王慧文请我们做准备工作的几个人吃晚饭时，就从消费者每年的消费支出角度，分析过应该重点关注的行业，其中交通排在非常靠前的位置。那个时候，外卖的战局还不明朗，王慧文关注的视角就瞄向了下一个增长点，从这个角度来说，他天生就适合做新业务。

到了 2017 年，美团与大众点评的整合非常顺利，外卖业务的胜局也基本奠定，在交通方面做些探索的条件已经具备。

滴滴不仅在打车方面做了防御，而且还推出新业务“滴滴外卖”，试图对美团的外卖业务进行冲击。

由于美团和滴滴的体量都不小，所以，这次美团在交通方面的尝试、滴滴在外卖方面的尝试，都引起了很大的关注度。外界认为是喧嚣的商战，美团的内网对打车业务的讨论，也远比其他业务的讨论要多。从局部城市的角度来看，美团和滴滴两个公司还是进行了充分的竞争，但从整体来看，双方经过试探之后，都对竞争进行了淡化处理。

滴滴开了几个城市的外卖服务之后，关闭了这个新业务。

美团的打车业务一直在持续探索，但投入的资金不多，这与美团的战略重心是密切相关的。虽然美团的业务很多，但是与餐饮相关的才是战略核心。

2017 年 2 月 14 日，美团在江苏省南京市试点上线运行打车业务，并在南京和上海两个城市取得了“网络预约出租汽车经营许可证”。2018 年 3 月 21 日，美团打车正式登陆上海，当日完成单量突破 15 万单。虽然南京、上海这两个城市的试点取得了一定的成绩，但是，美团并没有采取更激进的方式来重金投入这一领域，而采取了联合多家出行服务商一起服务消费者的“聚合模式”。

2019 年 4 月 26 日，美团打车在上海、南京上线“聚合模式”，通过接入首汽约车、曹操出行、神州专车等服务商，消费者可以在美团一键呼叫多个不同平台的车辆，享受到不同品类的打车服务。随后，美团打车以“聚合模式”在更多城市试点。

美团的打车业务，还与核心的餐饮业务进行了协同。比如，消费者想打车去某个餐厅用餐，可以在美团 App 中餐饮商家页面直接点击打车按钮，系统会识别用户所在位置及商家地址信息，实现一键叫车直达目的地。

此外，美团还与全国各城市的公交、地铁企业合作，合力提升公交出行服务水平。美团电子公交卡服务基于大数据和人工智能推出了实时公交、定制公交以及为市民提供的老年卡、学生卡、爱心卡等服务，免去了市民线下充值点排队的不便，让出行服务更加实惠、便捷。

在收购摩拜单车后，美团在交通领域进行了全方位的布局。

“公交地铁 + 共享单车”是城市里最高效的出行方式，再加上打车业务，从消费者的角度出发，在美团 App 上可以选择公交地铁、共享单车、打车等多种出行方式。美团在交通领域的布局，是基于消费者的需求，选择了更多的合作伙伴来共同服务消费者。

互联网的 A、B 面

在美团内部，“产品经理思维”是个很有意思的概念，这个概念被很多管理者提及，但并没有写入美团的企业文化体系。在企业文化里，用“以客户为中心”来表述可能更合适，不过，在实际工作中，“产品经理思维”要比“以客户为中心”可能更有指导性。

在早期，美团内部经常会用到“产品经理思维”。在实际工作中，如果两个人对一件事情的理解有分歧，经常会用一句话来解决，即“我们用产品经理思维来想一想”，然后再提出解决方案。

关于美团为什么会“四处开战”，王慧文用“产品经理思维”解释过。2017 年 12 月 13 日，王慧文出席“2017 亿欧创新者年会”时，从供给与履约的角度，对互联网产业进行了区分，A 类是供给和履约在线上，B 类是供给和履约在线下。提出互联网有 A、B 面，美团处在竞争最激烈的那一面，不仅是美团在“四处开战”，与美团同在一面的任何公司都有可能“四处开战”。

讲一点关于互联网产业的“小认知”。产品大师张小龙说过一句非常经典的话，“设计就是分类”。对事情的分类，本身已经完成了设计的工作。按照这种方法论，对中国互联网整个产业做分类，如果只分一刀，在日常的生活、工作中，大家很容易从自己具体从事的事情、行业、产业特征、产品特征来看，很少从一个很大的全景看行业的分类。但是从全景看行业的分类是很有意义的。

如果我们分类的话，这一刀怎么分？我们看互联网的角度有很多：一种角度是从传统的互联网角度；一种是从现在新兴的角度，比如说AI、大数据等科技角度；还可以从互联网跟某个角度结合，例如教育、餐饮、零售的角度；等等。从不同角度看，这一刀分完了之后差别很大。我这次讲的角度，是从偏传统互联网的特征角度来分的。

如果只分一刀的话，我们认为要把整个互联网产业分成两类：A类是供给和履约在线上，B类是供给和履约在线下。

王慧文认为，A类产业如视频网站、直播、在线游戏等，代表性的公司是腾讯、爱奇艺、今日头条等，这类算是纯粹的互联网公司；B类是供给和履约在线下的互联网产业，代表性的公司是淘宝、京东商城、美团、滴滴、携程等，用户可以通过互联网的方式在这些网站下单，但是，接收商品或者享受服务，那就需要用线下的方式来完成。

那么，美团所在的B类产业，还能进一步分类吗？王慧文认为，B类可以再做一个划分，B1类是以SKU为中心的供给，B2类是以位置为中心的服务。在企业的核心能力上，A类、B1类和B2类都有明显的区别。

A类、B1类和B2类在信息组织模式、产品的交互流程、业务经营方法会有非常大的不同。

A 类，供给和履约在线上，企业的核心能力体现在产品设计领域上，体现在用户理解上，体现在对于通信、社交以及内容的把握上。这部分的能力是 A 类企业共有的。

B1 类里面，主要体现在对于品类的理解，对于供应链的理解，对于定价的理解。B2 类里面，如果盘点一下 B2 类的公司，总体来说，它们都有一个共有的特征，就是都有大规模的线下团队。是否有大规模的线下团队是 B1 类和 B2 类一个很大的差别。

同时，B2 类的定位功能很重要，要把定位的速度做到最快、精准度做到最高。比如，淘宝是一个很好的 B1 类产品代表。与 B2 类的公司相比，消费者的位置对淘宝来说没有那么重要，所以，淘宝对位置的准确度以及精确度的要求不一定很高。

从时间线来看，A 类是互联网行业最早出现的产品。1999 年左右的新浪这类新闻网站、网易电子邮箱、腾讯和盛大游戏这些都属于 A 类。然后，随着淘宝、京东商城的崛起，B1 类的互联网企业也出现了，时间是 2003 年左右。B2 类的互联网企业，一般来说都是在 2010 年左右出现的，比如美团、滴滴等，这和移动互联网的趋势是一脉相承的。不管是用户的位置，还是供给方的位置，要非常快速、便捷地获得，这个前提一定是智能手机的普及。从时间窗上可以看出来，这三种类型的互联网企业是相继出现的，有明显的时代间隔线。

一家企业的核心能力，是由它所从事行业的特征塑造的。A、B1、B2 三个类别不同的特征，相应地塑造了相应企业的核心能力。王慧文认为，从 2010 年开始，大量资本进入了 B2 类产业，而这一产业的公司核心能力相同，都有大量的地面推广团队，会造成各方面的竞争，这也是美团被质疑为“四面树敌”的原因。

美团从2010年起步到现在，尤其是2015年，竞争对手有很多，当时美团有4个业务，团购对应糯米和大众点评，电影对糯米电影、微影以及淘票票，外卖对应的是饿了么以及口碑外卖，旅行对携程和去哪儿。

有没有发现美团所有对手都集中在B2类？事实上，B2这个领域是2012年到现在为止中国互联网打得最惨烈的圈：单车大战在这里面，打车大战在这里面，外卖大战在这里面。为什么打得这么激烈？这个行业刚刚起步，新的机会刚刚出现，大家对于机会的认知、产业的认知刚刚形成，核心能力非常相似。不仅仅核心能力相似，事实上场景也相似。核心能力导致大家场景会有很多交叉，这是没有办法的事情。

在B2类，能不能再进行一个分类呢？王慧文认为，如果从位置的角度，可以分为四个场景。

第一个场景：消费者不动，商家动（或者供应商动，履约动）。这个场景包括外卖、上门服务，典型的代表如美团外卖、饿了么、58到家。

第二个场景：消费者动，商家不动。这是到店服务，典型的代表如美团、链家，以及爱彼迎等民宿供应商。

第三个场景：消费者动，供应商也动。这和交通相关，比如打车和共享单车。典型企业是滴滴、摩拜、优步，以及一些分时租车公司，美团也推出了交通的业务。

第四个场景：异地服务。比如异地的酒店、旅游、机票与火车票等服务，典型企业如携程、美团旅行等。

从这四大场景的角度来看，美团都做了相应的布局。

美团这种全场景布局也引起了外界的一些讨论，比较典型的说法就是“美团没有战略”。

这种说法从逻辑上也讲得通。一般来说，一家企业如果什么业务都乱做一通，那就什么都做不好，就没有战略重心。

对于这种讨论和质疑，王慧文的回应十分有趣：“我们这么多年一直是多线作战。看不懂，就当我们在打十三幺吧。”

不过，餐饮业务始终是美团核心中的核心。

“黑珍珠”的诞生

2018 年 1 月 16 日，大众点评正式发布了“2018 黑珍珠餐厅指南”，共有 330 家餐厅上榜。王兴表示，希望这颗“黑珍珠”可以闪耀世界，让中国人和全世界都从美食中感受中华文化之美，感受这份传承 5000 年的文化自信。

此份黑珍珠榜单由美食家、烹饪专家、美食研究者和美食文化传播者组成的 200 多位匿名评审参与，匿名造访入围餐厅，每家餐厅平均 3 位评委试吃。330 家入选餐厅中，有 28 家“一生必吃一次”黑珍珠三钻餐厅，85 家“纪念日必吃”黑珍珠二钻餐厅，217 家“好友聚会必吃”黑珍珠一钻餐厅，覆盖国内 22 个城市及纽约、东京、巴黎等海外 5 座城市。其中，234 家黑珍珠餐厅为非连锁餐厅。入选的黑珍珠餐厅在大众点评的平均星级为 4.7 星。

黑珍珠餐厅指南的评价标准有烹饪水平、餐厅水准、传承创新三个维度。餐厅水准就是就餐环境。烹饪水平包括食材、火候、处理机制等。因为聚焦高水准的正餐，大部分入选的黑珍珠餐厅消费标准较高，但也不乏亲民美食，北京的黑珍珠餐厅指南上，北京老司机聚集地“北新桥卤煮”也入选黑珍珠一钻。

在“黑珍珠”诞生之前，在美食领域，“米其林指南”已经有很高的知名度。因此，能不能做出自己的特色，美团内部也讨论过多次。“黑珍珠”项目正在进行的时期，我正好调岗到集团总办，协调与食品安全相关的一些工作，因此也参与了“黑珍珠”项目食品安全方面的一些工作。当时，我听项目组介绍，“黑珍珠”的定位并非中国的米其林。对于以法餐为代表的西餐而言，米其林无疑足够权威，但它对中国饮食、中国味蕾的了解才刚刚开始。所以，“黑珍珠”的突破点在于，它是首个提出中国美食标准的美食榜单。

用大众点评平台来推出黑珍珠餐厅指南是最合适的。大众点评是国内做得最早、最专业的美食点评平台，黑珍珠餐厅指南是首个提出中国美食标准的美食榜单，通过首创具有中国饮食文化特色的餐厅评价体系，为所有喜爱中国美食的消费者打造一份“精选中国味蕾”的权威美食指南。而且，“黑珍珠”项目组还提出了一个目标，希望能做成“世界的黑珍珠”，希望将来成为有世界影响力的餐厅指南。这个目标看起来定得有点儿大，但是，基于美团强大的迭代改善能力，也是值得尝试的。

王兴认为，做一个好的美食榜单，既复杂又不复杂，需要的是三个元素：有爱、有钱、有耐心。

先说有爱。吃是每个人最基础的需求，可能每个人对吃都有天然爱好。2010 年我刚开始加入美团的时候，我们到全国各地开展业务，注意到一个非常有趣的现象，几乎每一个地方的当地人都说“我们这个地方有一个特点——特别爱吃”。我觉得对于吃，我们还可以有一些更升华的爱、超越味蕾的爱，因为我觉得享受美食是一个非常典型的科技、文化艺术和商业的完美结合。

第二点很现实，需要有钱。为了获得好的效果，做黑珍珠餐厅指南耗资巨大。我们要请人监理、请人评审，要有整个系统，要做出一个好的美食榜并不容易。等我们真正开始行动之后，才理解为什么之前很难出现好的美食榜，这的确是要花很多时间和精力，更要花很多钱的事情。另外，不要希望通过美食榜挣钱，因为那样就会影响公正性，我们最需要的就是公正性。美团不打算靠“黑珍珠”挣钱，所以不会被买通，之所以愿意持续花钱做，只希望能获得一个好结果，做出一个真正令大家满意的美食榜。

第三，需要有耐心。因为吃是每个人每天都需要做的事情，过去需要，现在需要，将来也需要。如何在有好起点的情况下不断维持，甚至逐步提升，这需要足够耐心。大众点评 2003 年 4 月成立，是中国乃至全世界第一个本地生活服务第三方评价平台，坚持做了十几年时间，体现出了充分的耐心。“黑珍珠”餐厅指南是大众点评继续往前走的一大步。过去十几年是一个证明，将来会有更好的证明。当“黑珍珠”真的成为一个非常受认可、真正反映中国口味的全球美食榜的时候，我们再回头看，会看到耐心非常重要。

“黑珍珠”这个名字也是“长期有耐心”的一种体现。珍珠

是贝母经历痛苦的过程孕育出来的，一颗大的珍珠需要孕育很长时间。此外，珍珠和红宝石、蓝宝石不一样，那些宝石几乎不变，而珍珠是璀璨的，是有生命的，需要不断地维护它，不然就会失去光泽。对于餐饮商家来说，“黑珍珠”也代表着持续的改进。一个餐厅今年好不代表明年好，甚至这个月好不代表下个月好。

2018 年发布黑珍珠餐厅指南第一期之后，2019 年、2020 年都持续发布，而且每期都有一些新意。

“2019 黑珍珠餐厅指南”发布时，还推出了“黑珍珠主厨俱乐部”计划，旨在通过主厨论坛、主厨周等系列活动，全方位提升厨师在餐饮行业的地位与影响力。另外，此次发布会上还多了政企合作的元素，澳门特别行政区政府旅游局与美团签署了合作备忘录，双方携手提升澳门“创意城市美食之都”的全球影响力。

“2020 黑珍珠餐厅指南”发布后，还推出了纸质版本的《黑珍珠餐厅指南 2020 · 年鉴》，年鉴的内容，除了“黑珍珠”榜单之外，还有人物访谈和美食评论等。

“黑珍珠”是长期思维的产物，在持续运营、持续迭代的基础上，影响力也逐年扩大。王兴对于“黑珍珠”的设想，至少是以 15 年为周期来思考的，当“黑珍珠”发布到第 15 期时，也许就能够看到长期思维的价值。

Chapter

10

新的征程

对于在美团工作时间比较久的员工来说，这段话里面，有一句非常熟悉的话：一切才刚刚开始。

在美团的最早期，王兴在内部交流时经常说“一切才刚刚开始”，鼓励员工们长期有耐心。在2015年的年会上，美团的年度交易额达到1000亿元的时候，王兴说的还是“O2O的序曲才刚刚开始”。到了2018年，美团即将成为一家上市公司、每年的交易额高达数千亿元的时候，招股说明书上写的还是“一切才刚刚开始”。

2018年9月20日，美团正式登陆港交所挂牌上市，开盘价72.9港元，较发行价69港元上涨5.65%，总市值约4000亿港元（510亿美元）。对此，王兴表示，美团这项事业不是以融资为起点、上市为终点的，这份事业是在融资前开始，会在上市后继续。

没有进行任何庆祝活动。在上市当天，美团全体员工收到了王兴的一封题为《更大责任，更多耐心》的邮件，强调“大家不需要太过关心短期的股价涨跌，而要时时刻刻致力于把自己的工作做好，为客户创造更大价值”。

用科技的手段来改善服务业，提升服务业的效率，才是美团最应该关注的事情。

“Food + 超级平台”战略

2018 年 6 月，美团在港交所提交上市申请，在招股书的开篇，描述了公司的使命“帮大家吃得更好，生活更好”，表示美团将用科技的方式来实现这个使命，“我们相信科技将使人们的生活更加美好。自公司创立以来，我们亲历了科技不断改善人们的日常生活，改善商家的日常经营。一切才刚刚开始。在用科技帮大家吃得更好，生活更好的道路上，我们既往不恋，纵情向前”。

2018 年 9 月 6 日，美团举办全球发售新闻发布会。根据美团的文件，公司将会发行 4.8 亿股，公开发售占 5%，招股价为 60~72 港元之间，将于 9 月 20 日正式挂牌。

在发布会上，王兴发表了一个观点，整个互联网发展过程，就是一个各行各业逐步 O2O、从线下到线上的过程。

不光美团这一家公司，整个行业，不光中国互联网行业，整个全世界互联网行业历史就是一个 O2O 的历史。大家回想一下 20 世纪 90 年代互联网兴起，到后面的雅虎、新浪、搜狐、网易，它们逐渐把传统新闻从线下变成线上。新闻完全是信息，最容易被放到互联网上面。后面淘宝发展得不错，把集市从线下放到线上。京东发展得也不错，把电器商城或者百货商城从线下搬到线上。58 同城和赶集网把原来的报纸分类信息从线下搬到线上。我们看到整个互联网历史发展过程，就是一个各行各业逐步O2O、从线下到线上的过程。所以从宏观上看，O2O是线下到线上。

从微观上看，各个行业在O2O过程当中，传统行业很难自己直接利用互联网技术实现O2O。更可能发生的事情是一个科技公司在风险投资支持之下，建立一个科技平台，帮助传统行业从线下到线上。

美团定位为一家科技公司，用移动互联网技术建立服务业的电子商务平台，把消费者和商家很好地连接起来，比如，让所有餐厅上网，所有消费者可以在网上订餐。在介绍美团时，王兴重点提及的是餐饮品类，因为吃饭是最大众的需求。

由于之前外界质疑美团没有业务重点，什么业务都做，所以在上市前的沟通交流会上，王兴经常提及的就是将会抓住吃喝玩乐行业当中最核心的品类“吃”，构建一个大的电子商务平台。

过去几年时间，我们公司已经建成国内最大的电子商务平台之一。电子商务大家已经做了很多年，但是我们公司做的电子商务不一样，我们做的不是实体商品的电子商务，我们做的是吃喝玩乐服务业的电子商务。本地生活服务业有很多行业，细分吃喝玩乐中的吃最重要，因为它是最大众的需求，每个人都需要，也是最高频的需求之一。每个人一天至少三顿饭而且是绝对刚需，饿超过一个小时人就会很难受。我们抓住吃喝玩乐行业当中最核心的品类“吃”，构建一个大的电子商务平台。

我们知道，一个国家、一个经济体越发达，通常来说第三产业（服务业）的比重就越大。我们相信服务业电子商务在未来有非常光明的前景、非常巨大的潜力，不会输给第二产业（制造业）电子商务。我们这个平台在过去一年有69亿笔交易，平均一天有1900万笔交易。因为那么多人需要吃饭，我们相信还有很大的增长空间。在交易额规模方面，我们去年一年是4100亿元，增长非常快。我们公司的使命是帮助大家吃得更好，生活更好。我们的整体战略是建立一个技术平台，来支撑吃喝玩乐多个品类。这样我们各个品类之间可以在平台上互相拉动，互相交叉营销。

在上市前的各种交流会议上，王兴和管理团队多次提出的“Food+Platform”战略（“Food＋超级平台”战略），获得了很多投资机构的认同。简单来说“Food +Platform”战略，就是聚焦于消费者“吃”的需求，建立起一个技术平台，并支撑起其他生活服务品类，互相拉动，不断增长。

“Food+Platform”战略在面对投资人时的解释是比较清晰的。但是，“Food+Platform”战略在美团内部的消化却相对比较复杂，因为美团的业务非常多，每个人站的角度不一样，对战略的理解也不一样。

在2019年的年初战略沟通会前，美团给所有的总监级以上的管理人员提了一个要求，要写一篇自己对“Food+Platform”战略的理解。这些文章，最后是我编辑汇总的，所以，我能够比较完整地了解到公司全体中高层管理团队对“Food+Platform”战略的理解情况。

把聚焦核心与能力建设放在一起，在内部更容易达成统一的认知。“Food+Platform”战略不仅在投资圈得到了认可，在美团内部也形成了统一的认知。

低调的上市

“Food+Platform”战略清晰，美团的业务亮点也很多，投资圈对美团普遍比较认可。2018 年 9 月 19 日，美团公布全球发行配售结果，国际发售部分获大幅超额认购，最终向国际发售部分的股数定为 5.28 亿股，相当于原定数量的 110%。

美团确定 IPO（首次公开募股）最终定价 69 港元，扣除相关发行开支后，共计募集资金 325.6 亿港元（约合 41.5 亿美元）。美团选定的五家基石投资人共计认购原定初步新股发行总额的 35.4%，占发行后总股的比例约为 3.1%。美团表示，募集的资金将用于“升级技术并提升研发能力，开发新服务及产品，选择性地进行收购或投资与业务互补并符合策略的资产及业务，用作营运资金及一般企业用途”。

根据招股书，截至 2017 年年底，美团整体收入 339 亿元，经调整净亏损 28 亿元；现金储备稳健，2017 年的现金及现金等价物为 194 亿元，短期理财 258 亿元。

2018 年 9 月 20 日，美团正式登录港交所挂牌上市，开盘价 72.9 港元，较发行价 69 港元上涨 5.65%，总市值约 4000 亿港元（510 亿美元）。

在港交所大厅，王兴发表了简短讲话，感谢了用户、商户、骑手、美团员工以及投资人，还特别感谢了苹果公司创始人乔布斯，“如果没有苹果，没有 iPhone，没有后面的智能手机，没有移动互联网，我们今天所做的一切都是不可能实现的”。

王兴还邀请了两位美团骑手——来自石家庄的仇雪雪与孙宏卫，一对美团夫妻骑手——上台敲钟。仇雪雪是石家庄站点的第一位女骑手，在过去的大半年里，她送出了 1 万多份外卖。仇雪雪和孙宏卫的缘分，正是因美团外卖而起，在商家取餐或路上的偶遇是他们的爱情故事情节，结婚现场 80 名同城骑手组成的接亲队伍是他们的爱情见证。仇雪雪和孙宏卫是芸芸 60 万美团骑手的代表，美团上市邀请他们作为敲钟代表，不仅凸显了外卖业务在美团的地位和分量，也体现了美团“以人为本”的管理理念。

上市，对于任何一家公司来说，都是高光时刻，会举办一些庆祝活动，有些公司甚至会举办超级豪华的庆祝活动。但是，在成功上市，而且市值已经高达 500 多亿美元（在当时的中国互联网上市公司中仅次于阿里巴巴、腾讯和百度）的美团，内部几乎没有任何庆贺的动作。

媒体多年来一直非常关注美团在资本市场上的动作。在 2011 年，王兴就回复过媒体他对上市的看法：“美团这项事业不是以融资为起点、上市为终点的，这份事业是在融资前开始，会在上市后继续，这才是美团在公司发展上所持的态度。”

所以，上市当天，美团全体员工收到了王兴一封题为《更大责任，更多耐心》的邮件。

各位同学：

今天早上，公司在香港主板挂牌上市，我们迈入了一个新的发展阶段。

上市意味着成为一家公众公司，意味着承担更大的责任。作为平台型互联网企业，我们不能仅仅用法律、义务这样的底线来要求自己，而是要更加自觉、更加主动地承担社会责任，创造社会价值，构建一家社会企业。这需要我们每个人从每天的日常工作做起。我们要进一步加强科技创新，促进生活服务业供给侧升级，带动更多的就业，和方方面面一起，构建智慧城市，创造美好生活，践行我们公司的使命“帮大家吃得更好，生活更好”。

上市后我们需要更多耐心。我们经常说，要“长期有耐心”，对未来越有信心，对现在越有耐心。上市并不意味着耐心的结束，而是真正考验耐心的开始。上市本身从来不是我们的目标，只是公司成长过程中的一个里程碑。资本市场会有起伏，大家不需要太过关心短期的股价涨跌，而要时时刻刻致力于把自己的工作做好，为客户创造更大价值。从长期来看，我们所创造的价值最终会体现在我们的股价上。

感谢每一位同事，包括曾经为这份事业付出过的老战友；感谢每一位同事的家人；感谢我们的消费者、商户、外卖骑手、生态合作伙伴、投资人以及所有支持美团的人。

我们每个人每次花钱，都是在为自己想要的生活投票。让我们一起努力，为了大家的信任，也为了我们自己。既往不恋，纵情向前！

王兴

2018 年 9 月 20 日

在邮件中，王兴首先强调的是社会责任。作为平台型互联网企业，不能仅仅用法律、义务这样的底线来要求自己，而是要更加自觉、更加主动地承担社会责任，创造社会价值，构建一家社会企业。

科技创新也非常重要，美团本质上就是用科技的手段来改善服务业，所以，王兴重点强调了要加强科技创新，促进生活服务业供给侧升级，带动更多的就业，和方方面面一起构建智慧城市，创造美好生活。

“长期有耐心”是对全体员工的要求，提及这一点非常有必要。

一方面是资本市场会有起伏，需要在意的是为客户创造更大价值，并且是长期创造价值，而不是注重短期的股价涨跌。

另一方面，主要是饿了么的重兵来袭。

来自六楼的对手

上市后的美团，面临的竞争压力也非常大。

2018 年 4 月 2 日，阿里巴巴联合蚂蚁金服宣布以 95 亿美元全资收购饿了么，饿了么创始人张旭豪出任饿了么董事长，并兼任阿里巴巴集团 CEO 张勇的新零售战略特别助理（张旭豪后来慢慢淡出阿里巴巴，成为投资人），阿里巴巴集团副总裁王磊出任饿了么CEO。王磊2003年即加入阿里巴巴，负责过淘点点业务。此次，王磊是从阿里健康 CEO 的职位上调任饿了么 CEO，这也可以看出阿里巴巴对本地生活的重视程度。

阿里巴巴收购饿了么期间，还有一个小插曲，就是美团也参与了竞价。

据王慧文透露，阿里巴巴收购饿了么的最初出价为70亿美元，饿了么团队来找美团，美团加了20亿美元。然后，饿了么团队拿着美团给的90亿美元报价，找阿里巴巴再谈，最后成交价定在了95亿美元。

阿里巴巴重金收购饿了么，主要是看中了本地生活入口、即时配送和支付场景。这是饿了么对阿里巴巴的三大价值。王磊在接受采访时表示，本地生活服务市场的新零售升级开始了，竞争的核心是生态能力，这是饿了么的竞争对手无法照搬的。

王磊还提出，饿了么近期的目标是抢占市场50%的份额，并为此先期投入30亿元。王磊特意强调了降维打击，“以前美团说我们是一楼打二楼，但今天我们站到六楼去了”。在投入的资金方面，王磊表示没有上限要求，从饿了么对阿里巴巴集团的三大价值来看，怎么投入都是划算的。

饿了么的“一楼打二楼”和“六楼打二楼”，指的是战略位置。饿了么在独立运营期间，只有一个外卖品类，而美团外卖则可以扩展到美团和大众点评平台上的餐饮团购、酒店旅游、电影等品类的用户，因此王磊形容饿了么与美团的竞争为“一楼打二楼”的仰攻。在阿里巴巴收购饿了么之后，就是阿里巴巴整个生态体系与美团的竞争，就变成“六楼打二楼”，饿了么要占据更好的位置。

王磊举了饿了么融入阿里生态的一个例子：“流量不是我现在最操心的，（价值）更大的是会员，会员和数据的打通价值更大。刚刚过去的世界杯，优酷买了转播权，点饿了么的夜宵就有活动，饿了么的会员那几天可以免费看世界杯。这些会员层面的场景结合，美团跟我们不在一个维度上。”

2018 年 10 月 12 日，阿里巴巴集团宣布饿了么和口碑合并，成立阿里本地生活服务公司。阿里本地生活服务公司也明确了未来目标——重新定义城市生活。王磊担任阿里本地生活服务公司总裁，向阿里巴巴集团 CEO 张勇汇报，并兼任饿了么 CEO，阿里巴巴集团副总裁范驰则继续带领口碑业务，向王磊汇报。

从饿了么和口碑合并可以看出，阿里巴巴是希望形成合力，在本地生活服务实现突围。虽然是饿了么与口碑合并，但核心还是饿了么的外卖业务。

王磊的策略非常明显，即融入阿里生态，投入更多资源来打赢以外卖为核心的本地生活这场仗。他的目标也非常明确，短期内占据 50% 的市场份额，三、四线城市是核心战场。

为什么三、四线城市是核心战场？王磊认为，拉来一个饿了么新客户，起码多带来一个支付宝的新客户、一个手机淘宝的新用户。用户下沉，对阿里巴巴是一件好事情。

饿了么选择了旅游城市大理为大规模发力三、四线城市和数千万投入计划的试点，该试点将承担起为阿里本地生活服务打造成功样板的责任。如果此战成功，模式便可迅速复制，在全国铺开。

为了拿下市场，饿了么先后推出“满 20 减 19 元”“满 25 减 24”“满 35 减 32”等活动，合作的商家也一度拿到了翻倍的订单。不过，补贴过后，订单量回落，导致商家购买的食材过多而没法消化、骑手招聘过多但无订单可送。

补贴是培养用户习惯的手法，不能用于长期运营。在跟进补贴方面，美团一直比较克制。比如，在酒店领域，去哪儿在2015年投入重金进行的“切客活动”，美团没有参与。2018年上半年，滴滴外卖在南京、无锡等地正式开城期间，投入了非常大额的补贴，美团也理性看待，并没有大张旗鼓地跟进。所以饿了么在大理等地的补贴活动，对于美团来说，算不上新鲜打法。因此，饿了么计划从三、四线城市入手，用补贴的打法并没有获得成功。饿了么的补贴大战有看似比较合理的战略思考，把自身的发展与阿里巴巴的下沉计划融合在一起，确实可以得到更多的补贴资源，但补贴毕竟不是可以长期持续发展的路径。

虽然说饿了么的补贴大战并没有获得成功，但是在美团上市之后，阿里巴巴的重金投入，确实对资本市场产生了一定的影响。美团是2018年9月20日正式上市的，发行价69港元，小幅度涨了几天之后，有接近一年的时间低于发行价，股价最低的时候，跌到过40港元左右，到了2019年8月才开始再次高于发行价。

这个时间段对于美团来说，是相对困难的。特别是在2019年1月举行的战略沟通会上，美团很多中高层管理人员都担心能不能打赢和阿里巴巴在本地生活领域进行的这一场战争。

王兴非常肯定地告诉大家，一定会赢得这场战争，而且还提出了美团需要怎么做，那就是：聚焦核心，苦练基本功。

苦练基本功

王兴认为，从商业历史来看，绝大多数公司的失败不在于没掌握高难度动作，而是基本功出了问题。基本功就是业务和管理的基本动作，把基本功练好，就能产生巨大价值。

书面化方面一个比较好的榜样，就是亚马逊的“六页纸备忘录”。亚马逊创始人贝佐斯曾经说过，备忘录文稿比 PPT 更能传递有效的信息，“传统的公司会议从演示开始，有人站在会议室前用某种类型的 PPT 演示，在我看来，你得到的信息非常少，你只能得到要点。这对演讲者来说很容易，但对听众来说却很难。所以，我们所有的会议都是围绕着一份六页的备忘录来组织的……如果你有一个传统的 PPT 演示文稿，会时常被其他人打断。如果你看了整个全部的备忘录，在第二页你有一个问题，但在第四页，这个问题可能得到了解答”。

“六页纸备忘录”在亚马逊坚持了十几年，美团则从 2019 年开始在全公司执行。开会前，会议组织者用六页纸会议材料取代 PPT，大家看完再讨论。团队述职时，主讲人也要准备六页纸，打印好带到会场，发给参会人阅读 20 分钟左右，再开始述职。备忘录能将工作用严密逻辑表述清楚，是一种很好的回顾方式，也方便阅读者更深刻理解工作的策略和进展。

实际上，在早期，美团也是用备忘录文稿来述职的，但对于格式和篇幅没有要求。到 2014 年，公司有了一定的规模之后，人力资源部设计了标准的 PPT 格式，用于工作总结和述职。到 2019 年，PPT 调整成了“六页纸备忘录”。

在战略沟通会上，当大家听到“苦练基本功”是类似于写备忘录之类的“小事”时，有些同事有点儿瞧不上，感觉这种事情可能更适合给初入职场的人强调强调就行了。但在沟通交流环节，王慧文直指要害，一针见血地列举了很多基本功不过关的例子。

此前，王慧文在一次对外交流时，公开评论说中国互联网公司的组织能力只有阿里巴巴算及格，包括美团在内的其他公司都不算及格。这个观点，真不是王慧文的客套话。在内部，王慧文也经常强调基本功、组织能力与业务预期存在巨大的差异，这都是需要最优先解决的问题。

在战略沟通会上确定了“苦练基本功”之后，2019年2月4日，王兴给全体员工发了内部邮件，强调要通过苦练基本功，把它内化成为组织能力。把基本功练扎实，就能赢99%的事情。

新的一年，我们既要继续加速奔跑，也要做好准备迎接新挑战。无论外界环境如何风吹浪打，我们都要保持平常心，通过科技和创新为我们的用户、商户和社会持续创造价值，要始终遵循商业规律，坚持做正确的事情。我们要比以往任何时候都看得更长远，放眼到未来五年、十年乃至更长。中国经济已经进入新常态，新时代更需要耐力型长跑选手，配速要合理，步伐要均匀。

从商业历史来看，绝大多数公司的失败不在于没掌握高难度动作，而是基本功出了问题。基本功就是业务和管理的基本动作，把基本功练扎实，就能产生巨大的价值。如果把我们的业务不断进行动作拆解，就会发现最后都是由各项基本功组成的。在互联网上半场，基本功不太好，还可以靠红利、靠战略、靠资源带动快速发展，但到了下半场，基本功不过关，活下去都很难。

要想练好基本功，并非一日之功，而是一个长期的事情，甚至可以说是企业全生命周期的事情。苦练基本功，“苦”是指我们要调整好心态，这不是一个满足新鲜感的事情，甚至可能有些枯燥。我们要努力建立好的机制，让“苦”转化为大家的成就感。“练”是核心，知易行难，看起来简单的动作要重复做反复做，要争取一遍比一遍做得好。每天提高一点点，只要能坚持，也能产生指数效应，将我们的能力提高一大截。

我们要通过苦练基本功，把它内化成为我们组织的能力。把基本功练扎实，我们就能赢 99% 的事情。

如果从整个美团的历史来看，“苦练基本功”既是 2019 年的要求，更是美团一直以来的优良传统。

早的比如 2012 年 2 月 19 日王兴发过的那条令人印象深刻的微博：“我可以学”这四个简单却有无穷力量的字。

在 2013 年发布的美团价值观体系里面，有一条就是“学习成长”。有学习才会有成长，美团既是学习的好场所，也是成长的快车道。干嘉伟和很多员工分享成长经验的时候，讲过每个人有三笔钱：“一笔是今天的钱，也就是大家现在的收入；一笔是明天的钱，也就是通过自己的成长可以获得更多的收入；但对于很多 20 多岁的年轻人而言，最值钱的是后天的钱，也就是你在美团的所学所获。学习成长很像零存整取，对美团发展有信心的同事都倾向于在年轻的时候获得更多的成长。”

2019 年，美团重点强调了“苦练基本功”。通用的基本功，如周报月报的写作、有效沟通技巧等，在全公司用视频课程和线下培训结合的方式进行。不同的事业群、不同的部门也根据自身的实际情况，结合工作中的高频运用场景，开展基本功训练。人力资源平台也邀请公司在技术、产品、运营等方面的资深员工，录制了很多相应的课程。

在这个时期，“美团四大名著”也为外界所知，这四本书分别是《高效能人士的七个习惯》《金字塔原理》《学会提问》《用图表说话》。

“美团四大名著”由来已久。2013 年，王慧文和美团产品顾问马占凯推出过一个面向产品经理的开源培训课程“章鱼计划”，目标用户是美团校园招聘的产品新人以及所有对产品感兴趣的大学应届生、一切零经验的产品人员、希望了解产品经理的各类工程师、创业者等等，无论是否为美团员工，均可参与。

当时，这个“章鱼计划”也是为了让美团在产品经理圈里形成比较好的口碑，以利于发现、吸引更多的人才。

后来，王慧文负责外卖业务时，在 2014 年夏天对全国各地的城市经理进行过大规模培训，其中也有“章鱼计划”的相关课程。这也算是比较独特的一个行为，因为负责线下业务的城市经理与线上的产品经理，做的工作完全不是一个维度的。不过，从后来的结果可以看出，当时的培训还是很有效果的。

王慧文为“章鱼计划”列了一个书单，其中就包括“美团四大名著”。

其实在他早期负责招聘产品经理的时候，有人问他应该读什么书，他就经常推荐这几本。因为招的是产品经理，当时很多人对这个推荐就很困惑：这几本书不就是职场办公的一些基本功吗？为什么给产品经理推荐这个，是不是更应该推荐《人人都是产品经理》之类的书？

我记得，当时的市场总监左潇专门开会推荐这几本书，我当时的反应也是为什么要看这些。左潇的回答是："老王说，这是高管直通车读物，这几本书能读明白的话，就可以在中国 99% 的公司做到高管。"

在"高管直通车"的包装下，这四本书慢慢在美团流行起来，逐渐成为"美团四大名著"。美团员工也养成了阅读这四本书的习惯。

新型舰队

上市一个多月后的 2018 年 10 月 30 日，美团通过内部邮件宣布进行新一轮组织升级，公司将在战略上聚焦"Food+Platform"，并以"吃"为核心，苦练基本功，建设生活服务业从需求侧到供给侧的多层次科技服务平台。

此次组织架构调整，明确了到店、到家两大主力业务，聚焦资源，服务好这两大场景的客户。此外，还建立了用户平台和 LBS 平台，加强平台建设，提升平台的活跃度。在新业务方面，快驴事业部和小象事业部将在以食材供应链为核心的新业务上继续开展探索。

到店事业群包含到店餐饮、到店综合、SaaS 收银与点餐、营销平台、聚合收单、旅游、住宿、榛果民宿等业务，由张川担任该事业群总裁。原先的酒店旅游事业群合并至到店事业群，这两块业务的核心能力是相通的。

到家事业群则包含外卖、配送、闪购、智慧厨房等业务，由王莆中担任该事业群总裁。

新组建的用户平台、LBS 平台都由王慧文负责。用户平台包含美团平台、点评平台、服务体验平台部等部门。LBS 平台则包含 LBS 服务、网约车、大交通、无人配送等部门。

在新业务方面，快驴事业部和小象事业部将继续开展探索。快驴事业部主要是为商家提供优质供应链服务，由陈旭东负责。小象事业部继续深耕生鲜零售，由陈亮负责。

陈亮曾经对美团各阶段业务的特点做过一次总结，在他看来，美团从团购到猫眼电影、美团外卖、美团酒店，再到零售业务，每一次都做得更深入，所以，根据新业务的特点，需要建立的新能力会越来越多。

在进行组织架构调整后，美团形成了“两大旗舰业务 + 两大平台 + 两大创新业务”的新型舰队布局，到店事业群、到家事业群两大旗舰业务以及快驴事业部和小象事业部两大创新业务都是以“吃”为核心，让战略重心更加聚焦。用户平台为各业务的发展提供大力支持，而新成立的 LBS 平台立足于更长期的交通、无人配送等业务。整体来看，新型舰队的布局十分清晰、明确。

同时期，阿里巴巴也进行了一定的组织架构调整。2018 年 8 月，阿里巴巴集团副总裁、饿了么 CEO 王磊透露，饿了么旗下的“蜂鸟配送”将建立独立品牌，服务整个阿里新零售生态体系。9 月，“蜂鸟配送”宣布，已经承接了全国近千家商超门店的配送服务，包括大润发、欧尚、三江、顺客隆等。10 月 12 日，阿里巴巴集团宣布饿了么和口碑合并，成立阿里本地生活服务公司。

美团的组织架构调整时间是 10 月 30 日，虽然比阿里本地生活服务公司的成立时间要迟十几天，但是，从业务的结构来看，美团在本地生活方面的布局相对更加全面。外界曾经从时间维度上猜测，美团的组织架构调整是受到了阿里巴巴成立本地生活服务公司的影响，实际上并不是。

从饿了么和口碑合并来看，阿里巴巴是希望形成合力，在本地生活服务实现突围。美团的到店事业群、到家事业群是两个独立单位，面对的是消费者不同的消费场景。阿里巴巴合并了到店（口碑）和到家（饿了么）两大业务，由负责到家业务的王磊负责整个本地生活服务公司，在一定程度上，阿里巴巴是把重心放在了到家场景上面。

虽然，融入阿里巴巴生态的本地生活服务公司能够得到更多的资源与资金，但在本地生活服务的竞争方面，和美团并不是在同一个量级上的较量，美团的优势显然更大。

2018 年 4 月阿里巴巴全资收购饿了么时，王磊曾经提过重点目标，就是短期达到 50% 的市场份额，与美团外卖呈现势均力敌的态势。一年之后，王磊再次提及饿了么的战略目标时，不再是从竞争对手那里抢到多大的市场份额，而是数字化下沉。

阿里巴巴 CEO 张勇在 2018 年 8 月向投资者表示，饿了么是非常重要的市场，会“尽一切力量获得胜利”。但在 2019 财年财报公布的投资者电话会议中，阿里 CFO 武卫表示，数字媒体和本地服务亏损最为严重，拖累了阿里的财报。财报显示，阿里巴巴的利润率为 35%，同比下滑了 8 个点。另外，第四财季营收为人民币 935 亿元，同比增长 51%，可总成本占了总收入的 91%。与利润率下滑的理由相同，成本直逼总收入的主要原因之一也是受到“整合饿了么”的拖累。所以，“高效地利用支出”成了阿里巴巴对本地生活服务的重要要求。

因此，在资金投入方面，王磊也不再强调“投入无上限”，而是把重点投向数字化产品服务打造、中低线城市市场培育中去。实际上，饿了么也有一些非常亮眼的业绩，非餐饮业务的订单量增长明显。2019 年第一季度饿了么生鲜活跃用户订单量超 2018 年全年，特别是三、四线城市，饿了么生鲜订单量增速为一线城市的 1.4 倍，这也可能成为饿了么未来的新增长点。

从阿里巴巴和饿了么的复盘来看，如王慧文经常提及的，阿里巴巴确实是一个优秀的组织，能够及时根据客观情况进行调整。以客户为中心，把资金投入为消费者和商家打造更好的数字化产品，更有利于创造长期价值。

千亿美元市值

2019 年 7 月 29 日，王兴在个人微博上公布美团外卖订单的最新数据，庆祝美团外卖突破一天 3000 万单。

王兴当时是转发自己于 2010 年 3 月 4 日（美团上线的第一天）发布的微博“Every time you spend money, you are casting a vote for what kind of world you want.”（每次你花钱的时候，你都在为你想要的世界投票）。然后，王兴又写道：“九年多过去了。庆祝美团外卖突破一天 3000 万单。”

2019 年 8 月 23 日，美团发布了 2019 年第二季度的财务报表。这份财报是有里程碑意义的，因为，这是美团上市以来首次实现了季度盈利。

2019年第二季度的财报数据显示，美团第二季度营收227亿元，同比增长50.6%，经调整净利润15亿元，首次实现整体盈利。同时，上半年公司实现营收418.8亿元，同比增长58.9%，经调整净利润4.53亿元。也就是说，美团不仅实现了季度盈利，而且还实现了上半年整体盈利。

这个盈利的时间表，比外界预测的早了很多。由于外卖、交通、零售等业务都在亏损，加上最主力的外卖业务一直在承受饿了么重金投入的竞争，很多分析机构都预测，美团实现季度盈利，至少是2021年以后的事情。

从严格意义上来说，这并不是美团历史上首次盈利。早在团购时代的2013年，通过精细化的运营，美团实现过全年的微度盈利。当然，此次盈利相比过去的阶段性微盈利，不能同日而语。2019年的美团，规模是当年的几十倍，而且，实现了全方位的生态布局。

美团实现盈利后，迎来了股价的持续上涨。在2019年第二季度的财报发布之前，美团的股价长时间低于发行价。也正因为股票表现不佳，美团曾经被外界解读为“没有战略”。在2019年1月的战略沟通会上，有些同事也表达过对股票价格的担忧，美团CFO陈少晖坚定地表示，股市短期是投票机，长期是称重机，聚焦于服务好客户，把业绩做上去，一切都会水到渠成。

2019年全年，美团保持着良好的业绩。2020年3月30日，美团发布了2019年全年财报。数据显示，2019年全年，美团收入达到975亿元，同比增长49.5%，经调整净利润达47亿元。从全年收入来看，餐饮外卖业务、到店及酒店旅游业务、新业务（包括零售、供应链解决方案、共享单车、网约车等）营收贡献分别约为 548 亿元、223 亿元、204 亿元。

资本市场也给予了正面回应。2020 年 5 月 26 日，港股开盘后，美团一直大涨，收盘时，股价报 138.9 港元 / 股。美团港股总市值达到 8093.34 亿港元，突破 1000 亿美元。至此，美团已经跻身国内互联网公司市值前三，并成为继阿里、腾讯之后，国内第三家市值超过千亿美元的互联网公司。

2015 年 5 月，王兴在内部管理论坛上交流时，提出要将美团打造成一家超过千亿美元市值的公司。

经过整整五年时间的长跑，2020 年 5 月，美团终于成为一家超过千亿美元市值的公司。

预测未来，最好的办法就是去实现它。

五年的时间，说长不长，说短不短。从王兴当年的千亿美元设想，到真正实现千亿美元市值，印证了两句“美团老话”。

第一句：人们往往会高估一两年时间发生的变化，但低估十年时间发生的变化。

第二句：坚持做正确的事情，是在一次次的资源投入选择、产品迭代选择、方向选择中兑现的。当然，如果你坚持做正确的事情，在坚持所带来的正面结果上，其实兑现的周期常常比大家想象的短很多。

用科技改善服务业

用科技的手段来改善服务业，提升服务业的效率，是美团最关注的事情。

清华大学公共管理学院院长江小涓曾经讲述过服务业与经济增速的关系："中国已经进入服务业为主的时期，一般来说，随着服务业比重的提升，整个经济增速会下降。为什么服务业比重上升会带来整个经济增长速度的下降？因为服务业长期被认为是低效率的，当制造业有高效的机器设备时，服务业依然是面对面。"

如何解决服务业低效率的问题？江小涓认为，中国在数字时代进入以服务业为主的阶段，可以借助数字时代的优势，联合制造和服务，带来更多发展机会。

为提升服务业的效率，美团起到了什么作用？以餐饮业为例，美团通过提供营销、配送、IT、供应链、经营及金融等六大服务，打通商户原材料采购、生产、门店管理等各个环节，实现对餐饮业经营全链路的覆盖。

2017 年 12 月，苹果首席执行官蒂姆·库克与王兴在上海的一家餐厅吃馄饨、生煎，王兴还教库克如何用智能手机下单和付费。库克在自己的中国社交媒体账户上发了一张照片，称这次访问让他看到了"伟大的创新"。

2018 年 11 月 8 日，王兴在出席第五届世界互联网大会时，首次提出供给侧数字经济的观点。

我们通过美团、大众点评帮餐厅完成了营销的数字化；通过美团的聚合收银，餐厅的支付数字化也逐步完成。但是，餐厅经营涉及方方面面，菜单管理、桌台管理还没有完全数字化，现在美团正在做餐厅管理系统，帮餐厅去管理这些东西。餐厅到底有多少张桌子、椅子，有多少道菜，每天菜品卖多少，要生成一个小票。这个过程原来没有数字化，所以它跟线上打通是不够完整的，所以它的管理数字化我们正在做。

餐厅也是巧妇难为无米之炊，它进货也需要数字化。现在我们开拓了一个新的产品线，叫快驴进货，为全国餐饮商家供应餐厅需要买的食材，通过我们的仓储和物流进行进货的数字化。将来我们要把餐厅经营的方方面面都数字化，才能把供给侧数字化。数字经济分需求侧的数字化和供给侧的数字化，过去20年，需求侧的数字化逐渐完成了，但是供给侧的数字化才刚刚开始。需求侧和供给侧相结合，数字经济才完整。

除了促进餐厅经营的数字化，美团还在尝试更有科技感的事情，那就是无人配送。

2016年10月，美团成立W项目组，开始研发特定场景下的无人配送。2017年12月，无人配送部成立，由美团首席科学家夏华夏担任总经理。

夏华夏是个很有“美团味”的人，在他的个人空间里，有一套他编辑的“美团词典”，里面有很多工作中常用的术语介绍，以及一些“美团老话”，比如“每天前进30公里”“三高三低”等。在美团工作期间，我还经常浏览他的“美团词典”。

与王兴一样，夏华夏也毕业于清华大学。夏华夏在加州大学圣迭戈分校取得博士学位后，在谷歌、百度担任架构师。2013年，受美团创始人王兴和穆荣均的邀请，夏华夏选择加入当时处于创业期的美团。夏华夏回忆，是王兴的一番话让他备受触动。当时，王兴对他说，中国有很多线下的小商家，过去的互联网公司没有帮到这些人，美团要做的就是帮助线下的小商家，这也是美团的机会。

2013 年，美团的主要业务还是团购，夏华夏帮助整个技术团队做了很多技术层面的梳理和重构，并和早期的几位技术团队负责人一起组建了美团技术学院。

2015 年，外卖业务已经初具规模，但由于基础系统建设不够牢固，导致当时的外卖系统很不稳定，每周要宕机好几次，而且好几次宕机都是发生在用餐高峰时期。临危受命，夏华夏调任到外卖业务部门，和外卖技术团队一起解决了系统稳定性的问题。

2017 年 12 月，夏华夏再次踏上了新的技术征程，他陆续交接了手中其他的工作，将全部精力放在美团无人配送项目上，并带领技术团队研发了专属于美团自己的无人车和无人机。

美团的无人车与无人机是非常显眼的，在美团参加的各种展览和展会上，都吸引了很多观众来拍照，美团无人配送车“小袋”还参加了国庆 70 周年大型成就展。

2019 年 2 月，美团获得了“全球最具创新力”公司殊荣，评选来自美国 *Fast Company* 杂志——一家记录了 20 多年来美国科技界的推动者的刊物，此前“最具创新力”大多颁发给硅谷的互联网新锐。比如，2018 年，全球最具创新力的公司分别是苹果、网飞，更早之前亚马逊、谷歌都曾经入选。2019 年，第一次由美团和 Grab 两家亚洲公司获得这一殊荣。美团能够位居榜首，是因为它的“开创交易型超级应用”。

自 2010 年美团上线以来，创始团队就相信，科技将使人们的生活更加美好。美团的发展历程，也是科技不断改善人们的日常生活、改善商家的日常经营的过程。以外卖为例，虽然外卖看起来很简单，但其中的技术含量却是世界级的。几百万商家、几十万送餐骑手、数以亿计的用户背后，是美团无数工程师和技术员日夜不息的研发，是强大的 AI 技术和系统运营能力。

美团外卖的智能调度系统，最早采用简单的“人工派单 + 抢单”模式。随着外卖单量的增加，为了更好地满足不断增长的需求，开始采用人工智能（AI）算法，先通过感知将线下业务数字化，再对数以千万的“大数据”进行分析，然后“智能化”打造 AI 模型，最终应用于配送。

在配送过程中，美团智能调度系统不仅要实时进行时间预估、路径规划、派单计算，还要面对不断更新的配送情况用算法满足动态变化，甚至进一步预测配送需求单量，提前调配运力，以便更好地提升配送效率，优化用户体验。美团在高峰期每小时要支持数十亿次的路径规划算法，在平均 55.2 毫秒内计算出 97% 的最优配送路线。技术的创新，使得美团数十万骑手能在最短时间内将外卖送到消费者手中，让数亿消费者享受科技带来的便利。

新的征程

时间进入到 2020 年，这一年的 1 月份，对于美团来说，是个非常重要的月份。这个月的美团，发生了两件大事。

一件是美团内部的大事。1 月 20 日，王兴发布内部邮件，宣布公司联合创始人、高级副总裁王慧文将于 2020 年 12 月退出公司具体管理事务。后续王慧文将继续担任公司董事，并任美团终身荣誉顾问。

对于离职的原因，王慧文在内部邮件中表示，一直以来自己都不能很好地处理工作与家庭、健康的关系；也处理不好业务经营所需要的专注精进与个人散乱不稳定的兴趣之间的关系；不热爱管理却又不得不做管理的痛苦也与日俱增；也一直担心人生被惯性主导，怠于熟悉的环境而错过了不同的精彩。

因此，王慧文决定在加入美团十周年之际退休，换一个人生轨道和生活方式。不过，在退休之前，王慧文将一如既往全力推动美团业务发展、提升组织能力，并将投入更多精力到人才梯队培养上。退休后，王慧文将继续担任美团董事，并任美团终身荣誉顾问、“互联网+大学”特别讲师，助力公司战略规划、组织传承和人才发展。

另外，除了宣布王慧文退休的消息，王兴也宣布增补副总裁郭庆、副总裁李树斌为高管团队成员。王兴还表示，美团决定启动“领导梯队培养计划”，推动公司人才盘点、轮岗锻炼、继任计划等一系列工作有序开展，为人才梯队培养提供组织和制度保障，为大家和公司共同发展创造更好的条件。不仅如此，未来美团将基于公司长期发展需要，持续加强高管团队自身建设。

另一件大事，是全世界的大事。从这一年的年初开始，全世界都被一种未知的新型冠状病毒影响。新冠病毒疫情对于整个经济，特别是服务业，造成了很大的影响。而美团作为服务业的互联网平台，面临着很大的挑战。

在最艰难的武汉抗疫时期，美团作为连接线上线下本地生活服务的平台，通过“捐服务”的方式，发挥平台优势，以帮助医护人员为核心，重点解决医护人员就餐、出行等难题。同时，为了保障武汉市民的日常生鲜、生活必需品的供应，美团骑手成为这座城市的“逆行者”，美团买菜业务保障了市民对生鲜食材的需求，而提供的免费心理咨询服务则缓解了武汉市民的焦虑。

2020 年 1 月 26 日，美团公益基金会宣布捐赠 2 亿人民币，设立全国医护人员支持关怀专项基金。基金主要针对武汉等疫情防控重点地区的医护人员、全国各地支援湖北的医疗队，基金将和相关专业机构合作展开定向支持帮扶，包括医疗物资采购以及对一线医护人员的人道救助、生活服务保障、关怀激励等。

在疫情期间，服务业受到了非常大的影响，而美团作为服务业的互联网平台，为了服务业的发展，启动了 3.5 亿元专项扶持资金，支持全国商户恢复经营。美团外卖提供 2 亿元商户专项扶持资金，帮助老商户上线经营和新商户开业；到店业务提供 1.5 亿元商户专项扶持资金，帮助到店餐饮、本地生活服务商户在保障安全的前提下恢复正常经营；快驴进货为外卖合作商户提供“一键开通”在线采购通道，在全国 38 个城市提供超过 5 万个商品储备，帮助中小餐饮商户足不出户解决食材问题。

此外，美团的金融服务，也为服务业的复苏发挥了积极作用。“美团生意贷”携手邮储银行、光大银行、亿联银行、江苏银行、天津银行等十余家银行合作伙伴，为本地生活商户提供不少于 100 亿元额度规模的优惠利率贷款。

美团大学还免费提供了超过 800 门精品线上课程，帮助商户在足不出户的情况下，学习疫情应对、食品安全、门店经营等技能。

在疫情期间，美团受疫情冲击较小的业务，如美团外卖、美团买菜、快驴进货等业务，一直在保证员工安全的情况下，积极服务客户。有些业务受疫情冲击较大，如到店餐饮、酒店旅游等业务基本停滞。在这种情况下，美团内部进行了丰富的在线培训，积蓄能量以迎接解冻后市场的旺盛需求。

2020年3月4日，美团迎来了十周岁生日。王兴给全体员工发了内部邮件。

各位美团人：

在新冠疫情中，美团迎来了十岁生日。我首先代表公司感谢疫情应对中每一位同事的付出，尤其要对身处武汉一线的美团人说声：谢谢你们的坚守！

从2010年3月4日第一个团购项目上线到今天，美团走过了第一个十年。比尔·盖茨说人们总是高估未来两年的变化，而低估未来十年的变化。十年来，中国城镇化率过半，GDP中服务业占比过半，移动互联网用户数超过总人口的一半，这是中国生活服务业蓬勃发展的时代背景，也让我们在生活服务业数字化这一领域有了巨大的机会。

感谢时代。十年前我们十来人的小团队，在一套三居室的民房里起步，到今天取得了一点儿成绩，这得益于中国40多年的改革开放，得益于数字化为全球带来的巨大变化。感谢几亿用户，感谢几百万的合作商户和各类生态伙伴，感谢每一位奋斗在路上的外卖小哥，感谢所有的美团人、美团家人，感谢每一位投资人，感谢所有关心和支持美团发展的朋友们，你们不仅见证了美团的发展，而且和我们一起参与了美团的建设。

十年磨砺，让我们对“帮大家吃得更好，生活更好”的使命更加清晰和坚定。就在此次疫情中，我们为用户率先推出“无接触配送”等安心举措，通过一系列措施助力商户复工复产，力所能及地支持援鄂医疗队等，这是一家社会企业应有的担当，也是我们的职责所在。这次疫情也提醒我们，只有持续夯实自身基础，才能在风浪中为用户、产业和社会创造更大的价值。

十年一瞬，以客户为中心、长期有耐心、坚持做正确的事而不是容易的事、拥抱变化、每天前进30公里、我不会但我可以学、苦练基本功……这些我们相信的，是十年来我们一路前行的航标，也将继续指引我们远航。

今天是美团十岁的生日，比这更重要的是，我们将迎来更好的十年。新的十年，我们会在科技研发上加大投入，让科技更好地普惠产业发展，会在组织建设与人才发展上更上一层楼，为大家和公司共同发展创造更好的条件，会继续努力创造社会价值，和大家一起共创美好生活。

新的十年，我不祝大家一帆风顺，我祝大家乘风破浪！

新的十年，既往不恋，纵情向前！

王兴

2020年3月4日

未来十年

我们不妨把时间线再往后延一下，看看美团十周年后的几个月，业务方面有哪些变化，会对美团的下一个十年产生什么样的影响。

2020年8月21日，美团发布2020年第二季度财报。财报显示，美团2020年第二季度营收达247.2亿元，同比增长8.9%。餐饮外卖收入达到145.4亿元，同比增长13.2%。到店、酒店及旅游业务收入达到45.4亿元，同比下降13.4%。新业务及其他收入达到56.3亿元，同比增长22.1%。餐饮外卖日均交易笔数同比增长6.9%，至2.4亿笔。

整体来看，服务业正在摆脱疫情的影响，开始慢慢复苏，并保持着一定的增长。王兴在分析师电话会议上，强调了对服务业数字化前景的看好。

我们相信外卖业务会成为现代都市生活中一个重要的基础设施，会有很大的增长空间。不仅仅是为了外卖业务，而且还要为了长期内可以发展起来的更多的业务领域，我们会继续扩大外卖业务的体量。

我们在过去的几年一直在研究自动配送，这个功能一旦上线，我相信会大大增加我们的配送效率，在结构上大大降低每个订单的配送成本。我们在这个方面已经努力研究了很多年，我们认为将来一定会实现，但是这并不是近期会发生的事情，还需要时间。在接下来的几个季度和几年之内，我们会进一步降低成本，通过自动配送科技，进一步优化派单的算法，并且进一步提升效率。

新业务方面，采用自营模式的美团买菜发展迅速，取得了近4

倍的收入增长。此外，刚刚成立的以社区电子商务为主要方向的美团优选，也成为在本地生活服务领域又一次新的场景探索。美团优选重点针对下沉市场，采取“预购+自提”的模式，赋能社区便利店，为社区家庭用户精选高性价比的蔬果、肉禽蛋、乳制品、酒水饮料、家居厨卫等品类商品，已在济南、武汉等城市上线。

在问答环节，王兴也强调了新业务的重点，美团买菜和美团优选等线上生鲜产品是下一步要赢得的市场。

在过去的几年中，我们已经在食品配送方面取得了领先地位，线上生鲜产品是我们下一步要赢得的市场。我们在这个方面分配了非常充足的资源，我们会从长远的角度来考虑我们的投资，并且一路上不断改善我们的商业模式。总之，我们非常有信心能够赢得这个市场。

在共享单车方面，2020年第二季度，美团推出约150万辆新单车替换旧单车，并投入超过29万辆电动单车。王兴认为，高频的骑行场景也与平台形成强有力的协同效应，未来将进一步加大投入。

高频率的消费场景蕴含着巨大的市场机遇，对美团而言具有长远的战略意义，其更高效的平均周转率将带来更好的单位经济效益，显示出短期内实现盈利的可能，我们相信这一业务拥有更大的潜在市场并会加大投入，致力于成为这一行业的领军者。

如果说，在美团的十年历史中，“以客户为中心、长期有耐心”是企业文化理念的基础，那么，“高频带低频”就是商业层面的基本逻辑。在美团上线的第一天，就面向服务业这样一个数十万亿元的大市场，聚焦餐饮这样一个高频的核心品类，在餐饮领域做深做强，同时带动其他品类的发展。

未来十年，如果从业务的角度来看，美团重点指向的，还是生鲜零售、交通等高频业务。点餐、买菜、交通出行等业务都是用户每天都要使用的，如果用户养成了每天打开美团的习惯，将会对其他新型业务打下良好的基础。

高频业务是基础，但是，美团要想为社会创造更多的价值，长远来看，最重要的还是科技创新。

科技创新是美团在未来需要重点审视的。无人科技、人工智能方面能否取得突破性的成绩，决定了美团未来的上限。

美团做的是服务业的电子商务。过去的服务业意味着人力密集，而不是科技密集。相对而言，工业品的供给效率与科技的相关度更高一些。不过，这也意味着用科技提升服务业的供给效率有很大的潜力。物联网时代的到来，为更大幅度提升服务业效率提供了非常好的机会。

后 记

感谢您的阅读!

这本书到这里就进入尾声了。如前言中提到的，这本书主要是以企业史的形式，分享了一些我认为非常值得记录的事件，以及这些事件背后的经验与观点，希望能够给读者朋友们一些启示。当然，任何经验与方法论都是有特定局限性的，阅读与学习是基础，但思考与实践更重要。

《长期有耐心》是这本书的名字，对于“长期”“耐心”这两个词，我们其实并不陌生。我们从小就听过“水滴石穿”“铁杵磨成针”等故事，我们也都知道长期思维的好处。古今中外的杰出人物大多有这个特质，他们胸怀大志、不畏艰难，为了长期的目标，可以无视短期的诱惑，可以克服一切困难与挫折。

目标就是方向，目标就是力量。如果您读完这本书，能够根据书中经验与理念，结合自身的实际制定出个人的长期目标，那就是再好不过了。当然，在设定目标的过程中，不能“人有多大胆、地有多高产”，而要看到大格局是什么样的，自己处在什么位置，扮演什么角色。在制定长期目标后，接下来要做的就是实践与总结了，这本书分享的一些经验与观点，可以提供一些参考。

高尔基说过这样一句话："一个人追求的目标越高，他的才力就发展得越快，对社会就越有益。"我个人非常认同这个观点。如果一个人能够制定一个较高的目标，并且能够用长期的耐心来为这个目标持续做一些事情，这是非常值得肯定的。诚然，很多事情的结果是未知的，有时，在最合适的时期、用最理性的方法来做一件事情，也不一定能保证成功。但是，如果我们每个人都能用较高的标准来要求自己，持续为社会做正向的事情，我们共同迎接的必定是一个美好的未来。

再次感谢您的阅读！

更期待您的思考与实践！

丁西坡

2020 年 11 月 30 日